日本史籍協會編

吉田東洋遺稿

東京大學出版會發行

吉田東洋遺稿

例　言

一本書ハ高知藩參政吉田東洋ノ文書ニシテ日記書翰及ヒ建策遺稿等ヲ纂輯セシモノナリ東洋名ハ元吉天資豪快加フルニ博學卓識ヲ以テシ政治經濟ノ材ニ至リテハ當時海南第一人者ト稱セラル安政年間藩主山內豐信ニ寵用セラレテ獻替頗ル努メ士分世襲制度ノ改革文武開成二館ノ開設海南政典ノ制定良兵ノ養成ニ經綸ノオヲ傾注セリ唯其ノ開國思想ト赫々タル威權ノタメ遂ニ文久二年春勤王黨ニ忌マレテ刺殺セラレ

シカ故ニ事蹟ノ湮晦シテ世ニ知ラレサルアリ是レ本會カ本書ノ刊行ヲ企畫シタル所以ニシテ曩ニ刊行セシ武市瑞山及坂本龍馬ノ文書ト相俟ツテ土佐藩ノ國狀ト海南志士ノ行動ヲ明ラカニスルヲ得ヘシ

一本書ニ收ムル參政錄存ハ安政五年正月十七日參政ニ復職セシ後ノ日錄ニシテ執政ノ要項ハ多ク本書ニ於テ窺ヒ知ルヲ得ヘシ就中草案手錄ハ米使來航ニ關スル意見書ヲ幕府ニ提出スヘク之レカ起草ヲ豐信ヨリ東洋ニ命セラレタルニ際シ直チニ具案捧呈セルモノニシテ時ニ東洋大目付ニ就任シテ僅ニ旬日ニ過キス以テ其ノ信任ノ厚キヲ知ルナリ

一南海山易雜記ハ嘉永元年三月恰モ船奉行ノ職ニアリシ東洋カ藩主豐熈ノ東上ヲ送ランドシテ丸龜室津ニ至レル間ヲ記シ浪花行雜誌ハ同年七月豐熈ノ歸葬ヲ迎フルト共ニ豐惇ノ襲封出府ヲ迎フルカ爲メ大阪ニ至ル間ヲ記ス又有馬入浴日記ハ同四年辭任後宿痾ヲ癒サンカ爲メ二月國ヲ出テ有馬ニ入湯スルト共ニ各地ニテ名士ト親炙セル消息ヲ收メ東行日錄ハ安政五年參政就任後豐信カ幕譴ヲ受ケントスルヲ聞キ江戸ニ赴キ國君ヲ擁護セシ間ヲ又東行西歸日錄ハ萬延元年十二月再ヒ出府セシ事情ヲ載ス

一靜遠居類稿ハ謫居中私塾ヲ開キ後進ヲ養成セシ間ノ

文稿ニシテ亦以テ其抱負ヲ窺フヘシ

一掃部頭伊達老公招致内密心添之發端ハ豐信カ幕譴ヲ得タル間ノ消息ヲ詳細ニ記セルモノニテ參政錄存及ヒ東行日錄ト彼比對照シテ見ルヘキモノナリ

一本書中間々細字ヲ以テ行間若クハ欄外ニ注セシ箇所アリ讀者ノ參考ニ資センカ爲メニ編者ノ附記セシモノトス

一本書ヲ刊行スルニ際シテハ福島成行氏所藏寫本ニ據レリ同氏カ本書ノ刊行ヲ許容セラレタル好意ニ對シ厚ク感謝ノ意ヲ表ス

昭和四年八月

日本史籍協會

吉田東洋遺稿目次

吉田東洋手録一

參政錄存一

安政戊午(五)正月小
十七日　御仕置役被仰之於內藏助(奉行五藤正身)宅拜承　少將樣(豐資)若殿樣(豐範)ハ頃日罷出御側物頭ㇸ御禮申上候事　少將樣ㇵ御奥ニ越候同斷○東西南追手御屋敷ㇸ罷出御頭取ㇸ迄御禮申上候事夫より役場ㇸ出勤御目付役場ニ而神文拜見被仰付御禮ニㇵ及不申事
十八日　御奉行中兩所ㇸ罷出御考慮相伺存寄之筋申出候事
十九日　內藏助殿より罷出候樣申來出候所御自筆箇條拜見御書之下ニ朱書を以御奉行中御考慮之所記有之御同意申出役場ニ而同役ㇸ申通候事

嘉年姫ハ豊資五女安政六年廿五日德大寺實則ニ嫁ス

諒鏡院ハ豊資ノ三女悅姫安政四年四月二日佐

廿日　福岡（奉行）宮内（孝茂）殿御組ニ入赴申來肩衣著御受相勤分限差出認出候事　内藏助御宅ニ出候樣申來考慮之達ニ御尋有之弘人（奉行深尾蕃顯）殿御一席故委細之義申出候事尤肝要之差懸候事跡取集申置

廿一日　初而之御寄合肩衣著出席諸事例之通嘉年姫樣御婚禮御用取扱被仰付之爲御請御奉行中ニ廻勤御仕置役被仰付依之新知幷役領知被下置御禮於江戸代勤を以被爲請赴宮内殿より申來御受ハ格段ニ相勤ニ不及

廿二日　弘人殿御宅ニ罷出同役被仰付候義明日ニ相成不申而ハ差問候段申出置候事

廿三日　出來御免之事　御暇之義少ニ而も御早メ之取扱之事　御士江戸ニ被差立候事　務右衞門（末松）大目付被仰付節ハ謙吉ハ總領御雇ニ被仰付候事　右之條々傳（澁谷）五郎右衞門（小南）ニ委細引合候事

諒鏡院樣御事俊貞院樣御同樣之御仕向ニ而佐竹樣御別邸ニ而御暮被遊候樣少將樣思召ニ被爲在候事右五郎右衞門より承る

竹右京大夫義睦ニ嫁ス　俊貞院ハ豊策二女厚姫文政元年十二月十一日稲葉對馬守正發ニ嫁ス

廿四日　間ニ御寄合　御勝手方之義大要取調之上口述を以御奉行中ヘ申出候事○御太刀料ハ三十五匁ニ取極小彌太より林榮平ヘ懸合候赴寺尾庄助承　御武具方より銀四百五十匁本切手ニ引替之半金庄介ヘ相渡ス

山崎源次郎家督伺例之通御奉行中ヘ差出候事

少將樣御屋敷ヘ罷出肩衣著嘉年姫樣御婚禮御用取扱被仰付御禮御側物頭居合不申御膳番ヘ申置直御奥ヘ罷出御奥附ヘ右同斷御禮申置候事

少將樣嘉年姫樣共今日ハ不被召出候旨拜承相仕舞候事

廿五日　休

廿六日　御前樣（豊信夫正子）御召輿御修覆之上嘉年姫樣御式正御召輿ニ被仰付候御詮義之事　右端書庄助より受取義六ヘ引合申候所委細五郎右衛門ヘ示談いたし置候而大廻り歸り船ヘ積下りニ相成候樣相成居候赴承ル嘉年姫樣御發輿京都御著御行列幷御輿入御行列書二冊外ニ縮緬（欠）紫御幕御持込ミ伺御書一通御茶辨當爾來之御分御取繕之上御持込ミ被仰付度御書

一通夫々義六ゟ相渡候

痘流行ニ付少將樣御思召を以御菜園跡住吉宮ゟ參詣之賤ニ不限來月四日五日七日八日九日五ツ時より七ツ時限四ケ村を限可申達尤遠近より參逢候者罷出候義勝手次第被仰付之右之形義六より引合ニ成ル御奉行中御目付ゟ之義六より御通示談とも相濟赴今日御町奉行御郡奉行御勘定方ゟ申通候事

廿七日　御鮫之事御懷劍御之とゝめハ長刀袋等之半金左平ゟ渡候嘉年姬樣御奥附御備少將樣思召ニ被爲在候赴同人より承る且弘人殿考書受取

廿八日　山崎源次郎家督伺奉差上候事　江戶表ゟ之書狀夫々相濟〇丹後屋吉兵衞方御買上之義之岩右衞門歸著之上手順相立可申ニ付九分通り之御買上候樣ニ御定候間其御心得を以御取計置被成度來月初立之御飛脚迄ニ之決定之處御懸合可申候大定如此林榮平ゟ書翰

林勝茂ハ安政四年五月十三日京都留守役簾中守臨時用役五年十一月大坂警備

二月廿七日御結納御日執御決定之義榮平（林勝茂）より申來左平義六江迄御聽ニ入候樣ニ執計申達候事

桐板之義ハ寸法幷長等相分り不申而ハ取調相整かたく殊ニ只今大廻り船間旁早々御申越可有段又平江懸合候事兩書認

廿九日　小頭役之義御目付示談いたし候事　犀吉呼寄考之筋之所符合之存寄ニ付其通取計候事

二月大

朔　二日御暇を以長濱江歸宅

三日　御茶辨當之義爾來之御分御覆用之義半金御婚禮方より出義六江廻し有之處下紙を以返し來則庄助へ直ニ相渡新ニ御仕備有之筈爾來之分ハ麁相之赴承

〇御守脇差御鮫　御鵄目平ニ被仰付　御長刀袋御劔紐　夫々下紙ニ而御用役より送り來　御武具役江相渡操下御道中爲御持ニ被仰付〇御長刀金物銀きせ御武具方下役より受取添紙を以御用役江懸合置候處今日此御品ニ而宜赴を以返し來證判後平七江

下役呼立相渡候様申聞相渡○御刀御脇差し半金下役を以御用役より相廻ス　一留置認書一義六江引合置早々廻し狀并添一來筈二月廿二日なり

晩景七ッ半より御奉行中江罷出同役御奉行中兩所弘人殿御宅也委細御政體之筋申置御人選之義始少將様御思召之處迄得御考慮候事

四日　小頭役之義嘉右衛門よて兩人御目附江示談いたし彼役場存寄無之趣承る○御本田賣買之節其地下役幷代官方奥判受候御定目之赴右宛義ニ入れ候節も同斷ニ候段猶又御藏奉行詮義之筈○高岡郡福島老熊吉を志和浦庄屋へ被仰付度高岡郡より申出小目付役考有之委細之義衞守より承右高岡江返し有之ニ付追而出候ハヽ詮義之筈

嘉年姫様御婚禮ニ付向々御仕向

一金三百九拾五兩　御簾中様御例之通　御現銀

一同　三拾兩　御簾中様御例之通　御手許銀

一同　八百兩　御簾中様千五百兩　御入輿之節御土産一旦限

一御前　米知百石　御簾中様御例之通　御一生之中

五日　六日　七日御暇を以歸宅七日引越
八日　御行列書傳より庄助江相渡赴承
御長刀袋之義但ひごとも悅姫樣御例之通可被仰付哉御懷劔さや金蘭包差裏ニ而縫目留之所御國ニ而出來兼候ニ付御注文可被仰付哉兩樣とも市之進より申出追而切紙ニ而申達筈此節義六ハ直ニ引合御武具方より出悅姫樣御例御成行當半金相渡ス○嘉年姫樣御行列入御道具幷御道中御用之諸品取縮牒一冊下役を以義六江引合○縮緬紫御幕半金又々下役を以義六へ相渡ス鮫先達分御用ニ不相立赴ニ付又々三ッ取今日義六江引合置追而爲持相廻ス
九日　來十二日十三日五ッ時より七ッ時御菜園跡住吉宮江參詣貴賤勝手次第去月廿六日被仰出候通を以九日限之所右之通日延被仰付赴義六より承り御町奉行御郡奉行御勘定方江各已前申達候事

御雛幷御道具類御婚禮後於京都取調被仰付候事義六ニ引合之筈

十日　御婚禮御用ニ付御老女ニ四五日之中對面いたし可申候段清之進ニ申述

嘉年姫樣御上京御供之御老女已下御端下まて人數付一通　御料𠔥箱御文臺出來之上御覽ニ入候樣之寸書一通　右清之進より受取○野村犀吉御婚禮御用引受被仰付候赴一應左平義六ニ紙面を以示談之處存寄無之赴申來

十一日　昨日清之進より受取寸書二通犀吉ニ相渡追ゟ先達義六より受取頭書ハ急々御道具類庄助相渡有之候間詮義いたしなりよふ犀吉ニ申聞候事此分犀吉より受取○丹後や吉兵衛家屋敷之義大工頭岩右衛門致下著遂詮儀候所相應下直之趣申出候仍ゟ吉兵衛申出之通金五兩銀四〆三百目を以御買上可然と致詮義候間共々心得御買上御作配之儀致度候

此分御飛脚延十二日立ニ成リ遣ス　右十四日立御飛脚ニ林榮平ニ懸合遣ス

今日小頭役一同呼出し出米御免之義遂詮議候樣申聞

十二日　十三日　十四日　十五日　十六日　十七日病氣引籠

十八日　滋賀右馬大允（徳大寺家ノ侍）より出覺書一通小森喜八郎下紙有一通犀吉江渡ス返し來り留書江渡置○唐破風御輿京都御思召ニ差閊候赴榮平より申來」御白銀師平丞より申出御婚禮御用之中御長刀御鍔赤銅磨き御切羽始新御渡之分銀赤銅御渡被仰付候ハヽ、其餘諸御入目銀寸志を以相勤申度願書差出物代より受取犀吉江渡ス　唐破風御輿御地廻り御召ニ不相成候赴京御留守居より懸合來紙面義六江廻ス仍而爾來御召之輿御修覆を以御用ニ相成候樣自筆を以懸合いたす

當役被仰付候所屋敷無之ニ付相應之居屋敷有之迄吉田源太郎（東洋ノ嫡子正春）方江借宅罷在候段傳より御奉行中江申出御聞置ニ相成御普請奉行江も同斷申通承知ニ相成り候赴於役席承る

十九日　黑夷使節下田江來一先相退候赴如何之應接ニ相成候哉關心此事

ニ御座候總而公邊之御模樣御役人之邪正幷諸侯方之明暗次第ニ相顯候時節ニ奉存候方今之形勢御執成ニ寄御參勤御闕年等も可參樣ニ被察候右等之義ハ申迄も無之候得共御配意被成候事と奉存候若右之通相成候時ハ御軍備始萬緒御手足り申候樣相成り御上之思召通實ニ中興之御功業も海內ニ相顯可申奉存候越前樣ハ每々御出會被遊候事と奉存候當時御傑出之御方樣と承候間猶又御懇ニ被遊候ハヽ御益も可有之貴樣ニも御同所樣御用人にて不相更御出會被成候事と存申候何分江戶表之御都合宜御傑出之諸侯方ニ御知己も出來被遊御上之御名も相顯候ハヽ御歸國被遊候而も御業ハ御勢參り申間敷奉存候

只今之御時節何卒處士之議論も御聞被遊候ハヽ御政體御考慮之御一助ニも可相成簡堂（羽倉）翁始宕陰（鹽谷）藤森（弘庵）なと御召寄無隔意御仕向被遊候て議論御聞被遊候樣奉祈候

三條樣（實萬卿）ニ御返翰幷御別紙之寫今日於役席拜見仕候誠ニ無御餘義御書取

と再三奉感讀候然ニ其中京師御警衛德川家滅亡等之御文面御座候此等之義ハ如何程御知己之御方樣ニも御遠慮被遊候義　當然と乍恐奉存候勿論當時之御氣遣ハ無之候得共右等之筋ハ漏泄致安ク後來之御禍根と相成候義和漢古今之殷鑒不堪枚擧候何分御遠慮被遊度事と奉存候右之筋乍恐御考慮之萬一ニも相成可申候何卒貴樣より被仰上度奉存候
下拙事も今月七日漸源太郎屋敷長屋ニ引移り出勤いたし居候所十一日役場仕舞より風氣ニ而引籠漸昨日出勤いたし候都合ニ而此間中ハ傳壹人勤ニ相成居候上小頭役致取替旁以出米御免之義も取調中ニ御座候次御飛脚まてよを御受も相調可申候同役も申居候都合御座候覼縷申進度義如山候得共先今日ハ右之段可得御意猶追々可申述候

二月十九日　　元吉

五郎右衛門樣

右壹通

今御供達引受銀御扶持米代海防造用銀等月賦四月五月分ゟ銀目餘計有之且大坂表御借財去年分より五年割拂之約定と相成年々翌四月ニ御下銀之筈ニ付今四月より初而拂入ニ相成候故四月五月分金高束而四萬八千兩餘ニ相成申候仍而爰許有物を以込ミ引爲致候處壹萬八千兩餘不足ニ相成申候然ニ只今御地御用立金大積四萬三千兩程御座候樣相考候ニ付右之内壹萬兩四月五月分月賦之内ニ御遣用ニ相成候樣不被仰付候而ゟ忽融通難相整候尤御用意金之義ハ厚御思召も被爲在候得共三萬三千兩餘之御用意御座候時ゟ差當り御不足と申ニも至り申間敷相考候されとも御用意金相減候義甚御心配いたし候ニ付此度於大坂表二萬兩御借入之致心配置候間若戰爭等に相至候勢相顯候ハヽ役場ニ御懸合ニ及不申候御地頭取より大坂證據役ニ懸合候得ゟ早速差立可申候兼而其作配致置候右等役場考之通被仰付候時ゟ追々出來御免取扱之都合ニも宜候ニ付此段御考計之上可然御執計被成度存候

傳
元
吉

二月十九日

（生駒）伊之助様
（小南）五郎右衛門様
（森下）又平様

右壹通

廿日　義六より來御幕紫縮緬御道中爲出候時見計を以被仰付御有合之サヤ御幕爲御持被下度下帋付半書犀吉ニ渡ス〇御鮫五本添帋を以義六迄廻し相伺候様申遣ス〇義六ハ來廿四日御奥内ニ出勤いたす段申置述候事

廿一日　清之進より御供女中如何被仰付候哉之段尋有之取調中ニ付來廿四日御奥ニ出勤之節決定いたし候様可執計段申述候事
嘉年姫様御手許幷御行列之内御道具御道中御用之諸品伺牒一今月八日

義六ゟ渡有之○下帋ニ而又々返し來犀吉ゟ渡ス添帋とも廿二日なり○御机懸御衣桁懸御中柄傘等品々數廉あり半書一通下帋は清之進より受取犀吉ゟ渡右同斷

廿二日　御長刀袋紐とも悦姫樣御渡之通注文ニ相成可然哉之段半書御武具方より申出先達義六ゟ渡有之候處下帋ニ而返し來ル直ニ犀吉ゟ渡ス松崎文次御銀宰領を以甲浦通御差立廿三日出足之筈處右御用濟より御婚禮御用相勤筈ニ付右引合ニ仍廿六日出足六日延被仰付度段御奉行中ニ一應相達日延申付候事

廿三日　御作事方より出居候德大寺樣御裏殿之仕樣書牒面三冊積書相添差出候樣清平ゟ直逃いたし候事○御本田賣買地地下役奥判代官方同斷宛儀ニ入候節も同斷ニ相成居候哉御藏奉行ゟ尋合之筈

廿四日　御長刀袋紐とも御注文被仰付尤悦姫樣御例之通御武具方ゟ切帋を以申遣ス八ツ時より御奥內ゟ出勤以老女ゟ御婚禮御品增ニ相成居候

間屹度減方相働申候樣申談置
少將樣御目通被仰付御婚禮御道具類も成丈宜出來之樣ニ執計可仕御安
心可被遊右ニ付御道具類之品數減候樣被仰付候樣申上置日入頃相仕舞
候事
廿五日　休
廿六日　林榮平御婚禮御用被仰付候赴被仰渡書御奉行中より相廻り留書
保次に相渡ス右拜見著衣差(マヽ)を心いたし候書面添
御婚禮御道具類減方之義猶又左平に申談置松崎文次出足日延申付候段
是又委細左平に申談置
御婚禮御用被仰付京都に被差立者
御婚禮御用
松崎文次
證據役
田崎爲吉
結婚御用
池內運平
右同斷を以御國ニゐ取扱

會所 南部潤平　御屋敷御賄役 島崎斧助
同 千頭榮助　證據役

夜ニ入彼宅ニ而小頭役考之處承候事

廿七日　口上覺

今日就吉辰鑽三郎（東邸名豐服）御前髮被爲取御祝式御首尾能被爲濟恐悅之御事ニ候
右爲御歡明廿八日五ツ時吾々御假御殿江出仕將又御屋式江も罷出少將
樣若殿樣江申上於御國所御一門中樣嘉年姫樣江も申上夫より東御屋敷
江罷出鑽三郎且大隅樣江件之御祝詞申上候條其節各ニも御出可有之候
已上

二月廿七日　深尾弘人

兩役場

御

御大小拵半書御用役より相廻御受取添帋有り

廿八日　麻上下ニ而鑽三郎様御元服之御祝詞ニ御假御殿へ罷出御奏者番ニ申述ル夫より御屋敷ニ出御側物頭ニ申上若殿様ニも御奥通罷出是又御側物頭ニ申上東御屋敷ニ出頭取ニ申上ル尤御屋敷ニ而ハ奥附出會山崎清之丞津野山鄕松村之義西山次右衛門より承り詮義いたし可申段申述置

廿九日　御大小拵半書犀吉ニ渡有之所今日返し來ル尤御箱之紐爾來絹眞田之所本紅絹紐等之注文出候故其下帋もぎにて殘置半書ハ添帋を以御武具方ニ相廻候様留書ニ申聞候事但書ハ御箱え紐之所詮義中ニ付追而申達筈

晦　御奥附ニ遣候義ニ付左平より考之所今日役席ニ承る
御政體御基本之義書付を以御奉行中ニ申出ル

三月朔小　御奏者番ニ　裏付肩衣著御假御殿ニ出勤御祝詞申上夫より出賀御奉行中より例之御演舌名上より例之御受いたし仕舞候事少將様若殿様ニ罷出御

側物頭ニ申上ル夫より相仕舞候事右出勤四ツ前より出勤なり
二日　今村小彌太家督申渡相濟○北川十五郎役付御達相濟小頭（三郎平）ニ告渡候事○桶田四郎五郎類族御預方被仰付候所幼年聲高之義届出承置右役面御目付中ニ相達ス○大工頭木村治之助より其家飯料御作事方下役より達出願書小頭役ニ渡○御船奉行より水主より半書紙面添中山繁彌日延届五藤良右衛門ニ通達紙面合三通留書保次へ渡ス
少將樣御鹿狩方より出半書御小人ニ渡證判先例之通被仰付度申出壹通小頭役（三郎平）ニ渡ス此分御目付中より受取
林勇平より一封大坂御扶持米算用日延森下又平より一封通用丸破損
同人より吉米拾俵御手許御用一封
〆三封三郎平ニ渡ス
文武方留書雑用銀急ニ御詮義被仰付候事端書を以御目付より受取三郎平ニ渡○池龍内三石御加増自御奉行中御達相濟○沖島船網ニ懸ル出米御宥免之事半書一通○郷士御用銀取縮名前違有之取繕を以差立る香美

郡分二牒○御町方より御用金來月五日皆納仕度半書勝手次第ニ聞居候事○御兩口御馬取自力北山願一通御目付中江廻ス專三郎より出ス相濟留書江渡ス○龜屋虎平武器買入願御國產方江廻ス樣保次江申聞渡ス馬詰彥右衞門病氣ニ付如此○役人加增進擧申出三通寺田左右馬より申越三郎平ニ渡○寺村忠三郎より要馬代年限御引捨申出御町方江廻候樣申聞保次江渡ス（下帋にて返り來御目付江廻ス）○郡方月月之算用申出三通保次江渡ス

若殿樣來六日騎射御覽雜喉場之馬場江被遊御出右御覽所雁木仕付之義申來御普請方へ申達候樣申聞保次江渡

下代類次助足輕類兼藏恐入書三通○家督懸り中子供等導願中島五之丞より差出御目付中江廻ス

三日　休　御寺江罷出候事

四日　定御供足輕新助養子丑之助願書一通系圖一通差出三通合五通吉松一馬添帋とも御目付中江廻有之所差問不申越を以返し來留書江渡ス○

南御屋敷御役知開發半書御山方（儀八郎）より出ル又七ぃ渡ス〇鴨部村土橋木之事御山方より受取又七ぃ渡ス〇香我美郡韮生郷上野尻村にて燒物方入用之石取場所御山方續出し有儀八郎より受取留書ぃ渡シ御町方ぃ廻ス〇中村浪人醫師吉松惠叔養子萬彌相續被仰付度願書二通幡多御郡奉行（後藤象次郎）より添帋を以返書御目付ぃ廻ス相濟留書ぃ渡ス〇高岡より使番年季夫吉共進擧申出添帋とも二通小頭ぃ渡し返し來留書より惣代ぃ渡ス〇下代類嘉六倅學文修行自力之願御目付ぃ廻シ相濟

此度出米御免被仰付候時者向々御上ゟ者御研精御撓無之御儉約を以下を御帥被遊御役場ぃも御奮勵を以御輔翼被爲成御人選を始萬事機會を失し不申樣無之而者難參譯と奉存候て委細紙面ニ相認御國御同役樣ぃ差出申候御披見上御伺ニ相成候事と奉存候既ニ先便由比猪内ハ御用役を以御內用兼帶ニ被仰付眞邊榮三郎ハ御近習御目付被仰付度段御同役樣ぃ申出御伺ニ相成候所此度御思召役配奉拜見候然ニ弊蠹改正之義御

奥内始諸場所〻押通候義にて何分ゟも御内用ㇵ御用役より兼帯ニ不相成候ては権力無之難参届義も御座候ニ付先達御同役様へ伺之通被仰付度右等之義ㇵ實ニ此度改正手始之義ニ付何分ゟも被仰付候者共之働方致安き様御仕向不被仰付候ては御験も難相顕候ニ付宜御考計之上被仰上度委細御同役様〻迄口述を以申出置候已上

三月四日　元吉

傳

宮内様

出米御免之義委細紙面を以御奉行中〻差出候間此度御伺ニ相成可申候猶又宮内殿〻も御達申出候通ニ御座候且猪内義御内用役被仰付可然候五郎右衛門殿御出足前ハ噂之義も御座候得共追々致詮義候處御奥内始諸場所之弊蠹相剔候義不容易義にて何分ニも権力軽くては難行届義も有之不御為筋顕然之事ニ候間此度猪内義は御用役を以御内用兼帯被仰

付榮三郎ハ御近習御目附被仰付度窺出候而御奉行中より先達御伺ニ相成候通ニ御座候仍て御思召之役配通り被仰付候而ハ剔弊之手始之義故甚以心配いたし居申候何卒役義被仰付候者之働方少しまても出來安き樣ニ被仰付候義當然之事と存候ニ付猪内義ハ御用役を以御内用兼帶ニ被仰付度此段猶貴樣よりも被仰上度奉存候嘉年姫樣御式正召御輿之義御懸合越し致承知候御國御在合之御分取調中ニ御座候已上

三月四日　傳
元　吉

伊之助樣
五郎右衞門樣

御兩所樣愈御勝常可被成哉御勤奉雀躍候誠ニ兇虜跳梁之時節天下之形勢覼縷致承知度御油斷無之義ニ者候得共猶又御聞及之事實爲御聞被下度奉存候

松村小十郎築地御屋敷御錠前役被仰付之御申渡可被成段役文森下又平ゟ遣
徳大寺様御土藏引料之義如何御座候哉猶又御働上急々御申越被成度
候
榮平様　元吉
尚以此度御類役附會被差出候ニ付兩傳奏雜掌幷禁裏付同心ゟ兼而御
金被成遣度段只今詮義中にて御座候間御飛脚ニ可申達候
御奉行中ゟ一通御用役ゟ一通別ニ控有リ
五日　御社ニ而御祈禱之事稲荷ニ而同斷十一日十二日十三日なり御奉行
中ゟ御達濟〇御關船十三反より七反迄ハ舨屋形障子行燈張替半書帋面
添小頭ゟ渡ス〇御屋敷御櫻山ゟ仕成方被仰付半書四廉四通小頭ゟ渡ス
〇大津義右衛門母病死ニ付追手御屋敷證據役當分御配被仰付度段善左
衛門より達出小頭ゟ渡ス〇長澤萬助倅純吉自力江戸表ニ罷越ニ付一人

扶持於彼表御渡被仰付度且御銀米之中拜借被仰付度願書二通澁谷左内より添紙を以達出小頭江渡ス〇杉右衛門跡濱田龜助飯米願柴田勝右衛門より達出小頭江渡ス〇小松や幸右衛門利金御加落願小頭江渡ス

六日　牢下番之義御目付江引合候事

勝庄より滯りニ相成候頭書受取前役江迄差出候趣なり

御山方より出る高須村地所見分止宿賄等難相整赴御觸達有之役人指立候節飯米被渡遣筈半書觸控とも二通小頭役江相渡ス〇御船手方より出ル算用月延小頭江渡ス

七日　內藏助殿臣下自分山と御山境之木取扱之義御山方承合之筈〇諸御屋敷御附病人有之當分役被仰付候節御奉行中御連名ニ而相伺候處向々右等之義ハ御用番計ニ而宜赴今日於御役席內藏助殿被仰聞候事〇御輿御式正分新ニ御仕成被仰付度半書今日仁右衛門（村田）江相渡ス

少將樣三月中バより向々吸江寺江御入被遊夫より待月庵江御出張御眺

望被遊吸江寺より竹林寺江御奥宰を以御入被遊御思召之赴ニ付御寺不差閊候哉之段仁右衛門より承而則證判役江申聞る右寺ニ差閊不申赴ニ付則仁右衛門江申通置候事

八日　澤田彌三丞申渡相濟候事

御召輿日覆ハ御紋白縮緬を以被仰付候樣口述いたし半書御用役ニ相渡ス○八ツ時より　少將樣江被爲召出勤御懇之御意拜承夫より御庭拜見御藥園跡等迄參り於御四間御酒頂戴被仰付候事右御禮御老女江申述候事

九日　御輿之伺半書申出之通被仰付赴を以仁右衛門より相廻り犀吉江相渡ス○甲藤市三郎より出願書御郡奉行江廻ス御婚禮御用御先例畦分牒二册御賄方下帋付御行列書牒一下帋張紙有り犀吉江渡ス

十日　野根村より出ル本田貳歩九厘之御用捨被仰付來候處當年免明ニ付何卒今暫御用捨被仰付度愁願一通御免方江○檜柄木とり分半書御山方

江○奈半利陶器燒願書御郡方下紙付御町方江○御輿之日覆御紋白縮緬にて被仰付候赴相濟來犀吉江渡ス
十一日　御物頭御奧附一人本〆一人御醫師一人此度嘉年姫樣御婚禮被爲整候所去冬已來亞墨利加使節申立之義ニ付世上騷々敷且御向所樣御模樣難相知を以當時右之通御人增御差備被仰付追々御治定ニ相成候節時宜御詮議之上本〆役相差止御奧附江兼帶ニ可被仰付哉
　午三月　　　　　　　　　　　　　　御仕置役共
右一通翌十二日御奉行中江相達夫より御用役を以御伺ニ相成筈御老女始御供之女中調小頭役江相渡
十二日　御火消方御先遣役家督同然之赴ニ付當分役被仰付度野本源之助より申出承り置小頭役三郎平江相渡ス○御狹箱御伊達緒本紅アンダ打之伺書御簑箱紐も同斷申來詮議も仕御用役江廻候樣申聞保次江渡
右伺之通濟犀吉江渡

十三日　御張紙二通御意ニ叶候赴を以仁右衛門より返來犀吉ゟ渡ス
徳大寺樣御作事木品塗仕成一切之達牒一冊右同御張付一切達出牒一冊
御作事奉行添紙を以達出犀吉ゟ渡ス
十四日　浦戸仁井田迄台場年番御家老中ゟ被渡遣候大炮玉藥とも拜借始
末之事○於御役席身前之義御達申出候事
嘉年姫樣御婚禮御行列之牒面御道具減方被仰付度既口述を以仁右衛門
ゟ引合之上牒面相渡候事
十五日　肩衣著御假御殿ゟ出勤○江戸表ゟ當日之御祝詞申上御奏者番ゟ
迄なり出賀御奉行中ゟ申出ル夫より相仕舞申候事
今日ゟ少將樣若殿樣ゟゟ可申上候事
十六日　桐板御園之分御納戸方より取寄見合候所拔傷之われ等處々有之
御用ニ難相立候間左樣御承知可被成候幡多郡ゟ申遣候ハヽ能木も可有
之と存候得共先達も御懸合之通

右桐板何之御用ニ相成候哉御申越無之ニ付寸尺厚サ等之考合も出來兼候而詮議方相調不申候間御取調之上御申越被成度候

三月十六日　　元吉

又平様

先達桐間將監（家老）（師卓）殿ハ御賦之船大坂表ニ差控罷在福岡宮内殿御差下之節御乘船ニ相成候様之取調を以御懸合いたし候所宮内殿御暇之義難計永々御留船ニ相成候ても顯然費用ニ相成候ニ付御差返宮内殿ハゟ廻船ニ而御構無之參逢之船ニ而御下之赴御懸合越致承知候然ニ御家老中ハ廻船御賦之義是迄御例も無之如何敷存居候所幸此度御侍中乘船數艘御差立ニ付右之中大坂表ニ爲差控宮内殿ハ御賦被仰付可然詮議いたし御奉行中ハ相達之上右之通及作配候尤爾來水主中備を以御賦ニ相成先例御座候得共此度ゟ御侍中ハ御賦之船ニ付水主減少ニ相成居候間左様御承知之上宮内殿ハも御達置被成度存候

三月十六日　　　　　　　　　　元吉

伊之助様　　　　　　　　　　傳

五郎右衞門様

又平様

十七日　出米御差免候時ハ御自筆を以被仰出候草案如此ニ而ハ如何と被仰聞御奉行中より一通御渡受取申候事○常通寺五臺山恐入書御達申候事

參政錄存　二

三月小

十八日晴　四ッ時より眞如寺ゑ出七ッ半相仕舞候事

（十一代山内豐興）寛邦院樣御五十回忌御法事ニ付如此

十九日晴　六ッ時出勤相仕舞候事兩日共御法事例格取扱別折本ニ有リ此ニ略ス

廿日晴　御行列帳小頭役ゑ渡ス　御刀箱之紐下紙御奥引受申出小頭ゑ渡ス此分御奥御賄方申出候通被仰付候而可然小頭役申出承ル

廿一日晴　（南邸）（豐若）雅樂助樣御妾之父前久保田市助御咎を以名字帶刀被召放只今歸住御免ニ相成居候事昨日堅吾より右之者帶刀被仰付度段申出夕御目付中ゑ示談いたし候事　木料半減ニ而渡有之跡渡可申哉之段儀八郎より申出先差控候樣申述置候事

廿二日晴　とゑん之事高村造酒丞より申出ニ相成御筒方より大廻り便を以積廻し之義猶御筒役承合之筈　槍柄木之中選木を以差殘し跡ハ諸師家江相渡遣候事不相當筋有之○牛皮之高價ニ付御町方承合之事　水石助四郎娘龜可否善左衞門より申出御目付中江示談○津野山郷松材之義次右衞門より申出半書小頭役江相渡ス

廿三日晴　御珍器ハ悅姫樣御分御用ニ相成義取調之事　御槍二本御武具方承合之事　右二廉御發興御當日爲御持被仰付筈

潮江御普請所見聞ニ罷越小頭役一人隨勤御郡奉行兩人參候事

澤流舘と武藝所とゝ界之板屏取除之事敬齋より承る御作事方詮義之筈

廿四日陰　御歩行御雇壹人去巳年御差立之替御差立有之哉明春迄詰越被仰付哉之段尋出ニ付詮義之上相答可有之段申述る○一瀨孫之進御弘式江操替跡役左次右衞門倅市原龜之助江被仰付度市之丞より申出ル○登五郎樣御思召ニ被爲在候事此義廿三日御目付江示談ニ及置○御飛脚番出足

之節御茶道頭江御用伺ニ罷出候様被仰付度段行宗桃源より承る去年分も申出居候赴

少將様御弘敷相原長右衛門格式被仰付年序ニ相成居候赴清之進より承ル御目付中江示談之筈○朝比奈二藏拜領金被仰付度事弘敷を加り相勤候を以如此清之進より承る尤日數書出ニ相成居候赴○窪津浦より鯨獵之義ニ付仕入之事善次郎より承る○カルロン御筒大銃坪内泰八郎（光貞）異國船打拂ヲ以三崎浦定詰より申出右御入目引受相成候付申出之通御渡被仰付筈半書先達出居候赴

御奏者番御扈従江御馬廻り乗組之義是迄例無之候得共此度御差立之北村久米進壹人江御船配候而も御費用甚敷ニ付此度ニ限り配り方可致哉之段御船奉行より申出於御役席御奉行中江御達申出置候而申出之通作配いたし候様御船奉行江申聞候事

御船手方より出候手練銀米半書詮義不行屆義有之其儘御差返被仰付度四郎八より申出御勘定方江申聞置候事

月末両日御銀渡方差閊候赴ニ付此度朔日出足之面々夫迄ニ金子引申候様御目付ゟ申述置候事

御界目におゐて他國者不法いたし候て縄付手錠ニ而送出候事彦右衛門より申承ル

廿五日雨　休日

廿六日雨　藤井猪三郎徳大寺様ゟ嘉年姫様御出之上御奥附被仰付候義少將様御思召不為在候段去年より承る○徳弘吉郎次英實院より相談を以讃州ゟ立越候願相濟御目付中示談濟　此分ハ御記録役より御目付中より直ニ達書御先例之赴保次より承ル則御記録役ゟ返ス

御飛脚状

松井源藏森本三藏借財引合ニ付懸合一封三通ニ添紙一通森下又平より○鹽鰊御注文一通ヲ急之分上ニ同シ○野口喜之助學文修行として在京之處年繼之願一通添紙一通林榮平より○大通院奉敕ニ付詰方火消夫等雇入賃銀渡方伺之事二通添紙一通上ニ同○園屋文三郎組合桑種代引合訴訟一

封一通上ニ同　○宇佐浦福吉屋勘右衞門ゟ引合負銀訴訟之事上ニ同　○御婚禮御用御請一通上ニ同　○右御申達候答御奉行中より御渡之覺書一通返し來添紙一通上ニ同　○安喜浦住吉丸吉三郎佐喜濱井筒屋嘉六津呂浦角屋半丞御負銀引合訴訟之事一通上ニ同　○大坂松村屋嘉右衞門御國入願一通添帋一通上ニ同　○貞之助御免通過戻り阿部喜藤次二尊院相勤候處中參事〆二通上ニ同　○信受院樣（豊策女後木下利愛夫人）御次女中チセ御暇右跡當分御雇被仰付候事一通上ニ同阿部喜藤次より來　○林繁之助革名之事一通神山左多衞關直之進より一通　○御矢倉者拜借銀年賦之願數通添紙一通森下又平より

廿七日雨　明日御飛脚立ニ付認置分左之通御飛脚役差延四月　立ニ成ル

一筆致啓上候先以兩御地上々樣倍御機嫌宜被遊御座恐悦御互ニ奉存候然ハ火之御守御免被御蒙候ハヽ來未正月御暇之義御手入ニ相成リ御思召之通被仰蒙候時ハ來々申之秋迄御國許ニ被遊御座候ニ付御假御殿只今之通ニ而ハ暑氣御凌難被遊被思召候間御表御奥共御寢所ハ御住居替

被遊度御內々御思召之趣委細御申越奉拜承候勿論出米御免ニ相成候時
ヽ猶以御嚴略不被仰付候而ヽ御勝手御取續難出來候義ニ御座候然共御
假御殿御表御奥御寢所只今之形ニ而ヽ顯然暑中之御住居も難被遊譯ニ
付木品幷ニ仕成方とも同斷之振合を以御住居替被仰付候而も不差支義
と奉存候間被仰出候ハヽ御請可仕候付此段被仰上度存候右御報可申如
此御座候已上

三月廿七日　　　　　　　元　吉

五郎右衞門樣

再啓來未之早春御暇被仰蒙來々秋迄御在國被遊候時ヽ諸事剔弊之御
業も參り屆綱紀振立之御趣意も貫通ニ相成可申候
三啓倍御勝常被成御勤候趣已後御同樣可成御入奉賀候隨而迂拙事仍
舊罷在申候乍寒乍暖之節御自重御勤被成度奉祈候

柴田茂之助願壹通借金半書一通小頭役江相渡御奉行中より御渡之事

若殿様御不用之火事御羽織郁太郎様御召ニ被仰付度堅吾より申出候事

廿八日晴　トタンハ荷船を以差立候義ニ付承合候處エレツキ仕成方御國許ニ而出來ニ相成候趣既右積り去月役場受取居候趣今日承ル伊藤丈助去冬御暇被仰付候筈之處只今迄無沙汰之趣千之進より尋出候事○釜かね無代物ニ而御渡被仰付度左候時も賣拂銀を以御筒等を鑄仕成有之段同人より申出候事半書出居候○京都稻荷宮ゟ御館入ともより御位昇せし事願林榮平より申赴一應重次郎ゟ相渡詮義申候樣申聞る

廿九日陰　嘉年姫様御大小之箱幷紐とも如何被仰付候哉之段御武具役より申出追而切帋を以申達筈（御奥引受山崎清之進より申出紙面とも相渡ス）

嘉年姫様御上京來ル十月中旬御發輿被遊候旨被仰出候村田仁右衛門より切帋來留書ゟ渡ス

淺井娘てるより黑岩靭丞病氣ニ付吉田孫藏引拂延引可致差懸之義ニ候ハヽ下役ハ當分兼勤可申付哉之段達越續書ニ而

本文御達出候赴致承知候引拂少々延引ニ相成候ても差間可申候

同人より操練之義一順ハ自分玉藥を以爲致遂見聞好等申付候節ハ官物をと（マヽ）も被成遣御入目役場銀ニ而仕伏申度達出續書ニ而

本文御達出之赴詮義之上承屆候條其御心得御作配可被成候

四月小

朔雨　麻上下著御假御殿ニ出勤御奏者番ニ御祝詞申上候事夫より少將様若殿様ニも同斷申上候右相仕舞

一鐐姫様御入輿來未年二月四月之内ニ御取極ニ相成可然思召ニ候（鐐姫ハ豐熙公ノ女初鉎姫天保十三年五月廿三日江戸ニ生萬延元年十二月十一日稻葉伊豫守觀通ニ嫁シ元治元年三月廿九日臼杵ニ卒○國靖院ト諡ス）

一來年ニ御決定之時ハ御拵用一時に御整ニ難相成御當用計ハ仕拼（マヽ）ニ相成其餘之御品々ハ追々御仕向被仰付度御國許へ詮義振之赴御承知被遊尤其御思召候得共御召物初御道具等御手問ニ不可相成哉積方之處ハ追々可被仰付候

一御拵用御入目高金之内八分通御入輿之節相進殘ル二分通リ翌年春中ニ御仕向被遊度思召之赴智鏡様より右之通被仰出候赴を以新八郎より伊之助五郎右衛門宛ニ而申出付紙ニ而左右馬權左衛門迄申來付紙ニ

婚禮御當用御品御入目八分通追而御仕向二分通ニ御入目之義御國許御詮義振と大に相違いたし候間御仕置申中ニ御請仕間敷と奉存候段新八郎へ委細引合未相知ニ付追而委曲可得御意候

右貳通左右馬より受取一見頭書如此

火之御守御免被仰蒙度御願書御差出之赴御草案幷添書とも生伊小五（生駒伊之助）（小南五郎右衛門）（寺村左膳）（澁谷權左衛門）より寺左澁權宛ニ而來

右貳通同人より受取一見頭書如此

覺

若殿様御出府御頃合之義來ル申年中御出府被爲遊翌酉春中初而御目

見之御手順相立候ゐ彌可宜と猶又得と取調仕候御留守居より生駒小
南書添間左平間義六宛

右二通間左平より受取一見頭書如此

二日陰　嘉年姫様御婚禮御用之半書夫々犀吉江渡ス○御奥付本〆御醫師士少將様江伺之半書御思召不被爲在ニ付御目付江渡置○大坂松村屋嘉右衛門去年分材木問屋被仰付候ニ付諸山仕成荷立共に引合之ため御國入願自分并手代之中御山方差問無之御目付中江示談相濟留書江渡ス○英實院たとつ行九日出足之赴萱野壽助より申出ル留書江渡ス

三日晴　相原長右衛門御佛式相勤ル格式申立清之進より承ル御目付江申談置○御飛脚近々出足ニ付認置分四月　日立ニ成ル

抄春上浣之尊翰拜見仕候此頃新夏輕暖之節倍御勇健可被爲成御勤奉恭賀候誠ニ如高諭江都拜別已來既五閱歲電光風飄之世態回憶不堪感愴奉存候私義淺學不才世人之所唾棄久敷配所ニ罷在深ク自ラ思慮仕

候ハ天賦之愚魯天地間之一贅物當今之用ニ難相適且自古薄福之人事を成候ためし無之況如私者乎此上ハ文學經濟等之議論等仕候事慚愧恐縮之至ニ候得共御赦免をも相蒙候時ハ何卒源太郎厄介ニ不相成候樣之含を以年々御暇奉願候て大坂ニ罷登童子之師と相成り糊口の手段可仕心願ニ候所今春に至り配所より御呼返之上已前之役義被仰付只々恐入候次第殊ニ墨夷一件今以結案ニ不相成進才退愚之時徒ニ塞賢途候義實ニ難安寢食日夜焦慮仕り罷在申候此等之義私心血之注ク處ニ御座候御憐察御考慮被成下度奉存候御文中御褒揚之語一讀汗背無存懸次第御座候右拜報如此御座候恐惶謹言

四月三日認　　吉田元吉

（奉行）福田宮内（孝茂）樣

四日晴　御飛脚著候て京都江戸よりの懸合夫々御奉行中ニ御達申出候事

抄春十四日廿二日兩度之華翰相達致拜見候先以兩御地上々樣倍御機

嫌宜敷恐悦御互奉存候然ハ御國許より窺之義ニ付御內々思召被爲在候赴を以覼縷御懸合越左ニ御報申進候御人選之義六ヶ敷貴兄之御處置御上にも殊之外御配慮被遊云々右拜承難有奉存候如何樣御國許ニ罷在候ては左程御氣遣被遊候義返て合點參り不申候既小子役義被仰付候已後少將樣ニも三度被召出御懇命相蒙り候故御都合相考人才を御選まて弊藩を剔候段箇樣御座候間決て御氣遣不被遊候て宜何分よも御安氣ニ御保養被遊候樣申上候所能御聽入被遊難有奉存居申候且每々御酒頂戴等も被仰付御奧內にて於春表方岩波なと每々應對いたし候所隨分都合宜御婚禮御入目等も相應御驗相見居申候御奉行中ニも是迄萬事無御隔意御仕向と相成り實ニ公平之御心底よて兩人とも心配中此所御賴申候て相勸居申候男色一件左右馬愼彌久馬勤事控之御窺御奉行中御居り如何敷御思召云々右ゟ左右馬貞之助兩人在勤中川上幸衞を以內々取扱ニ及候義容易之義と存候子細ゟ一藩之賞罰ニ

相携候役柄にて顯然罰付ニ可相成義を私ニ取扱いたし置キ表之詮義ニ相成候節又々右取扱ニ相携候義御威光相損申候御國許にて役場かとより右等事跡ニ携候とも矢張御見切ニ可相成哉江戸御國幷近外之違ハ有之候へ共若江戸表よて急迫之義有之節罰ニ相成候節御近習御目付計之取計而已よて御用役ハ不知と申し事足り可申哉たとへ右取扱よて内治ニ至り申候とも其儘ニ御差置有之候ては綱紀難相立増て發顯ニ相成候上ハ御沙汰被仰付候義當然と奉存候右之筋御國許御詮議振ニ御座候（彌久馬右事跡ニ引合御座候事近頃浮き申候）此等之義御氣遣被遊候事相聞へ不申義と奉存候此度之御人選黨の相立候執計之樣被思召云々

右拜承奉恐入候次第御座候黨とは小人姦邪之心を以手を組候名ニ御座候小子爲人如何之御見付を以御擧用ニ相成候哉右樣之思召更ニ會得難仕奉存候且御人選之義一人之建議にて參候譯無之御奉行中兩役場とも一和一決之上にて奉窺候事御上ニも御存知之義御座候顓政を

慮り因循苟且ニ打過候譯無之因循苟且ニ打過候こそ頽敗之基ニ御座候此等之義才力無之ては難參義ニ候得共肝要之所ハ御學用之者は才力有之御見付故被仰付候譯ニ付右之者ハ孟子所謂助長なとの御氣遣等ハ猶以如何歟御義御座候若右等之思慮無之候ハヽ取ニ足ぬ庸才御惜被遊候譯無之速ニ御退被仰付候義當然と奉存候小子淺學不才論なき事ニ候得共愚慮仕候は一藩之事御心配不被遊て叶ぬ事と被遊に及はぬ事と御座候此等之當否下より上を奉窺候根元と相成屹度御政體ト關係仕候義ニ付御熟慮被遊度と奉存候

出米御免之義取調之上書付を以御奉行中より御窺ニ相成候處其御地にて見付無之御詮義振之趣役場考も百石千石之銀米取扱候と違一藩御政體之基を固め人心を正し弊蠹を剔し不申ては御勝手之見付難相立義と存申候たとへ牒面よて一金二金の不足も無之樣仕拼候ても上のみよて見付相立候義ニ候ハヽ算勘込ミ引さへ有之者なれハ御仕置

役當器之人ニ候乎此所大ニ間違居候樣ニ存申候右ハ別帋ニ相認御奉
行中ヘ御達申出候間御窺ニ相成可申候
右件々御聽達之義宜御執計被成下度存候
四月四日認　元吉
五郎右衛門樣
五日陰　五郎右衛門之書翰御奉行中ヘ一應申出候事○御婚禮御用之書翰
等取調いたし候事
上々樣御他邦ヘ御養子御婚禮御取整被遊候時ハ御兩殿樣奉始御親戚
樣方御對顏ハ御調ニ不相成義兼て御覺悟ニ被爲在候事ニ御座候然共
此度之義等御情合之處奉推量候ニ付誠ニ無御餘義候事よて一同痛心
之至ニ奉存候得共何卒兼ての御居り思召被爲分度奉存候
御方々樣御鄰領ヘ御出被遊候義御先代樣より都て無之公邊ヘ御願等
ニ不相成候て御差支無之義候哉一同相心得居不申候且近代御一門樣

數々之義ニ而此度御越境之御道相開け候ハヽ向々如何之弊相增候程
も難計關係不少義と奉存候
御入目之義二段之御事ニ候得共御自力なれハ外々樣御引合ニ不相成
と申譯無之元來廉立候御入目ハ孰之御屋敷ニ而も表より御手添ニ相
成候て御分限を以仕伏ニ者不相成義ニ付御家老中以下之知行と者格
別之御事柄にて御入費御座候ハヽ追々表之銀米にこびけ參候御座候」
右件々御難澁之御事柄にて何分よも此度は御差止被遊候樣被仰付候
ハヽ一同難有奉存候
右壹通御奉行中江差出候事
六日陰
先達御借入銀之義御懸合之所大坂勘定方にて御銀致差引半書を以申
出ニ付御達越しに相成致詮義候所右半書之赴慥ニ難相解候間近日御
仕置役下著之上遂詮義可及御報候間左樣御承知可被成候

川口禎五郎倅一件御館入與力同心等少々宛御金被下候御詮義振之趣右ニ出奔者之義ニ而格別世話方等相懸候譯にても無之ニ付御金ハ不被成遣候て可宜相考申候何分御扱無之ては不都合之筋ニ相當候ハヽ再御達越し被成度候

四月六日認　傳

榮平様　元吉

今日八ッ時より少將様御奥内ニ出勤御婚禮御用一切相濟嘉年姫様ニ御目通り被仰付御雛拜領夫より少將様ニ御目通被仰付御政體之義申上御酒頂戴之上にて菓子拜領日入頃相仕舞之事

七日晴

德大寺様御藏引料之義幾度も御内談御座候得共減方御調不申赴滋賀右馬大允よりの書翰も御廻有之遂詮議候處右藏惣新仕成ニても七十

金計にて一切成就ニ相成候由之處引料九拾金ハ余り甚敷候間減方相調不申時ハ此方樣より引合進可然存候ニ付此段御引合之上急々御申越可被成候

小河三河守ハ御詮義濟之通にて宜敷老女ハ大ニ迷惑ニ付銀十枚被下置候樣諸大夫より申出候赴右ハ御詮義濟之上にて故障申出候義ニ付取計難澁ニハ候得共此度格別詮義上銀二枚被增下合て銀五枚被成遣候間左樣御執計被成度候

丹後屋吉兵衛方御買上ニ付御名代ハ井筒屋太郎兵衛ヘ被仰付可然御考之赴致詮義候處御考之者ヘ被仰付可然候間其御心得御作配可被成候

四月七日認　　元吉

榮平樣　　傳

吉田東洋手錄一（參政錄存二）　安政五年四月

御勝常可被成御勤奉賀候誠ニ御當節之義右件々難澁之事まて何分御減方相付不申ては不御爲義ニ付猶又御引合相成度彼是御心配之筋と御察申候

八日晴　御飛脚狀取調いたし留書認之分夫々作配ニ及之事○御婚禮御用無手殘犀吉ゟ申聞之事

九日晴　三條樣本〆役人增申出三月廿九日著之書翰一通御目付中ゟ相渡ス此分十四日受取

十日晴　十一日晴　十二日陰晩晴　右三日御暇を以長濱屋敷ゟ罷越之事

十三日晴　御守脇差箱之事　御武具役より如何可被仰付哉之段伺出御屋敷手詰之上可申達申述置之事

十四日陰　嘉年姬樣御供之人數は壹通清之進ゟ渡即日返し來ル○御婚禮御用取扱ニ付當分下代御賦リニ相成居候處御用辨之者ゟ追々御用濟之節相應之所ゟ御用被仰付度旨清之進より申出承置

十五日陰時々雨あり　肩衣著御假御殿江出勤例之御祝詞相濟仕舞○今日
(西邸山内豊樹)
登五郎様御奥様御着帯之赴御悦麻上下着傳出勤自分着服肩衣故今日者
不罷出事
十六日陰　嘉年姫様御供之女中付山崎清之進より受取犀吉江渡ス○村田
仁右衛門十八日役場江立寄候様申達候事御小ぬきま之繪示談之筈○田
所左右次呼立十八日四ツより九ツ迄申達候事
十七日晴　休
十八日晴　田所左右次呼立宅ニ而エレキ之致口申合候事○御船手進擧相
認候事○御作事方より出ル大工頭役人等京都江御差立候御扱之事小頭
江渡ス○地雷火エレキ仕懸之事御筒役御詮義之筈
十九日晴　登五郎様御釣被遊候向ニ而更本日御扱之義甚高料に有之段市
之丞より承る追而詮義之事○御奉行中より江戸より之書翰風説書幷京
都より之紙面夫々御渡し御書も拜見夫々同役江渡ス

廿日雨　御婚禮御供之女中付清之進添帋有犀吉ニ渡ス〇御奉行中ニ罷出田口又藏之御掟之事等夫々申出候事

廿一日晴　御薬道具引受之事〇銀流御銚子一對引受之事〇右夫々京都ニ直段尋候て其上にて申達筈清之進ニ演舌可有事

廿二日晴　嘉年姫様御輿之金具左右次ニ積方申聞候事〇御奉行中御達之紙面差出候事

廿三日陰　大學様（追手山内豐榮）御姫様（鎭、山内豐廉ニ嫁離婚高辻脩長ニ嫁）織馬殿ニ御縁組之義御取組相濟候御祝詞ニ罷出ル麻上下着なり頭取出勤不致御附迄申述置也

三月廿八日之御手翰拜見いたし候然ハ御書見等大ニ御進被遊候を以廿一史明史等御買上之思召被仰出候赴恐悦之御事奉存候總て經史子集等ハ表方ニ而御用相達候儀當然と奉存候間右二部ハ御買上被仰付可然致詮義候尤御書物料として員數相定置不申候而も可宜時々之御詮義ニ被仰付候て不差問義と存申候右御報如此御座候已上

四月廿三日　　　　　　　　　　　　　　　　　　元吉

伊之助様　　　　　　　　　　　　　　　　　　　傳

五郎右衞門様

○原書ハ此分チ抹殺シアリ

御銀米之義去巳夏取調之所ハ決て向々の見付相立居不申いゐにと申に大坂御借財御家質御仕法銀等除之外ハ半知幷五歩一出米を以拂入六年目ニ相濟候見付相立居申候得共御地盤之處ハ別帋之通ニて去巳年分千三百貫餘之御不足ニ相成居申候是迄詮義之通ニ參候時ハ當年ハ去年より御不足増し可申夫も去年之通と立候ても六年之不足八千貫餘ニ相成候利金等相加候時ハ餘計之金高ニ相成可申古き御借財ハ濟候得共新き御借財本の如ク出來何之御益ょも不相成候義と奉存候殊ニ半知幷五歩一出米被召置下之困窮六年參り申候時ハ上下之困窮實ニ拙策無比類次第と奉存候別帋ハ御留置被成度候

小銃之義懸合承知いたし候八匁十匁銃ハ數少之義にて候得共御在府中御用意之義ニ付急々取調候て追而御懸合可申候已上

四月廿三日　傳

元吉

伊之助様

五郎右衛門様

薄暑之節倍御勝常可被成御勤奉賀候随て小生共無異相勤居申候此度御國許總詮義之所ハ御奉行中より御達ニ相成可申奉存候

廿四日晴　日向樫檜柄等之事又七江委細申聞置候事○御飛脚今日立ニ成る

小銃之義御懸合趣承知いたし八匁已上之銃者於御國許も數も少之義ニ御座候得共御在府中御用立之義ニ付厚と取調之上追々御懸合可申候已上（今日之御報て難相調御座候）

四月廿三日　　　　　　　　　　傳

伊之　助様　　　　　　　　　元吉

五郎右衞門様

此度勅答之御趣ニ付件々御懸合之義御奉行中始兩役場評義之廉々一紙ニ相認御奉行中より御差廻之筈ニ候處右之中猶又御評義被仰付候義有之左右馬榮三郎近日出足ニ付可被仰含遣御考慮ニ御座候此段一應得御意置候

廿五日晴　休

廿六日陰　足輕六十八江戸より一左右次第に召寄候筈之處此度左右馬榮三郎ゟ示談江戸著之上懸合越候樣申通置尤夫迄之中ニも於御國許内調致置一左右次第差立可申事〇左右馬榮三郎同役とも宅ニ而御用半書示談いたし候事同意なり

廿七日雨　早朝彌久馬宅ゟ罷越昨夜之半書示談いたし候事同意なり○左右馬榮三郎出勤ニ而右半書之趣御奉行中より右兩人ゟ御考慮之達ニ被仰聞候事○晩景御袴能拜見之義仁右衛門より懸合來ル拜見相整不申次御能之節懸合吳候樣申遣ス

廿八日雨　嘉年姫樣御婚禮ニ付御軸物御買上畫柄等之伺半書御屋敷ゟ差廻候樣申聞留書ゟ渡ス

廿九日陰　御持銃伴楠藏伊與木楠次郎兩人總代として御持筒之執行ㇾ費用有之處御持弓より御扱少々にて困窮者之義惜ニ稽古方難出來赴之願書一通御持筒支配より受取小頭役ゟ相渡ス

五月大

朔日晴　休

今月ㇾ節句有之ニ付御祝詞等今日ㇾ無之○朝比奈泰平御町奉行被仰付出會申來內藏助殿御宅ゟ罷出右被仰付候上役方之義差圖いたし置候事

二日晴　吸江寺鐘樓物置屋破却ニ付急々御作事被仰付度段於自宅雪蹊寺より承る○御免方御山方取分り之義於御役席御奉行中ニ御達申置候事
○嘉年姫様御婚禮ニ付御懸物三幅對畫御下表裝被仰付二幅對一ッ一幅
二ッ夫々御屋敷より御下ニ相成候筈
三日陰　御家具類御放之心ニ錐穴有之鎮メ方詮義之事○御行列ニ入御灯
燈小田原灯燈詮義之事○御軍備ニ付御賦之小銃調之事千之進より承ル
○御普請方見習勤壹人明捨ニ付楠瀬左之助深川善之助大西金馬三人之
内一人被仰付度善五郎忠作より申出紙面小頭ニ渡ス○長屋孫四郎父助
五郎去秋於江戸拜借金之返上年延之願差出可申哉之段園村榮次郎より
承ル明日返事之筈○右三郎平に四日之朝申聞ル詮義之上申出候段承
四日晴　尾崎松之助より長濱控屋敷ハ在宅之義尋出候事
清之進より御婚禮御用之御國仕成分今以取懸りニ不相成候趣何卒急々
仕成不仕候而ハ如何とも不相成段申出候故夫々仕成方ニ取懸居候間決

て心配ニ不及段申述置猶又小頭役犀吉ニ爲心得置候事

五日雨　服替布

御祝詞として御假御殿ニ罷出御奏者番ニ申上ル夫より出賀例之通相濟少將樣若殿樣ニ申上ル今日亥節句ニ付麻上下着なり被召出あり三ノ間敷居より疊二枚ニ罷出名順之通平服之處にて御兩殿樣御出張被遊孰もと御意御引入被遊退き候事夫より御奧内ニ罷出御庭拜見菖蒲花盛なり御留杉御櫻山夫々拜見夫より御四之間にて同役兩人御飯頂戴相濟二之間ニ罷出御酒頂戴珍石等物產夫々拜見且江戶より被召寄居候豐後行ニ一段被仰付爲御慶也相濟御菓子頂戴相仕舞候事〇（豐榮）追手筋御屋敷（豐樹）西、（豐著）南御屋敷ニ御祝詞ニ罷出候事東御屋敷ハ御差支ニ付御禮不爲受候事大隅樣御朦忌なり

右夫々相濟仕舞候事今日五ッ半出勤七ッ時相濟

六日雨晚晴　來ル九日丹七鹽田に御出被遊思召ニ付獵人差留置候樣御側

方より申來石田助八江爲心得候事○御雛懸合之紙面（仁右衛門より來）犀吉江相
渡候事
七日晴　勤功寄特等ニ而御褒美被仰付度御郡方より申出ニ相成居候事（去冬なり）
嘉年姫様本〆役前以参込ミ而相成候様被仰付候時ハ諸事御辨利可宜段
仁右衛門より承ル御目付江示談之筈
宮内殿より御同役江之書状日記共御渡受取
八日陰　御免方定目を以朝比奈泰平西山次右衛門被召上地不被渡遣（或直段）
筈ニ取極る役場両人御目付彌久馬與市一座なり右之形御免奉行落合義
八郎江申聞候事
九日雨　藤井猪三郎より岸本秀助病氣快ク出勤之段申出候事願書受取御
近習御目付場を以彌久馬江引合願書渡置
屋懸り再改正ニ付持主心得居候様之觸達之事

御屋敷より發端にて宮方懸りゟ面々より御出入之町人其餘之者ニ寄置相勸候義有之赴屹度差留申候樣御出入大工丹波屋總兵衛惡説有之御出入差留候樣白砂糖近頃他邦より御願ニ相成余計之斤數ハ差明ニ相成處右斤數丈ケ御積出しニ相成迄を以大坂問屋とも右不足之分ハ込メ賣捌出來候間御國より積出候處願居候赴此所聞合之事
御館入扱方御銀借入御下金ハ懸や御懸込ミ等之義ニ付存寄有之候ハヽ何にても申出候樣
右四ケ條柏原文助ニ申聞之事

十日晴　清之進より御婚禮御用之品々御國仕成之分三拾四廉職人共御品拜見之義日取懸合越候樣申聞之事○同御手本銀之義今七月より向取之義承置候事○樫柄木屋懸之立木御買上を以仕成ニ相成居候分御渡ニ被相成間敷哉之段師家より申出候赴御目付より承ル

十一日晴　少將樣陽貴山ニ御出ニ付當十日七ツ頃來り留書ニ遣候所御郡

方ゟ廻り候ニ夜八ツ時ニ相成り立宿等作配差問候段御郡奉行より申出承り留書ゟ申聞置○御婚禮御用表裝之義小頭役ゟ申聞○日向樫檜柄木職方見聞直段付之事○上方御積立之仕成材木上方ゟ積船は立ニ相成居候ニ付急々相濟候樣申出○御婚禮御用爲引合仁右衞門參候樣懸合置候事○鄕廻り役之義ニ付恒五郎より申出之達ニ承置候事惣代呼出詮義之筈○坂井堅吾より申出大黑某膏藥雅五郎樣御入用之處當時同姓嘉源太を御願ニ付右御藥出來不申段申出甚都合不宜考之樣承置御目付ゟ一應示談いたし置候

參政錄存　四　　戊午八月六日以來

八月大
六日晴休　照輝院様（豐策四女德、藤堂高聽夫人）御三回忌御法事今明日於眞如寺執行被仰付示合を以
九ツ時より御寺ニ出勤委細別ニ記有
七日晴休
八日晴　御屋敷通水吐御急之赴ニ付小頭役ニ申聞候所御普請方御極仕候
て相渡候段申出候ニ付猶亦御普請方役人呼出急取懸候様三郎平ニ申聞
ル
嘉年姫様御上京御道割世話ニ仁右衛門帋面御關札御用意無之而ハ差閊
可申段仁右衛門より紙面御婚禮方役人ニ相渡ス
九日雨點巳牌歇晩大雨
御飛脚番七月十九日江戸出足昨夜御國許ニ歸着今日書狀上來ル越前様

御家來より五郎右衛門ゟ引合之義不一通筋ニ付御目付中示談之上御奉
行中ゟ申出候筈ニいたし候事
十日陰　間之寄合　御近習手兩役場之義一應申出置御家老中ハ勿論之事
○明日松井半齋四ツ時より九ツ時迄之中役場ゟ參候樣申聞ル仁右衛門
も同斷市之丞も同斷○明日御飛脚被差立候而可然段御奉行中申出置候
事
十一日晴　御幔幕之義今日之御飛脚ニ榮平ゟ委細可申遣段仁右衛門ゟ引
合置　榮平ゟ之紙面控下ニ記ス
榮平より宮地玄碩娘十八ニ相成ニ付美千姫樣御次女中ニ御召抱之義市
丞ゟ申談候處先便作配相濟居候段承ル同役取扱なり嘉年姫樣御婚禮之
節爲御持之御幔幕半張御僉議濟ニ相成り居候處一張ニ相成不申候而ハ
御都合不宜赴を以遂詮義候處當御時節内ニ而ハ出米御免被仰付外ニ而
ハ大坂御警衛被爲蒙不一通御入費增之義ニ付右等三條樣御例ニも無之

義を御仕備被仰付候義不相當義ニ付此段御含ニ成德大寺樣侍ゟ御引合被成度役方より得て千を取りて右御幔幕ハ御本殿より御用立追々御裏殿之御品を御本殿ゟ御用立等之申出有之候ては顯然御爲不宜御幔幕ハ小納之御品ニ付御仕備可被仰付候然共當御時節之義ニ付猶又可然御執計被成度候

十二日晴

昨日御飛脚立之筈之處今日立ニ被仰付道中四日之割北山中國路通り嘉年姫御上京御供之面々着服之義ハ勿論綿服ニ被仰付候御國許より御供之義ニ而三條樣御同樣ニハ不被仰付候追々　嘉年姫樣附を以居留り候後ハ三條樣御同樣ニ而可然と相考申候右之段爲御心得申達候

八月十二日　傳

元吉

榮平樣

十三日晴　嘉年姫様徳大寺御裏殿ゟ御出込ミ御旅懸りを以御出込ミ之上追而日柄御選之上御婚禮御整ニ相成候赴仁右衛門より答來婚禮方役人ニ相渡ス

十四日陰　嘉年姫様御上京十月十四日御發輿被遊候赴御日取被仰出村田仁右衛門より申來御奉行中ゟ太仁右衛門より申出候様申通筈○覺馬より申出之人賦書三郎平ゟ相渡ス

十五日雨休　肩衣着御假御殿ゟ罷出御祝詞御奏者番ゟ申出夫より出賀相濟直ニ仕舞候事

十六日陰　昨日仁右衛門より受取若波御扱之半書三郎平ゟ渡ス○本〆御弘式より伺書保次ゟ渡ス

十七日晴　御寄合　覺馬猪内御用役被仰付候ニ付先達已來江戸表之模様一應申通置候事

十八日陰　傳引籠ニ付月番助替相勤候事○役配二通御目付中ゟ相渡ス○

晩景猪内〻參る覺馬同伴なり
十九日小雨　傳引籠　間之御寄合森田良太郎當分役之義伺書内藏助殿無御別慮御兩所〻も如何可仕哉申出候所兩人〻え申通ニ付宜段被仰聞○岩目地茂右衞門病死養子喜三郎兩人鑑察え五平〻渡ス年譜え三郎平〻渡ス
廿日晴晩雨　病氣引籠
廿一日快晴　右同
廿二日晴　出勤始馬より受取書面藍一件三通計壹〆伊曾次〻渡ス他國邊路一件右同其餘夫々犀吉〻渡ス○早追御使者着將軍薨去御弘
廿三日晴　江戸表〻御奉行中幷役場御差立之義御内決○京御留守之書翰御奉行中〻差出候事○今朝四ッ時より　少將樣御殿〻罷出御機嫌伺有之　若殿樣にも申上候事平服なり○晩景宮内殿御宅〻御招罷出候事
廿四日晴休　靖德院樣御祥月御例之通被仰付也自分六ッ時出勤相詰　宮

内殿ゟ罷出夫より弘人殿御宅ゟも罷出〇今日より休日ニ相成ル
廿五日休　昨夜江戸表ゟ被召寄候赴ニ付内心得いたし候様御奉行中より
切帋來
廿六日陰休
廿七日晴休　御時節ニ付休日被仰付候得共鳥渡出勤諸御用方相調候事
廿八日陰　御用番宮内殿ゟ罷出江戸表之御用御達申置候事
廿九日晴　今日御飛脚立道中四日之割北山中國路通被差立
晦日晴　末松務左衞門御目付武藤直次郎御山奉行被仰付於會申來り宮内
殿御宅ゟ罷出〇吉田巳太郎小頭役伺御奉行中相達候事
九月大
朔日晴　公方樣薨去ニ付總家老中より御機嫌伺として御留守居物頭壹人
江戸表ゟ被差立候先例之所此度由比猪内被差立候ニ付右御用御賴有之
御假御殿ゟ出勤兩役場御用役詰方有之弘人殿御演舌御機嫌伺御賴兩役

場よりも相濟候跡ニ而相賴候事

二日晴休

三日晴　古《コ》列《レ》亞《ア》兒《ル》沒《モ》爾《ル》爸《ヒン》斯《ス》療治方　跋太亞勝《マヽ》亞著宇田川榕菴譯ニ壹冊

御奉行中御達之上橫山蕙風ニ下兩三人被仰付候作配いたし候事○山崎

寬治白札ニ候處御用人と（御執筆）相認言上仕候段疎念之至恐入書務左衞門江相

賴

四日晴　御暇を以長濱江行

五日雨　御裏殿證據役之事　嘉年姬樣御仕向ハ着京後受取候事

六日陰　休日ニ相成ル

七日陰　早朝内藏助殿御宅江罷出弘人殿知行所川田壽之助久禮田村庄屋江彼屋

敷役人共へ引合ニ付入組ニ相成候一件夫々一閲之上御目付中罰考之通

被仰付十分之御事柄ニ相考候段申出置候事○甘蔗一件御免奉行考之條

々御町奉行より承尤と申置候事○御仕立之者御扱之事淸之進より承ル

宜赴答置○右悦姫様通ニ而ハ不工面ニ付少々御扱増之申出之事○野中
作之丞と申御錠前内望之事○清之進京師之滯留壹ヶ月計ニ而事足申候
哉尋出ニ付其通御心得可被成猶僉議之上相達候義有之候ハヽ御差圖可
申段申述置候事○組外藤坂七作實子恒五郎下代類を以御宛義其儘御用
人岡崎克平實子喜久馬切米壹石被減格式其儘　組外上田源八實子源三
郎格式御宛義とも其儘　右三人家督窺傳認ル今日御奉行中ニ差出候事
○只今之御時節ニ付各別伺御機嫌一兩日中　少將様　若殿様ニ罷出可
然尤御目付役御町奉行ニも此赴可被示合事
右書付御奉行中より御渡之赴を以同役より承ル
八日晴休
九日晴　御機嫌伺ニ御屋敷ニ罷出　少將様　若殿様ニ申上ル夫より御奥
御四之間ニ出御老女を以　嘉年姫様ニ申上ル
十日晴　六條様御手添を以御借入ハ相整不申段弘人殿ニ申出置

十一日晴
十二日晴　兩日共胸痛引籠
十三日晴　今日より出勤仕舞懸弘人殿江罷出御人賦之義申出候事
十四日陰　頭書を以申出候大綱兩三日中可申出申置候事○御飛脚立月並
相兼道中五日之割を以差立ス○御用役御目付江書翰壹通榮平江御幔幕
半張御仕成之分計ニ而跡半張ハ差止之段申遣ス壹通留書江渡ス
十五日晴　休八ツ時より御屋敷御奥内江出勤拜領被仰付直ニ相仕舞候事
十六日陰　早朝鶴田行四ツ過歸宅九ツ時より出勤
十七日晴　大坂ニ而取調白砂糖之事（十月四日於大坂柏原文助より差閊不申段承る傳江文通いたし候事）
十八日晴　谷源助引越被仰付只今之勤事御宥恕を以出勤御免被仰付度内
情清之進より承ル
十九日晴　出勤早仕舞（雅五郎樣江御暇乞出勤被召出雅樂助樣江同斷）
廿日晴　大學君慣三郎君登五郎君江出勤被召出了て　少將樣御屋敷江出

勤　少將樣　嘉年姫樣御目見拜領物被仰付御老女ゟ御禮申述置今夜雷
雨
廿一日晴　若殿樣ゟ罷出御機嫌伺申上る御目見御意拜承御側物頭ゟ御禮
申上置○晡後發途
卅日晴　大坂着詰合役人一同對面御用取扱方承去巳年申出之通り二萬金
御借相談御館入共引受之赴文助(柏原)より承ル
十月小
朔日晴　明二日九ツ時より御館入案内いたし振舞之手首尾久助ゟ申聞候
事
二日晴　御館入一同ゟ振舞夫々例之通相濟(近習家老五藤内藏助正身、大目付麻田楠馬久枝高知ヨリ來ル同行ノモノ)
五日晴　御警衛場見習昨夜御奉行始御目付中着ニ付今日同通
十日晴　宮驛ゟ日入着江戸より之懸合有之直樣御用役紙面ゟ添紙を以御
國兩役場ゟ懸合いたし明日より早追を以江戸ゟ罷越し取調いたし候事

十五日晴　四ツ頃江戸御上屋敷ニ着旅装束にて御用役場ニ出勤直ニ御次ニ出御機嫌奉窺御奥内ニ出御老女を以御前様御機嫌奉伺候處被召出例之通御手伸鮑被遣御意拜承御國許より之御口上申上身前之御禮御老女ニ申上ル再役場ニ而御用方夫々承ル仕舞より御奥ニ被爲召

十六日晴　左右馬昨日伊達樣御用人吉見長左衛門ニ引合之筋承り何分御直々拜承可然相考一同御示談之上御目通相願何分伊豫入道ニ御直々申上度段申上御書被爲進候ニ決定之上相退夜ニ入御奥ニ被爲召

十七日晴　伊達樣ニ御書被爲進候哉之段伺候處明朝遣候段御意ニ付如此之御大事延々に被遊候義乍恐御爲不宜明朝ハ早々被爲進候樣申上相仕舞今日築地ニ御出被遊夜ニ入御歸座

十八日晴　今朝伊達樣ニ御書被爲進候段拜承傳八郎（留守居廣瀬實綱）より田安樣之御意内内拜承決て頼ニ不相成候段申述ル今日左右馬覺馬麻布樣ニ出御上之御都合申上御考慮承候而仕舞御上にハ品川へ御出被遊候而夜ニ入御歸座

十九日晴　將監殿(近習家老桐間守卓)左右馬(側用役寺田剛正)榮三郎(近習目付眞邊正心)御免之上御國江被差下候義取調御奉行中
江申出候處御風氣ニ而御直々御白難出來楠馬より伺思召不爲在赴承ル
夜御奥江被爲召
廿日晴夜雨　今日將監殿初御免被仰出伊達樣より御書被進元吉楠馬兩人
明日參上候樣被仰出夜御奥江被爲召
廿一日風雨　朝御目通相濟夫より伊達樣江參上伊豫入道(宗紀)樣御意拜承委細
別紙ニ認置　夜半御屋敷江歸ル伊達樣ニ而御酒御飯頂戴有之御禮申上
ル已後被爲召時ニ同斷之御扱なり
廿二日晴　朝御目通昨日之御都合委細申上三條樣江御文通之赴等奉伺又
又一人伊達樣江罷出入道樣御意拜承別紙ニ有日入歸ル御奥江被爲召
廿三日晴　御飛脚立道中四日之割御上之御都合委細ニ相認是迄之手順等
夫々御國許江懸合控別紙ニ有り今夜書狀相濟と七ツ柏木來ル
廿四日雨　御厩方申出之義承其他御賄等之義段々取調ル夜御奥江被爲召

廿五日雨霰　御暇奉願他出又七郎同道夜ニ入夜榮三郎左右馬明朝出勤之赴ニ付只今迄之勤難相分義承ル
廿六日晴　大坂御警衞品川御臺場等之内調いたし御奉行中ゟも申出ル夜御奥ゟ被爲召
廿七日晴　小川半藏千頭太郎吉呼出取扱之義直々承り廉々心得方申聞ル伊達樣御用人より廿九日被爲召候赴申來　夜御奥ゟ被爲召
廿八日陰　今日進擧初ゟ御目見等之御禮被爲受詰方有り　夜御奥ゟ被爲召
廿九日晴時雨あり　楠馬同道伊達樣ゟ罷出御意拜承　委細別紙ニ有歸宅後御用役一同示合いたし候事　夜御奥ゟ被爲召
十一月大
朔日晴大風　出賀御膳番ゟ御祝詞申上ル○御前樣ゟ御祝詞直々申上　伊豫入道樣之御口上振相認ル夫より猪内方ニゟ御用取調候事

二日晴　御隠居近々御願立且若殿様へ出府等之書取删改御留守居に相渡
ス　覺馬方ニ而御用取調之事
三日晴　今日戸塚靜海（幕醫）老傳八郎方に相招元吉より達ニ御病症之義申談承
知ニ成ル御上にも申上候事尤今日御診察ハ不被仰付追而被仰付候筈傳
八郎方に參ル
四日晴　御飛脚立道中四日之割別紙夫々控之通差立了夜御奥に被爲召
五日晴　御國許より仁右衞門被差立十月廿三日出足道中四日之割今日參
着少將様奉始御模様拜承御奉行中兩役場詮義振承候事夜元吉方ニ而御
用取調候事
六日晴　御暇奉願他出良輔七助同道夜ニ入歸ル
七日晴　伊達様に被爲召出勤傳八郎（江戸留守居役廣瀨實綱）妄言之義逐一拜承楠馬兩人なり直ニ
歸り御上に申上ル右之筋一同猪内方ニ而取調いたし候事夜御奥に被爲
召

八日陰　太田様公用人（老中太田備後守資始）へ差出候御紙面取直シ且傳八郎病氣之義忠右衛門（麻布邸ノ用人谷川忠右衛門）より口上書相認る右一條相濟歸る今夜又七郎（長澤）方ニ而御用取調候事

九日晴　宮井駿藏（爲高）御留守居被仰付諸事調方爲致元吉義も御留守居方に參り諸事聞番に申聞候事○御目通相願猪内（内用役由比直春）伊達様御用人吉見長左衛門に迄御上より之御口上申上候赴且御臣下一同より之御禮も相賴置筈○忠右衛門今朝太田様公用人に相賴置候義且忠右衛門紙面相改候筋も一切ニ申上ル○少將様御返書被爲進候ハヽ御草案拜見仕度段申上候事明朝拜見被仰之筈右夫々相濟○御陸小頭只今當分役岡本代作を本役ニ被仰付度段承ル仙石彌次馬より申出なり

十日晴　仁右衛門出足御老女格民御加增之義返事不參ニ付猶又御引合被下候様相願　少將様に御返書奉拜見御刪潤申上候事○夫々之懸合別紙ニ控有

十一日晴　御留守居より太田様公用人に引合付兼候故筑前（親戚ノ秋月ノ黒田甲斐守長御留守居に賴

元）入候段承ル明日元吉楠馬伊達入道様ニ此度之義早々御聞済ニ相成候様之義御大老様ニ被仰入度段願出可然詮義之上彼方御用人ニ懸合候事
十二日晴大風　入道様ニ罷出委細之義願出候事別紙ニ認置○今日赤坂より赤バ子迄焼失御奥ニ被爲召候事
十三日晴　朝御目通昨日之義申上　明年四月御歸國ニ相成候時ハ御殿御間に逢申間敷先御假御殿ニ御出被遊御殿御作事相濟候迄御不自由御こらゑ被遊可然段申上御聽入ニ相成ル尤若殿様ニハ少將様御屋敷か或ハ二之御丸ニ御住居被遊候而可然段申上候事　右之段一應内藏助殿ニ申上置夜御奥ニ被爲召
十四日晴　今日年限儉約御定之書面被書改候事
十五日晴　曉七ツ頃より下谷出火追々日本橋通焼近付因州よりも出火御屋敷危候所夜ニ入五ツ頃消火　御奥ニ被爲召
十六日晴　朝焼跡見物夫より出勤相模屋扱仕成いたし候事明日御飛脚立

之義取調之事南御屋敷之義伺候事　夜御奥ニ被爲召
十七日晴　南御屋敷之義今日一應内藏助殿ニ申出置候事〇御賄方取縮之
義承合候事〇十月分縮三百匁計之中四十五匁計之遣出ニ成ル夜内田彌
太郎來訪酒出ス
十八日陰　今日御飛脚立之處明日ニ被差延〇御願書一卷取調いたし候事
駿藏太田様公用人ニ引合御名ニ而被差出可然段差圖有之夜ル思召奉伺
候而（十九日）早朝駿藏持參御落手ニ成ル
十九日晴　今日御飛脚立行道五日之割晩景御内慮御伺一件相濟御飛脚被
差延　御奥ニ被爲召
廿日陰　右御内慮伺相濟候段書添御飛脚ニ渡先達已來之調被仰付候事委
細別紙ニ有り今日御飛脚立控別ニ有御奥ニ被爲召
廿一日晴　早朝伊達伊豫入道様（楠馬同道なり）ニ罷出是迄之御禮申上被爲進候色紙五束
鰹魚節五十本差上

太守様御隱居後御國許ゟ御入湯之御願ニ而御歸被遊候義御家督否可參哉之段御大老樣ゟ御通し御模樣拜承仕度段奉願候處今夕參候間承合追而呼寄可申聞御意拜承いたし候事尤遠江守樣御隱居後直ニ御國ゟ御暇ニ而御入之赴人氣穩ニ相成候迄御國之方公邊ニも却而御都合宜候段御大老御噂ニ付土佐殿も御同斷と御意ニ候事　麻布樣ゟ罷出御父子樣御逢被遊御奥ニ而遠江守殿御奥樣御逢被遊例之通御意拜承御禮申上相仕舞候事　御奥ゟ被爲召

廿二日晴　出勤之上御國許ゟ被差返候而取計大樣之義申出置候事

築地樣ゟ出勤　御目見拜領物例之通　御奥ゟ被爲召

廿三日晴　出勤書付御奉行中ゟ差出置九ツより佐竹樣ゟ罷出　諒鏡院樣ゟ御目見例之通拜領物有之

廿四日陰　伺書相濟御小人調承ル新八郎より御婚禮之義承知智鏡院樣ゟ申上御取込之處猶又賴置

廿五日晴　御前樣ゟ御目通り拜領物被仰付御四之間ニ而吸物頂戴御用役御目付に御用取扱懸委細ニ引渡內藏助より御口上承ル○御前ゟ出御意拜承御羽織頂戴御禮申上仕舞餔後出足

十二月大

朔日晴　夜大坂着諸役人ゟ應接御留守巳屋ニ而宿ス林榮平（京都留守居役）下坂いたし居委細頭書を以受取御用方夫々相辨可申段申述置

二日晴　九ツ過大坂出足尼崎ニ而夜ニ入三日曉加古川ウ子ニ而夜ニ入九ツ時片上より舟々中ニ而夜明四日と成ル同日八ツ頃丸龜著同日々入丸龜出足五日朝上分ニ至ル同日立川ニ而夜ニ入六日川口ニ而夜明同日國見を越穴內ニ而夜ニ入御城下着弘人殿御宅ゟ出ル夜九ツ時也

七日晴　少將樣ゟ罷出委細江戶表之御都合申上御氣遣不被遊候樣申上ル夫より出勤傳御用役之義示談濟

八日雨　弘人殿より御呼立出勤之所廉書を以御渡被仰付兩役場ゟ引合候

事○平御家老中御一同より御奉行中ゟ被仰立候ゟ弘人殿御應對之御書取一通御渡有之御受取申候事○若殿様ゟ罷出江戸より之御口上申上ル御目通不被仰付相仕舞○傳宅ゟ罷越御家老御一同之被仰立甚以不敬御無道殊ニ鼎殿御存寄書御上を差置少將様ゟ被差出候義ニ付御咎被仰付可然と詮義決候事

九日晴　四ッ時より丹波殿ゟ罷出御用方承候事○御取次兩人江戸ゟ若殿様御供伏見より被仰付筈ニゟ浦戸通被仰付先例之處御間ニ逢不申譯故北山通直乘ニ被仰付可然相考猶小頭役御詮義之上直馬乘船日限差懸候間水主選之義明朝御船倉ゟ相揃候様郡奉行ゟ申達候事○庄屋家督庄屋新規ニ被仰付候義半書一通竪紙一通平七ゟ渡ス○御屋敷御宿番之御奥醫師夫々紙面を以申達候事

十日晴　休　今日嘉年姫様御發輿八ッ時廡上下著御屋敷ゟ出勤御四之間ゟ罷出御老女ゟ祝詞申上夫より御對面所之南御内椽ゟ罷出御酒頂戴被

仰付御方々樣御出張御酌等被仰付夫ゟ嘉年姫樣被爲召御直々郡内嶋一反干小鯛拜領於美喜之方御傍ニ出ル御意拜承於美喜方江御禮申上ル御輿ニ被爲召候前御向江出御門外鼎殿長屋西北之角御番所之南江相控ル今日ハ御門より南江御通り被遊本町を下り御出ニ付如此爾來帶屋町東江御出之時ハ鼎殿長屋之北門の西ニ北向ニ相ひかへ御目通いたし申候得共御通筋相違ニ付如此相濟再出勤御側物頭江御祝詞申上御奥附出會ハ若尾善左衞門江申上御假御殿江罷出御奏者番江申上立歸り御屋敷御對面所の南御内椽江罷出御酒頂戴御暇出候て相仕舞候事

十一日晴　御作事奉行明朝出勤參候樣可申遣段留書江申聞ル

吸江村前庄屋貞五郎養子兼藏を庄屋江被仰付度半書一通

甫喜山鄕庄屋代野中德七願書壹通名字被差除相續可然

右二通泰平江渡ス

十二日晴　今朝雨北山雪　四ツ時より御假御殿江出勤酒井樣御都合ニ付

御機嫌伺御奏者番ニ申出○少將樣若殿樣ニ出勤同斷申上夫より御奧内ニ而龜尾一件御老女ニ相賴置仕舞候事○少將樣より御肴頂戴被仰付御禮御老女ニ申述置南御屋敷ニ出勤

十三日晴　嘉年姬樣御縫物いたし候兩人ニ御扱之義切紙相改候樣留書ニ申聞ル○御作事奉行ニ新御殿之地面引形相渡石之助なり

十四日陰　間之寄合堅吾より御二方樣御部屋引形之義承ル○間左平始御供之面々ニ被遣品半書今日御奉行中ニ差出置○江戸御用木御積廻し之註文書幷直段込ミ引書帶入三通犀吉ニ相渡ス

十五日晴　御祝詞廉上下御假御殿ニ罷出御奏者番申上出賀例之通少將樣若殿樣ニ申上相仕舞○鍋釜御德用銀引殘り御臨時被渡遣儀申出大坂ニ御差廻し之大炮之跡鑄立御入目なり○又七ニ申聞ル　晩景エレツキ見聞

十六日晴　御用人類家督夫々御奉行中ニ奉伺之事

十七日晴　御寄合諸組頭演舌いたし候事

江戸表ゟ懸合紙面控
前文例之通を以御用役ゟ一通控別ニ有　壹名
御奉行中ゟ壹通控前ニ有　壹名
御用役ゟ御老女被差立候懸合一通控なし　壹名
右同壹通御奉行中ゟ申出候紙面之大樣懸合　此分控なし御目付名前とも書込ム　壹名
樫井新八郎ゟ壹通御老女格民御加增之仕出ニ付先例懸合　壹名
京都御留守居ゟ壹通御老女岡村、權吉被差立候ニ付御書廻り不申とも取扱出來候ハヽ、所司代之御書受取不差問樣作配之懸合留書認○江戸ゟ御書出候樣懸合御近習御家老中ゟ壹通
〆七通
十八日晴　御飛脚立今日九ツ時迄爲待置右書出來之上夫々相渡ス
十九日晴　間之御寄合　神職家督伺濟○若殿樣御出府御用御祈禱伺濟

廿日雨　御士中借賦差出被差返〇广《マヽ》郡銀米方より役銀取調達出

廿一日晴　例之挨拶ニ及候事〇考察役取計之義廉々取調之事

廿二日晴　幡多郡奉行より御物成米取調彼是達出御奉行中相達表達ニ付兩役場例之詰方有之御郡奉行談申一通相濟御奉行中挨拶有之相濟役場仕舞懸右役人一同江挨拶有之例之通

廿三日雨　江戸大坂より書翰五通封ニ而如此務左衛門江渡ス御直書一封同斷傳務左衛門宛御用役より二通同斷合八封也〇御老女岡村被差立見牢御弘式被仰付候事御目付江引合之筈大三輪權吉なれは差留ニ而宜赴承ル忠助演舌なり

廿四日陰　紛々細事不暇記

廿五日晴　平服ニ而出勤例之通諸奉行達御奉行中御聞被成詰方相濟晩景仕舞之節小頭役宗代役御陸目付留書役證判役一同罷出ル當年分御用方御首尾相濟恐悦申出相應及挨拶候事御勘定人一同罷出右同斷相濟仕舞

日入前也

廿六日陰　役場昨日限ニ而相濟ニ付今朝御奉行中ニ新御殿御引形差圖共

少將樣御差圖相願可申哉之段相窺御別慮無之仁右衛門ニ引合置尤御作

事方より出ル圖二ツ御普請方より出ル圖一ツ夫々袋ニ入相渡置

廿七日　八日　九日共自宅ニ而御用取扱

三十日陰　肩衣著御假御殿ニ罷出御奏者番ニ歲暮之御祝詞申上　少將樣

若殿樣ニ御側物頭を以申上相仕舞候事

尤若殿樣ヘ御用役參り合ニ付相賴

諸屋敷ニ後藤助四郎出會ニ付申上ル〇兩役場御町奉行罷出御奉行中

平御家老中御出勤有之事〇午年御用相濟

參政錄存五

安政己未王月大
元日晴　五ツ半時麻上下著三之御丸ゝ出勤長間ニ著座〇御奉行中御出勤
御家老中御揃之上大筒之間北ニ膝陰出來其中ゝ東名上ニ南向ニ相詰ル
中老御組頭等ゟ南ニ北名上にて二三行ニ著座御目付中差引なり御奉行
中ゟ御下段ニ北名上西向ニ御著座例之御演舌相濟中老名上より御受ニ
而相濟
御假御殿ゝ出勤御奏者番ゝ御祝詞申上出賀有之例之通
少將樣御屋敷ゝ罷出若殿樣御一席ニ而御祝申上ル御三之間敷居より東
疊二枚目ゝ北名上ニ著座御側物頭披露孰もと御意ニ而相濟〇少將樣御
屋敷ゝ出候と直ニ御側物頭ゝ年頭御祝詞申上ル此申上之時ニ御出張申
上候御先例之赴承ル

二日晴　諸御屋敷江御祝詞ニ罷出ル南御屋敷ニ而被召出有之○若殿樣御出府御用ニ付今日より出勤御用方相勤（夜鮭太郎來友益來御用なし）

三日晴　出勤御用方取調（今夜御用なし權丞茂猪來ル）

四日陰晚雨　出勤仕舞より年賀相勤末松江行夜なり傳泰平同道

五日晴　御廟江出る今日ハ出勤不致尤役下共ハ出勤御目付中來ル（夜深尾江行御用なし）

六日晴　右同斷（夜下村江行夫より麻田江行御用談なり）

七日晴　御責馬今日被仰付例之通御奏者番より案內有之肩衣著佐川門江出ル

八日雨　晚景少將樣御屋敷江出ル肩衣著○若殿樣御發駕前御機嫌伺下田七郎江申上ル別段ニ明朝之御機嫌伺ハ御取繕被下度御用繁ニ而出勤難相整御供揃刻限ニ例之出勤之節奉伺候段申述置今日ハ御奉行中平御家老中兩役場御町奉行なり

九日晴

嘉年姫様御機嫌宜敷御着京被遊去臘廿九日ニ而御内々德大寺様御裏殿ゟ御引移初萬端御都合宜敷被爲濟候御事と恐悦之至奉存候折節林榮平病氣大坂ニ滯在之赴彼是御心配之段覼々御申越誠ニ不安次第ニ御座候

三條様御都合恐入申次第御座候右ニ付御助力等之御相談御座候而御國許ゟ御懸合越し被成度厚と御僉義之上御報申進候筈御座候當御時節容易ニ御合力等被仰付候而ハ

公邊ゟ之御聞へも如何敷御地ニ而御用意金之中を以御融通等ハ不可然と相考候間左様御承知被成度候

若殿様ニも今日御發駕天氣も快晴ニ而諸事御都合宜恐悦之御事奉存候總而御國許相變候義無之御靜謐御座候右之段可得御意如此御座候

正月九日

元　吉

務左衛門

尙以御勝常可被成御迎陽至祝之至奉存候春寒料峭御自愛專一奉存候

左平樣

右一通

一壹通御用役御近習御目付ゟ私用相成故控なし

今日之御飛脚道中五日之割北山中國路通御立別途

十一日晴　御馭初別ニ委細控有之此ニ不載

十六日晴　役場初今日より出勤昨日一昨日ゟ御暇ニ而長濱ゟ行十五日夜ニ入歸宅

一足輕類安之丞娘可否之義堅吾より申出委細承御目付中ゟ引合置

一弘岡村地下浪人間崎周吾娘去臘可否ニ差出候處差控候樣同人より申出御目付中ゟ引合置

一伊藤丈助豐永久左衞門一件

一石川半之丞組合四人願書大羽釜買入御留方下紙付留書ゟ渡ス

一葛目楠吉トタン願御留方下紙ニ〆被渡遣筈留吉ゟ渡ス
一佐田や店一件二通楠吉より受取小頭役ゟ渡ス
一津野山郷御山仕成ニ付夫飯米半書壹通御山奉行より受取小頭ゟ渡
一黑楮草經操日下村庄屋九頭入澤村庄屋より願御町方ゟ廻候樣留書ゟ
申聞渡ス
一宮田法佐遣家飯米願小頭ゟ渡
十七日晴
一諸品頭押牒一　諸品賣買不吉且頭押解放牒一　合二牒御町奉行より
受取小頭ゟ渡ス
一新御殿仕樣牒一小頭役ゟ渡ス
一安藝幸左衛門より御弘敷相原長左衛門病氣ニ付加リ被仰付度申出御
目付中ゟ廻ス
一萩原丹治代勤之願原田四郎右衛門添紙とも御目付中ゟ廻ス

十八日陰

一文武方留書壹人勤殊ニ鄕宅ニ付二人ニ被仰付度申出友右衛門より承ㇾ僉義之筈良太郞ㇾ申聞

一安藝魚梁瀨村御仕成ニ付三十石夫飯米安藝御藏ニㇾ被渡遣度申出半書小頭ㇾ渡ス

一黑楮經操仕成願岩目地庄屋より差出御町方ㇾ廻候樣申聞留書ㇾ渡ス

一幡多郡より申出酒造弐交易一件御町方下紙之上ㇾ又々幡多御郡方下紙付小頭ㇾ渡ス

一ゐぬら骨三百枚鹽鯨二桶御屋敷御用役より紙面留書ㇾ渡

一佐藤喜三次願御買米小頭ㇾ渡ス

一橫山克助中內三柳倅清潤枚御免願二通御目付中示談濟中內三柳願ハ小頭ㇾ渡克助願ㇾ留書ㇾ渡ス

一淨念寺女壹人他國出願御目付中示談濟證判役ㇾ渡ス

一徳大寺様御裏殿御張付繪御用役より返留書ヘ渡ス

十九日晴

一甲殿村庄屋代野本虎之進養父跡式相續被仰付度願御郡方下紙付毅平より受取證判役ヘ渡

一朝倉村開發地御郡限米方下紙付勘定方同御免方同小頭役ヘ渡ス

一日比剛藏開發届落恐入半書ハ役銀方御免方付紙あり願書添御目付中ヘ廻ス

廿日陰

一御筒方より大熕鑄立積り出居候鍋釜御德用銀之限月通算用差出筈

一坂野友醫役地德橋東助ヘ讓渡願書御記録役よりセ話リ

一新田届出候樣紙面考書文六より受取御目付ヘ廻ス

一御船奉行より出半書御目付ヘ廻ス

一御奥留書下使御下男打込ミ勤之義幸右衛門より申出僉義助吉より承

廿一日晴

一籾摺仕成ニ付役人より下使迄早勤等仕候義ニ付太義料被成遣度段御倉奉行より申出

一萩原丹治弟大坂緒方洪庵方ゟ醫修行之願御目付ゟ廻ス

一池神甚助代番願御目付ゟ廻ス

一弘瀬榮之助より岡本辰四郎家内を養育ニ入れ申度願御目付ゟ廻ス

一磯久平七養子願三封御目付ゟ廻ス

一少將樣御奥諸傷所取繕三通御郡方御作事方ゟ廻候樣申聞右平ゟ渡ス

今日初御寄合也取扱別ニ控有此牒ニ不出

廿二日晴　香美御郡奉行より紙面御目付ゟ相渡ス○醬油坐株之義御町奉行より出半書願書二通御目付中ゟ廻ス

廿三日晴

一生育改役ハ御山廻改より被申付其跡ゟ御境目番所詰之足輕操上候事

御山奉行より承

一御上屋敷始江戸廻り炭員數且上中下品之定代銀共縮入用之趣御歩行より承犀吉江申聞

一御作事奉行より料方之者御差備申度段承

一吉米五十石安喜郡仙谷御留山仕成夫飯米半書御山方より先達出居候處未相濟赴を以世話り

一吉米拾五石右同斷

右御山方半書并中内勘右衛門生育役ニ申出とも犀吉江申聞ル

一奥村克次助之丞次男御咎一件御奉行中江相伺筈

一多田助左衛門より申出藏床之半書所々下紙付寫を以一通津呂村より宛り地ニ被仰付候筈之赴申出半書一通犀吉江渡ス

廿四日雨

一諸御境目番所詰足輕往來扶持被渡遣所こふづ川番所詰ニ限已前不仕

道有之詮義中ニ而今以往來扶持不相渡候付御山方より半書出居候赴
去十一日頃傳受取段承
一安藝幸左衞門より御奥場所取繕半通於美喜方部屋分なり小頭〻渡ス
廿五日陰　今日休日弘人殿ニ而進擧家督被仰渡有之出會夫より南御屋敷
〻出堅吉御郡奉行被仰付跡役ハ中村與市〻被仰付可然申上御思召不爲
在候事
廿六日雨　嘉年姫樣より長崎藏紙御用之赴忠助幸左衞門より紙面不被及
御僉義差返ス〇中島道全家督伺相濟御近習御目付場泰平楠馬〻廻ス〇
御舞臺之北もんゑ仕成御屋敷半書一通仁右衞門添紙助藏〻渡ス
廿七日陰　南御屋敷〻出勤堅吾母衣被仰付候思召拜承御目付申通置候事
廿八日陰　御飛脚立道中四日之割
御用役〻壹通　御内用場〻壹通　御近習御目付〻壹通　御守役〻壹
通　御側物頭〻壹通

此分下紙ニ而返ス控なし委細左多衞ゟ申置候段申遣ス
家督伺四通鑑察四通壹封ニ而差上ル
廿九日陰　御町方より出ス諸品直段頭押被差許候半書別慮無之趣申出御
町奉行ゟ直ニ返ス
香美御郡奉行より尋出夜須八幡宮祭禮之紙面證判役ゟ相渡ス
晦晴　御假御殿を以南御屋敷御三方樣御部屋ニ被仰付候段奉伺候所思召
不爲在候段堅吾より承ル　御作事奉行ゟ下知之筈○香美御郡奉行ゟ神
祭一切被差留候段懸合いたし
二月朔　弘岡村地下浪人間崎周吾娘十五歲南屋敷御方樣御側女中ニ被仰
付度申出御目付中ゟ可否ニ廻ス○今日肩衣著御假御殿ゟ罷出御奏者番
ゟ御祝詞申上夫より出賀相濟候上　少將樣御屋敷ゟ罷出御側物頭ゟ御
祝詞申上候而相仕舞候事尤若殿樣ゟハ不申上
二日晴　一チント垣壹ヶ所長一間脇御屋敷より申出忠助添紙なり留書貞

吉に相渡ス〇久野村延吾跡目斷絕御目付中に示談御奉行中に相達相濟
良太郞に渡ス〇正月廿四日著間左平より差越書翰　二月二日着若尾直
馬より差越書翰御奉行中に御達申置〇御用役御目付より書翰御醫者之
事申來御目付中に廻し置

三日雨　安藝御郡奉行より申出之奧宮賴馬忌明ニ相成候時ハ海防懸其儘
被仰付候哉之伺御目付に廻ス〇今日多端半書願書夫々控不申

四日半晴半陰・御舞臺邊もん多積幉犀吉に渡ス〇小森喜八郞より御持筒
之者共御扱銀之義申出小頭に渡ス〇右同申立願書考察役に渡ス〇御屋
敷子ント垣先差控右半書差返候樣忠助幸左衞門より申來返スへき赴留
書に申聞

五日陰　御年禮　御代禮を以被爲受御祝詞御假御殿に出勤御奏者番に申
上ル麻上下著出賀有之〇桑名文明御雇扶持之事左內より受取分世話り
〇山田廣衞江江戶ニ而拜借金手賦之願世話り

六日陰雨　甲殿之大あぎ御註文○少將樣より翌七日留書貞吉ぃ渡ス○八日御祝詞四ッ時嘉年姫樣御婚禮ニ付なり御假御殿ぃ罷出夫より少將樣若殿樣ぃ左下田七郎間吉右衛門ぃ申上筈義之丞ぃ渡ス御一門樣出會申遣ス○御舞臺下もんゑ仕成ニ付まき砂取除申來義之丞ぃ渡ス

七日陰　由比猪内より御買上材之義申來り紙面淸八ぃ相渡ス○御船奉行より達書下紙いたし御奉行中ぃ御達之上相廻ス控留書ニ有り○來十三日四ッ時三之御丸ぃ中老父子組頭御物頭類平御士等親々計出賀之筈例之通心得候樣御奉行中より申來

八日快晴　嘉年姫樣御婚禮御祝詞として麻上下著御假御殿御出勤御奏者番ぃ御祝詞申上少將樣若殿樣ぃ御祝詞申上御一門樣ぃ左出會を以申上ル○幡多より三崎村燒失之届留書ぃ渡御郡奉行添紙あり○日根野直之進ぃ日比市郎より差出候日比剛藏恐入年數間違之義取直候樣申聞相渡ス○新口定之書取御國產方より出分世話り○香美御郡方より石炭仕成

ニ付飯米赤岡御藏米を見替ニ被渡度牛書小頭に渡ス
九日晴　一二之御丸總分大傷ニ相成御城中大工方より達牛書幷圖面二枚
御作事方下紙付小頭に渡ス
一柱石ッカ石お美喜方部屋廊下仕成方ニ付其手に見分之上仕成方被仰
付度牛書作事方より出留書に渡ス
一右同部屋新仕成之分一束ヲ御作事方より小頭に渡ス
一安喜郡北川鄕人家圍愁願御郡方下紙付小頭に渡ス
一南御屋敷より引越已屋爲引幷御三方樣へ御部屋新仕成被仰付候節達
落之曾田境之屏仕成牛書小頭に渡ス
一仁右衞門より廻ス江戶表御目付御用役より書狀二通御目付中に廻ス
一鄕中往還普請已來御取定被仰付度牛書鮭太郎より受取小頭に相渡ス
十日晴　間之御寄合
山脇喜右衞門代番御達濟留書に渡ス

吉原村新浦立家數廿八軒香美御郡方より申出奉行中ゟ相達勘定方草案
留書ゟ渡ス
香美御郡方より藍玉ゟめしニ付染付成を以右藍玉上品下品之定いたし
度申出御町方幷紺屋共下紙濟留書ゟ渡ス
おみゆ白銀十枚被遣今般御婚禮御祝式なり御達濟仁右衞門へ廻ス
御老女格民壹人扶持御加增去午七月十日ニ被立遣段御達濟草案留書ゟ
渡ス
十一日晴
一御武具方より若殿樣御出府御用之御品々代縮半書壹〆小頭ゟ渡ス
一御口銀高下右之半書三通小頭ゟ渡ス
一正月廿四日着之御用役より之書翰壹通添紙壹通同廿八日立
右返翰壹通此度之書翰壹通夫々弘人殿ゟ差出
十二日陰　宮內殿より御奉行中ゟ之書翰夫々御渡有之追而認出有之候罰

付之面々去春已來之事實御考合ニいたし候樣被仰聞御受取之事○右之外御用向略之

十三日雨今日三之御丸之御謡日に者役場者出勤いたし不申先例なり教授方より申出之中老以下之繪御下代足輕類江申付候義猶又尋合之筈○八ツ時より　少將樣御屋敷江出勤新御殿御引形御直々奉伺廉々思召之所拜承覺書ニ相認且引形ハ書入等いたし候事相濟御人拂被召出御勝手方之義御尋有之申上候事夫より御四之間ニ而御酒頂戴被仰付之相仕舞

十四日晴　間之御寄合○讓恭院樣御祥月御達いたし候事○峰寺與樂寺へ達濟○御町奉行より達出婚禮糺方之義御付紙拜見御政體において不宜段御書改被仰付度申出置候事

十五日晴　肩衣著御假御殿江出勤御奏者番江申上夫より出賀　少將樣ニ者御出行ニ相成出勤不致候事

十六日晴　今日御飛脚着月竝御用道中四日之割

一勝賀瀨善十郎田所左右次座頭金借入返辨相滯候赴半書壹通
此一通御目付江
一御買上材御願之所不被及御僉義御差返之赴再寸間牒を以相伺可申段半書一通
一右二通江添紙猪内自筆壹通
此二通又七江
一若殿様御出府被遊候時ゟ御目見等も未御濟不被遊候得共太守様御引籠百日御滿ニも相成候故御目見なしに御家督御讓被遊度段御願書壹通
御付紙を以御差返ニ付御下之節ハ南海道甲浦より御上陸之思召申來
一若殿様御脩禮御願書等之月日賦半書壹通
一伊達様御隱居之上御入湯御願濟之赴八木志津馬より宮井駿藏江書翰壹通
一覺馬より添紙右ニ三通江
一若殿様御前髮被爲取ニ及不申御歸國ゟ御立歸なれハ參り申候赴
一覺馬より無名公私混雜壹通

一覺馬又七郎より同壹通

一又七郎より同壹通

一式正衣類代御給金烏丸正親町両家女中替金之節御殿江上下りとも割合を以召遣所三條様ニ而割合無之赴ニ付其通被仰付度申出京都御買物方半書壹通

一°清之進添紙壹通共

一御留守居付合被差止候得共（稲荷發輿之事もあり）初會ニ而被仰付度申出壹通

一°大坂ニ而拜借金并一同ハ御暇ニ而家内連ニ罷下候赴清之進より申越壹通

一御警衛方より御入目金申出壹通大坂勘定方下紙付

一°直馬より半書壹通

一家族引之者引料江戸表之半分御渡被仰付度

醫師御差立之事或ハ御雇入

役人江地盤御用御取扱之者御警衛御用兼帯ニ而先當時見合追々之事
一御積廻之炮受取半書直馬より合二通
十七日晴　御寄合
一夜須野山之義香美より申出之跡追
一菜種マキ付半書右同
一石炭津口入幷右仕成飯米共跡追
一御側女中里尾姙胎
一内藏助殿江御船賦之義ニ而御奉行中より被仰聞之事
十八日晴　御飛脚立道中四日之割
大坂在役江壹通
江戸御用役江壹通
同　　壹通
御用役御近習御目付江壹通

〆四通控有り
右御飛脚番受取留書江渡ス
十九日晴　枌仕成ニ付御山御差明被仰付度御作事方より申出世話り無札枌へぎ被見咎仕成居候枌ニ封印可致哉御作事方より申出○間之御寄合御達申出之義格別無之
今日二之御丸見聞ニ罷越
元吉　御普請奉行 鉒太郎　御奥付 壽助　御作事奉行 石之助
御薬道 半齋　御庭奉行　小頭 犀吉
右之外諸役下罷越
廿日晴　一今日年格進擧申渡ス
一去十七日八右衛門より申出之義詮義いたし筈
一家督申渡之分牒ニ入ル
廿一日晴　朝左平御屋敷江出勤○安喜御郡奉行より申出勸農役不宜相考

高知御郡鉒太郎ゟ直々を以差返ス○只一郎出府之義續出を以答置
廿二日雨天　寄合○御船奉行より申出坂本專次郎金岡龍次郎坂本重藏西洋造製之諸船乘方脩行岡宇平(茂七倅)庄右衞門(二男)久吉孫八スクーナル製造脩行ニ被差立度申出御奉行中ゟ御達○只一郎出府之義御達申出候事○御國兩役場ゟ江戸御兩役場より之書翰御奉行中ゟ差出○少將樣ゟ申上之義も申出置候事○高岡御郡方ニ而中村差止候義達出なしニ付不審之筈
廿三日晴　御屋敷ゟ出勤御四之間ニ而　嘉年姫樣より拜領物被仰付御禮お美喜方ゟ申上置○御差圖新御殿之分御奥内之都合承り夫より御用役引合相仕舞御作事方棟梁呼寄夫々申聞相濟差圖相渡ス且少將樣被遊候御差圖も相渡置候事○今日御奉行中御召船御見聞として御出被成左平立越御目付ㇳ泰平參候事
廿四日晴　今日取扱多端ニ而認候暇なし
廿五日晴　休日○雅樂助樣より被爲召出勤御紋服拜領之義拜承

廿六日晴　高畠彥平ゟ願書差返ス○今日も多忙認候暇なし○御寄合藤本權三郎申渡之通濟○御歸國御迎舟之義廉々相伺候事
廿八日晴　御飛脚立道中七日之割甲浦通り○書翰
覺馬又七郎ゟ　一通
傳　又七郎ゟ　一通
傳　猪內ゟ　一通
傳　忠次郎ゟ　一通
直馬へ　一通
（此分控有）
外ニ山崎淸之助ゟ一通五藤良右衞門ゟ一通控なし公私雜○今日御飛脚着
廿九日晴　朝備後殿ゟ御呼立罰之義被仰聞委細申出○新御殿御上段御寐處共ゟべき辰左衞門下地入直候樣小太郎ゟ申聞ル

參政錄存 六　未三月已來

安政六未春

三月

朔日晴　若殿樣去月十日江戸御着之御祝詞今日𪉩上下著御假御殿江出勤御奏者番江申上夫より少將樣若殿樣江下田七郎間吉右衞門を以申上相仕舞○今日備後殿より罷越候樣被仰聞則八ッ時より御宅江出ル委細罸付當然之見込ミより御宥恕之段廉々申出置七ッ過歸宅

二日晴　御寄合　諸御郡奉行出府之前達入用之赴猶又申通候樣堅吾より申通候樣申達候事○御城内御廐新御馬場之北江可被仰付哉外輪御廐之前馬場江可被仰付哉之伺書御作事方より出居之分僉義差急候事

三日晴　休日ニ付出勤無

四日晴　新御殿木註文一番楪之分栂柱此度樅ニ相成分取分一牒御作事方

より出御山（太内）奉行江渡ス○香美御郡方より御仕置方直支配知覺罰考伺書重次郎江渡ス○御國産方罰取扱伺御目付中江示談太守樣御歸國被遊候ハヽ御側御次御小性御末等一人允御抱增申出壽助紙面小頭役又七江渡ス

五日陰　間之寄合○西分天滿宮社地ニ而民兵共稽古炮術なり方之義先達已來右神職と引合雙方申口御郡奉行より申出重次郎向ニ差明候樣申聞ル○新御殿御差圖御作事奉行石之助江直ニ相渡ス○芳原鄕浦立ニ被仰付度旨香美御郡奉行より申出良太郎江申聞○夜須野山開發申出有同所より右同○南御屋敷御差圖と別ニ御屋敷御用方より半書用水溝通候樣申出美濃部市丞より達書一所ニ堅吾江渡ス○右ニ添紙面長牒壹冊下紙を以御作事方江差返ス御部屋仕樣書なり留書保次江渡ス○御作事方より南御屋敷御部屋立被進候ニ付只今之御鷹御部屋幷引越已屋取コボチ遣方可仰付哉又七取コボチ追而建仕成可仰付哉伺書幷小太郎添紙あり又七江下紙いたし樣申聞相渡ス此分七日下紙付御作事方江廻ス○安喜御郡方半書廻り米之扶持方

ニ被渡遣候而升切有之迷惑之段申出當然之義と致僉義小頭役江相渡ス

七日晴　御寄合　律の川仕成材一件鑑察恐入達書とも五通楠馬江渡ス○考察方役場住居替之義石之助江申達候事○石灰燒仕成之半書三郡趣向御町方江廻候樣申聞保次江渡ス○家懸林背開之者有之改正之取扱幡多より達書壹通御免奉行相渡ス○安藝御郡方鯨銀算用縮書二通又七江渡ス○北川鄕御補米一件世話り同人申聞之處御普請方に參居候赴承る事

右承否堅吾參り別世話り置候事

八日晴　中山又助大坂江被差立紙渡候事○下横目兩人增之事小目付場取扱申出なり○下使壹人御暇ニ相成居候時者御國より被差立筈○文武頭取式ハ御目付被仰付度申出之事○御園籾摺仕成之締方僉義振半平より申出承○太守樣御歸國ニ付御郡方より伺書等差出候樣之道順ハ切紙出ス赴筈○井役人松崎彌之助算用目錄幷小牒共入用之趣堅吾より承ル小頭役良太郎江申聞ル○御郡奉行より高岡下役幷吟味役共取替之義申出

銀米役同斷
八ツ時より　少將樣ニ被爲召去春已來　太守樣より被爲對公邊廉々不都合之義被仰立御國許ニ相分候義ハ時々書付を以御諫申上其他左右馬榮三郎被差立候節右之筋萬々引合置候所江戸表ニ而ハ都而右等之義御留申上ぞ御留申上御諫申上候筋も只末事のみよて終ニ只今之都合ニ相成候義御補佐之任難相立嚴罰可被仰付筈之處何分御上にも御宥恕之御沙汰ニ相成候而らハ此度之通格外御宥恕之罰ニ被仰付候義に廉々申上此上ハ　太守樣御下被遊候ハヽ　若殿樣御幼年ニ被爲在候間御後見被遊候樣御上より被仰出候ハヽ、向々御都合可宜申候所追々奉行呼立可申聞被仰出候事
十日晴　御算用殊之外延引ニ相成改正之義良太郎より申出承置○御誕生樣御部屋八疊六疊二間入用御座候赴ニ付御作事方大工頭より申間ル○德大寺樣御下男二人增之義御奥內ニ而承ル

十一日晴　赤土新御殿江入用之取場之事○廐之立場之事○二之御丸取繕之事參相仕舞之樣○諸郡御郡奉行此度之御祝詞之事　只一郎八右衞門藤次駿馬毅平五人○五臺山南新田井筋之願○古手他國被差留候義取分御國產方江申達之事○諸品御口立之分改正事○甲浦通り御歸國ニ付大送ニ被仰付度御郡方より申出半書壹通又七江渡ス○兩役場宛江戶兩役場より書翰二通○今日御飛脚着右紙面御目付江渡ス○笹送着堅吾より覺書を以申出御奉行中江御直々相達候樣月番より差圖いたし候事

十二日晴　今日御飛脚立道中五日之割書狀控別ニ有○新御殿御差圖御作事奉行より請書達出江戶表江今日差立候事○孕石主税より廉書を以御奉行中江伺出兩役場僉義之上役場より付紙を以直答申事　留書ニ控有

十三日陰晚雨　崎山永五郎岸本圓藏幡多吟味役御免之段又七江申聞ル○喜久吾次助高岡鄕廻役御免之段祐吉江申聞ル○入注文之書付不見祐吉江僉義之所去冬役場江達出赴傳文庫見會之筈

十四日晴　御家督御隱居御願之通被爲蒙仰御使者花井彦之丞到着ニ付三之御丸ヘ出勤御規式別牒ニ有夫より少將樣御方々樣ヘ御祝詞申上候事相濟仕舞

十五日晴　御祝詞肩衣著御假御殿ヘ出勤御奏者番ヘ申上出賀有之相仕舞

十六日晴　朝倉藥製場差圖幷屛等仕成地下差問下中哉堅吾ヘ僉義いたし樣申達候事○新御殿仕樣伺牒二卷御棚引形六枚御門屋根仕樣共小頭ヘ渡ス三郡趣向石灰燒仕成僉義之所御國產方ヘ廻し有之趣保次より御國產方世話り之樣申聞○柴田茂之助願書寫太内より受取良太郎ヘ渡ス

十七日晴　御代替初而之御寄合○御國產方谷村太助下役勤召替僉義之筈○御國產方より伺書壹通御町ヘ廻候樣保次ヘ相渡○起炭江戸廻り俵數縮書幷御山方半書ヘ下紙致し二通共御山方ヘ返ス○朝倉煙藥藏園方屛ニ而宜方御郡奉行より申出犀吉ヘ渡ス○御假御養子之事御奉行中ヘ申出置

十八日風雨　五臺山から地井筋衣笠村より受申度ニ付積方之上仕成被仰

付度願御郡方より出辰年役場より出切紙寫とも御免方に廻候樣保次に
申聞○御國産方より出新ニ口銀被召置分并兼而口銀被召置分も區々付
矢張新口定之通五十歩一ニ被仰付度草案壹通○右口銀被召置區々ニ相
成居候廉書壹通合貳通又七に渡ス○高岡御郡方より出玉藍賣捌方香美
御郡方之通被仰付度段達書壹通小頭に渡十九日御町方に廻ス

十九日晴　年季夫娘御方々樣御目懸ニ差閊申間敷哉之段與市より申出○
御姫樣方御駕籠之古萬方ニ有之哉之事○御側已下之駕籠右同斷○萬々
作道之義又七に尋合之事○安喜御郡奉行より仲媒なし婚禮相整候義不
相成幷絹著不相成候義不及沙汰處ぬけ〳〵致候者も有之赴ニ付嚴禁申
付候段觸達ニ及候義達而しニ相成恐入可差出哉之義只一郎より申出書
翰を以答左之通

別紙御達出之赴僉義いたし候處此度ハ恐入御紙面御差出無之而宜已
後御觸等ニ相成候義ハ御達出之上御作配被成度候

三月十九日　　両　名

本山只一郎様

廿日晴　南御屋敷御屛板屛之義又七ニ申聞書面相渡ス〇備後殿より御城板屛之義左平ニ被仰聞候趣承〇今日八ッ時より御暇を以長濱ニ行

廿一日晴　右同斷

廿二日陰　御飛脚着〇今日早朝鶴田より四ッ時出勤　御寄合〇御城板屛ニ被仰付候場所之事御奉行中ニ相達候事〇留書之義良太郎ニ申聞る〇御町方證據役之義良太郎ニ相渡ス

廿三日雨　嘉年姫樣御官服御仕備之義京都御賄役幷山崎淸之進より申出半書貳通村田仁右衛門添紙を以申出付紙有り良太郎ニ犀吉ニ相渡候樣申聞相渡ス〇冥加立山開發等之取扱振御山方承合候樣申通駿馬ニ相渡ス〇江戸御近習両役場より御國近外両役場ニ書翰壹通御内慮伺壹通合貳通壹封左平より廻り御目付中ニ廻ス

廿四日陰　御家老中與力騎馬役知開發之願御郡方僉義廉々有之ニ付堅吾ゟ猶又厚と記錄等僉義之上可申出段申達紙面相渡

廿五日休

廿六日晴　奈半利浦辰七願土燒唐津他國賣捌被差明處不揃ニ付御國賣捌願御町方ゟ廻候樣五藏ゟ申聞ル○上田村庄屋代岡林數五郎父病死今月十二日五十日相滿今日より忌明ニ付願書壹通給領付壹通香美御郡奉行添紙とも重次郎ゟ渡ス手序引合御目付中ゟ廻ス○海防小頭役月々紙渡候義申出難及僉義差返又々付紙を以申出國產方ゟ廻ス○他國酒買入願壹通勘定方ゟ○能津紙漉共已前之通御城下伊野佐川須崎宇佐商人共入込ミ且直出共賣買勝手次第被仰付度願御國產方ゟ○黑鶴一羽殘居苗代あらし百姓共迷惑之赴申出鳥見方ゟ

右之通高岡より達出右之通賦方いたし候事

廿七日陰　御寄合○糺役幷鄉廻役人選之義六　ゟ申聞ル

廿八日雨　寺田左之助家督伺言上今日相認メ留書ニ相渡ス○安喜御郡奉行ニ鄕廻り恒吉取扱之義書夜送を以懸合ニ及候事昨日留書ニ相渡ス○小野竹之助より御山改柳次ニ殿付いたし候處柳次より殿付不承知ニ付御用狀差返申赴御郡方より申出御目付ニ示談いたし有之所又々申出ニ相成り覺書泰平相渡○窪川組頭此度名本と名目替被仰付段作配濟之上

廿九日小雨　御作事奉行より別役善助跡役之義明日申出候付夫迄ニ可然者一人選置可申段申述置總代役ニ申聞ル

晦　晴　今日御飛脚着○御隱居樣御湯治御願御歸國之義御願立ニ相成候處御付紙を。（脫カ）御老中公用人より御留守居役ニ被相渡赴申來○御船奉行呼立速ニ出ス○福岡藤次高屋順平ニ返翰繼出を以さし廻ス控留書ニ爲認手翰控ニ有り○川北村庄屋仙頭勘八御趣意引受中用銀米遣出拔羣之者ニ付表ニ而御結構被仰付度申出良太郎ニ渡ス此分二通壹通ハ中用込ミ引書追而返候樣申來安喜より○北川鄕長山村店屋辰助妻貞操申立鑒察

書壹通安喜御郡奉行紙面壹通全二通御目付中江廻ス
四月朔　西風晴○若尾直馬より書翰壹通御奉行中江相達候事○安喜御郡奉行より蒸氣船裏海江乘入候義申出御奉行中江御達申事○大洲より御奉行中江使者被差出御關所通可申哉之義高岡ゟ尋出御奉行江御達申事
二日晴　御寄合○今日御勝手之義御隱居樣江戸表江被爲入候時ハ二万金計之御入費增候義御達申出候事
三日晴　考察方役呼出人選之義僉義いたし○今日御用繁ニ付餘事略ス
四日晴　哲太郎樣御元服御名整之助樣奉唱候段御祝詞にて廝上下著少將樣大學樣江申上ル
五日陰　今日御陸便被差立○間御寄合○御筒役より朝倉炮薬藏之世話り承置○普請方下役當分相蒙居候ニ付右御免伴虎五郎
六日晴　明日御飛脚立之赴被仰聞○今日懶甚敷萬事は虚無
七日晴　御飛脚立七日割甲浦通

八日晴　弘人殿御宅に罷出身前之義委細申出置候事
九日雨　今日之御用向嬾惰を以不相認
十日晴　右同
十一日晴　由比猪内同役ニ被仰付出會申來備後殿宅に罷出相濟夫より役場に出勤○御普請方下役川田金平組合進擧壹通御奉行中御返濟犀吉に渡ス
十二日陰　御寄合　御廣間役人席順格好違等も有之混雜いたし居候ニ付役場より書付相渡候樣御町奉行より承置
十三日晴　今日幡多御郡奉行後藤良輔被仰付備後殿御宅に出ル大坂ニて木材買入仕候富有之者直ニ御國入いたし樣大坂在役より懸合之事　右之筋小頭役より懸合候赴今日承ル○二之御丸繕御作事取調之義如何承合之筈○山崎清之進拜借金之義懸合拜面願書之認振ニ付小頭に渡ス○三之御丸御屏取除之節寸間とり不申候ても御作事方ニ。〔寸脱カ〕法有之哉僉義之

筈○南御屋敷江御貸地之義御達之事
十四日晴　御對面所ツカ柱二本御寢所御障子御替敷入替被仰出　御屋敷御蘭間御修覆○證據役御奥替り○德大寺樣板間夫之義忠助より承一人二人追而申出之筈
右四ケ條忠助より承ル
池明藏他借之事○御隱居〔樣カ〕御家督ニ付被通御取替幷御家老以下御役人江被遣品付調帳壹冊江戸より○御用役より紙面壹通江戸より○同壹通御國より
〆又七江渡ス
手紙御山番之事野中太内より手翰壹通安喜御郡奉行より添紙壹通良太郎江渡ス○升屋庄藏他國者呼入願之事順藏より承
十五日晴　肩衣著御假御殿江出勤太守樣御隱居樣江御奏者番を以御祝詞申上少將樣ニハ御出遊ニ而不申上
十六日晴　少將樣御屋敷江ハ出勤昨夜御肴拜領之御禮申上○御山方御材

木方下役ニ高橋勝右衛門加役より操上其跡年序操上醫學館より申出醫學方江之寸志銀を御銀方江相納居候赴世話り○御武具方役人遠足留守留御免之義直馬より承

十七日晴　東照宮御祭ニ付休日非番江頼合置長濱行

十八日晴　御飛脚立道中七日之割甲浦通○直馬江書翰壹通控有　御用役江書翰壹通私用相交ル控ナシ○今日内藏殿御着之赴也

十九日昨夜より大雨　間御寄合○右支配足輕類下代類無役とも江戶表江被差立筈之處御奉行中江御達申出候事　御別慮無之赴被仰聞

廿日天氣快晴　御假御殿取毀之義萱野專助呼立申達筈○當分德久彌平轉役差控之筈○勘定方より半書壹通助藏江添紙草案爲認江戶表江廻ス筈○安喜御郡方下役始甲浦江迄參處御用濟ニ付罷歸候付御扱之義申出○吟味役引籠ニ付僉義之筈淸岡道之助○原傳平江戶在勤中拜借金之事

廿一日晴　今日內藏助殿江御悅として罷出江戶表之御都合承ル○御飛脚

着道中五日之割　直披物江戸より七通内貳通御目付中ニ廻し即日返し來ル大坂より五通　〆拾貳通

廿二日晴　江戸御兩殿樣御歸國之義御用役御近習御目付御留守役より書翰を以申來村田仁右衛門より相廻り今日御奉行中ニ御達申出ル○今般五節句月次御登城之御願御聞届相濟當月朔初月次御禮被仰上萬端御首尾宜被爲濟重而今恐悦候御事候仍廿五日四時吾々父子御假御殿ニ出仕御屋敷ニ罷出少將樣御隱居樣ニ申上御同所におゐて御一門中樣ニも右御祝詞申上筈

廿三日晴　產物御堺目出東六郡分番人之扱ニ懸分定替○竹他國出之義今未年より三ケ年津口出被差留義僉義之事○窪川マキ付之菜種同所ニおゐて〆仕成之願米や馬太郎より高岡　久禮浦御藏太米只今之中なれハ望人も可有之哉浦詰足輕小頭之鄕士に御補之事

廿四日陰　トカ野庄屋ニ庄田瑞應庄屋を轉村申付庄田瑞應ニ新規庄屋被

仰付候事去夏之事なり申付ハ今未春
右佐川役人より庄屋轉村之義私共より御内談申候義ハ御聞入も被下候
哉之段申出役場江申出ニ付内談承り賦方いたし候事何も差閊不申候段
答方いたし候事去夏之事なり今日順平參り猶勤覺候處承り相記置なり
廿五日晴　今日より御神祭ニ付休日○御假御殿江出勤月次御禮御願濟ニ
付初而御登城被遊候赴御左右到來之御悦廿三日認ル通　少將様御隱居
様御方々様江申上ル相仕舞
廿六日陰　今日七ツ時より御屋敷江被爲召朝七ツ時仕舞
廿七日雨
廿八日雨　南部從吾考察役被仰付申渡ス○追手御屋敷御側女中御抱之義
御目付中可否相渡小頭江渡ス
廿九日陰
御國一年季夫

壹人扶持　壹石貳斗
出勤いたし候得ハ半扶持被下
病氣引籠候時ハ壹人扶持壹石貳斗之中ニ而不參銀米御取立
一江戸年季夫
壹人扶持　三石
出勤いたし候得ハ半扶持
三挍船造立之義役場より申達候迄差控候赴御船奉行より申出承置　武
藝所繕作事之事

五月

朔日　雨休日
二日　陰　御寄合○三條様江本〆役爾來壹人勤之處兩人被仰付度段御簾
中様より被仰出御巳屋之義京都江懸合之返事僉義之筈○諒鏡院様へ手
許金之義内藏助殿より被仰聞筋承ル傳江迄懸合之筈　務左衛門委細弘

人殿ニ申出置

三日陰　格別之取計なし

四日雨　御飛脚立北山通丸龜より直乘道中七日之割傳ニ二通壹名　御用役ニ壹通連名〇外ニ武山吉平より之書徳大寺様御屆之草案江戸御用役ニ御國許僉義〇松平鹿次郎豊範　曾祖姑〇御奉行中ニも達出御別慮無之候得共公邊御引合之義ニ付猶又御せんき之上吉平迄御差圖被成度懸合置此分控不致

五日晴　服替　あたひら麻上下著御假御殿ニ出勤御祝詞御奏者番ニ申上賀相濟夫より　出　少將様御隱居様ニて下田七郎ハ申上御方々様ニ不殘罷出ル追手西東南御屋敷なり

六日晴　考察方糺役ニ申付今日より御郡方より初承合候様及下知〇九ツ時より　少將様ニ被爲召三條様御都合被仰出御簾中様御書御下被遊候佐竹様御都合申上置御對面所御下段御寢所御建替之思召ニ被爲在來秋より向々被遊度拜承〇民御加增ニて七月拜承之段申上置候事

七日雨　御寄合〇三條御簾中樣より被進候御書弘人殿ゟ差出候事〇少將樣御屋敷御奥御住居之處來秋新規ニ被仰付候思召之赴御奥附より之書取弘人殿ゟ差出ス〇罰付之面々赦に懸候義如何哉之所書取差出候樣弘人殿被仰聞〇佐竹樣御都合ニ付被仰聞候筋傳ゟ文通仕候段内藏助殿ゟ申出候事

八日晴　御飛脚着道中七日之割

又七呼出扶持米渡方之義幷摺米賣拂之義承合候事〇御銀米之調今春より今日迄之差引差出候樣申聞候事〇白札已下名字唱之者共御宛義付な以差出候樣良太郎ゟ申聞

九日陰　役人共扱補小者料之義犀吉ゟ世話り申聞

十日雨　間之御寄合　混雜略

十一日晴　今日御飛脚立月竝兼北山道四日之割〇略混雜中故なり

十二日晴　御寄合　御火消御蒙り之御左右到著

十三日晴　今朝日之出より三之御丸ニ出勤恒例之御祈禱詰方いたし候事
大筒之御間東之方ニ東向相詰相濟長間ニ休有證判役より出張申來　御
長刀之御間ニ出る常通寺始南向西向ニ著座之所ニ出東向ニ著座杯あり
祝言あり
十四日雨　事實略之
十五日陰　御假御殿ニ出勤著用肩衣御祝詞出賀例之通少將樣江御出行
十六日陰　小頭役ニ御仕置格組頭役料物成之事僉義いたし候事○鑑察之
義承合候事○今日喉痛引入申候事九ツ時よりなり
十七日雨引籠　今日御飛脚立道中五日之割北山通丸龜より直乘なり○書
翰猪内ニ認廻ス
十八日雨引籠　晩景猪内參り犀吉呼寄御勝手方僉議いたし候事
十九日　間之御寄合　今日御勝手大樣之義申出ル○おけん樣御婚禮御受
出來不申段申出置○給知庄屋之義申出置　御用役之義申出置

廿日晴夜雷雨　御町之義承○南御屋敷御三方樣御部や之義又七より申聞

廿一日雨雷鳴　定目并内定數帙宅江取下ル○大坂江被差立高橋源吾引合之都合太内より承ル○御記錄役江天和已前之日記錄入用ニ付何ニ而も御政體御關係之義申出候樣申達事○龍福院御祈禱申出之義證判役より申聞候事

廿二日雷雨　御寄合○昨日仁右衞門江御用役進退之義申談候事同役并御目付江申通置

廿三日晴　御町奉行江呉服や一巻取調中不差問候樣申達候事○井上元太郎三郡下役之義又七江申聞候事○南御屋敷ニ而（東邸山内豐盈）秀馬樣御狂氣ニ被爲在御扱方之義少將樣雅五郎樣思召且御奉行中御考慮兩役場考承度赴を以村田仁右衞門より示談有之委細示合之事○雅之助樣より被爲召出勤いたし候事

廿四日雨　間之御寄合　年季夫之義御達申置候事○紙之義御達申置候事

廿五日晴　休日　雅樂助樣ゟ御機嫌伺として出勤直ニ仕舞
廿六日雨　幡多吟味役今日申付筈安喜同三郡同犀吉申聞○算用縮之草案承置○諸品口定書夫々別慮無之御國産役ゟ相渡ス
廿七日晴夕雨　御寄合○三條樣より御助力御願之義此度之御都合ニ付御斷被仰進可然僉義之上御目付ゟ示談同意御奉行中ゟ御達申出候事○今日御飛脚着御隱居樣御歸國御入湯之御願不被及御僉義公邊より御差返しニ相成委細懸合來二通御奉行中ゟ御達申置○御直書御下壹名
廿八日晴　御山方より申出候事小頭ゟ申聞ル三條御簾中樣之御書今日村田仁右衞門迄相賴ム少將樣ゟ返上分なり○南御屋敷之御都合與市より承ル
廿九日風雨　御國產方より草案二通小頭ゟ渡ス○三條樣青侍ゟ可申達旨清之進ゟ申聞切紙草案良太郞ゟ申付御役人賦御目付ゟ廻ス

吉田東洋手錄二

參政錄存七　未六月已來

六月大

朔日快晴　御祝詞として御暇御殿江出勤今日御誕生之御祝（御隱居樣　御奥御女子樣）も御奏番江申上ル

少將樣御奥御出於美喜方お美遊と申渡有之左ニ記ス

御奉行中御書出略之

　申渡覺　　於美喜之方

御手前儀今般　御隱居御家督萬端御首尾能被爲濟爲御祝義白銀貳拾枚被成遣旨被仰出之

美　遊

右同斷知行三百石被下置旨被仰出之
但爾來之御宛義も被除之
御溜ニ而申渡ス初ニ留書ゟ申聞切紙出置御屋敷ゟ出勤奥付ゟ可申渡旨
申達宜候ハヽ爲知呉候樣申置宜段申出候と御溜ゟ出東向ニ著坐著坐の
前ゟ出平服之時御意を申渡まゝと申置申渡相濟書付奥付ゟ渡ス御奉行
中ゟ申渡相濟段御達申事夫より中老已來方と唱郷士已下樣と唱候樣之
御觸出ル夫より御相伴被仰付候赴是ハ御用役取扱ニ而役場ニ而ハ不知

二日晴

一銀四百七拾三匁貳分壹厘
　吉米三斗六升　　臨時
是迄麥藁簀等ニ而日覆等いたし居候處何分右之通板庇に被仰付度
申出幡多より
一御鐵炮箱棒二本　足輕具足長持棒壹本　壹本壹匁九分

一甲浦御備四百目筒敷板拾九匁
右明神傳衞より申出安喜御郡方より達出ル
一德大寺御裏殿御作事傷半書壹通
一嘉年君樣御供之女中金拾枚充拜借之半書壹通
〆五廉犀吉に渡ス
三日晴　一原吉藏引合恐入書を以大工之不屆御作事方より相當之所置いたし度申度達出御目付中に示談之上今日返ス石之助なり
一銀廿七匁貳分五厘
小石木新筒場ニ而海防人數小目付中見分假仕成入目御作事方より
一銀六拾匁九分
御駕籠膳御入目御屋敷より
右犀吉に渡ス
四日晴　御隱居樣江戶御住居御愼被遊候義左平に今日申置

少將樣御對面所御寢所新ニ建仕成之義ニ付御引形御下之事左平ニ引合
置候事
御留杉之西板屏仕成之義忠助より承練屏ヘ被仰付ニ及申間敷若思召被
爲在候ハヽ申出之筈
此一件今日良太郎ニ申聞
田村年太郎御家督申渡御日柄ニ付恐入ニ懸候答直馬書翰今日御目付中
ニ廻ス
德大寺御裏殿段々傷有之大工幷役人共不行屆も有之哉爲見改大工頭幷
役人差立之義一兩日中申聞候樣良太郎ニ申聞る
五日風雨　間之御寄合　今日源太郎不勝ニ付操合九ツ時相仕舞
六日晴　廿一反御船屋下はんた積り御船手方より出積は留置御作事方ニ
積りいたし候樣申遣候留書ニ申聞ル
七日晴　天曄院樣御祥月六ツ時より眞如寺ニ相詰る○今日引籠る　御飛

脚書状壹通同役猪内ニ廻ス
八日晴　明日之書翰等示談いたし候事○今日雑事不記
九日晴晩雨　今日御飛脚立道中四日之割北山中國路通り○御用役等ニ書
翰別ニ扣有
十日雨　間御寄合○猪内恐入書江戸山崎文三郎ニ申渡之義ニ付恐入なり
御達申置○王子權現宮祭禮之義御達申置候事
御免奉行より達出之合摺壹升籾米五合之所五合五勺之調口直を以申出
承右御達申置小頭役ニも考有之時ハ申出候様又七ニ申聞る
十一日大雨　松井源藏借金江戸ニ而打切拂替ニ而利立不過三分様御取立
いたし候様取計良太郎ニ申聞ル○森本三藏右同
窪川栄種之事石炭下地之割石御日限之事孫九郎ニ渡
十二日雨　今日ハ御返物掛頭御奉行申渡承御免方ハ去年分殘之八歩取新
田作式賣望有之時ハ被賣遣赴之切紙出ス代納ハ今七月中相納候得ハ當

年之物成より致所務可申段申達ス此段又七ニも申聞る
十三日雨　御作事奉行ニ大工職相之義種々申談○御國產役御改役之義申達候事○總代役ニ年季夫之義申聞江戶なり
十四日雨　間御寄合
十五日晴雨ニ相成　休日
御屋敷ニ出廡上下著今日御返物拜領十二日ハ御婚禮今日ハ御家督なり例之御假御殿之御祝詞出賀等ハあり
十六日晴　諸事略之
十七日晴　御寄合御達物なし○今日御飛脚立粈合摺之事尋遣ス
十八日晴　濱田銕之助銅山仕成願又七ニ渡ス御國產方より申出種崎町役所ニ而酒宴一卷御目付ニ廻ス
十九日晴　間之御寄合○今日御呼立之節月行司より添帋ニ而參候義不相當義御奉行中ニ申出置井上元太郞聞合之事御目付ニ示談いたし候事

廿日晴　略

廿一日晴　略

廿二日晴　爾來吉米薬種ハ無口山分筋ニ限夫食ハ黍麥粟共無口浦邊夫食ハ口立

新御殿注文木始末ハ如何御山奉行より尋出右二條勘定方ゟ猶又せんぎ

廿三日晴　少將樣御寢所御作事之義被仰出候樣忠助ゟ申述〇厩之外輪板屏之義世話り承〇御作事奉行より役賦之義申出承

久禮田老一件弘人殿役下より差出分内藏助殿より御渡御郡奉行ゟ今日相渡ス

廿四日晴　酷熱甚敷御用取扱不及記

廿五日晴　休

廿六日晴　彌太郎鄕廻ニ被仰付可然段小頭ゟ申聞置〇少將樣御寢所之義犀吉ゟ申聞

廿七日晴　御用人類分限縮差出候樣先達申聞候義如何之段詮義いたせ小頭〇鑄立方役人病氣ニ付當分之賦リ如何之事〇小山虎之助ヘ御免被仰付度申出〇今日御寄合御達なし

廿八日晴　朝倉炮薬方之仕成方小頭ヘ世話りいたし候事

使番拗五郎竹山吉平ヘ渡切ニ被仰付候所御裏殿使番と打込ミ勤之被仰付度清之丞ヘ賴申出僉義之所御裏殿添付候義（不脫カ）差閊候事

廿九日晴　少將樣御寢所御差圖御下小頭ヘ申聞〇川田金平父杖御免之願御目付中ヘ御示談未相濟不申〇島村竹太郎母病死ニ付已前之願書御差下被仰付度

三十日晴　今日取計略之

七月

朔日　休晴ニ而朝有雨

今日五ツ半時御供揃ニ而布師田川ヘ少將樣御出遊御供被仰付參ル夫よ

り彌右衛門内ニ御出被遊網打候事日入御歸座有之
二日晴有雨　御寄合諸用略也
三日晴有雨　今日明日圭光院樣御法事ニ付今日眞如寺ニ相詰例之通　今日御飛脚着
四日晴有雨有雷　今日御機嫌伺有之出勤木下肥後守樣御逝去ニ仍而なり仕舞懸内藏助殿弘人殿大學樣ニ暑中御機嫌相伺少將樣ニも申上ル
五日晴　考察方取扱同役示談ニ付五ツ時出勤いたし候事〇富永友衛借財追願小頭ニ渡ス
六日晴　三日之飛脚ニ大坂より書翰來り御借入金御館入共六ヶ敷申立赴ニ付一切被差止段懸合いたもニ付今日飛脚道中四日之割ニ而差立ル書翰扣前ニ有
七日晴　今日御祝詞有之病氣引籠
八日晴　今日不勝ニ付早仕舞

大坂御借入之義廉々僉義いたし候事御下金之中千二百〆利增を以當年下金斷申談筈僉義相決村山又七差立候段御奉行中ゟも相達內意申付候事

九日晴　又七義來十一日出足被仰付候段犀吉ゟ申聞ル

田崎爲吉呼出御婚禮取扱之義及挨拶且御町下役勤方之義不拘格例大綱之弛不申樣心懸歸宿之所町人共分を取失不申永ク安逸ニ暮させ候樣可心懸段申聞る

十日晴　御飛脚着六月十七日立なり

御前樣　智鏡院樣（候子、後ニ常、島津大隈守齊興二女豐熙ノ妻明治十三年十一月十六日逝去）

御姫樣方　俊興院樣（厚、豐策ノ女稻葉對馬守正發ニ嫁ス文久二年九月十四日卒湯島麟祥院ニ葬ル）

淸信樣（三千、後ニ孝、豐策ノ女木下中務少輔利愛ニ嫁シ文久三年十二月土佐ニ下向シ明治四年十二月廿日逝眞如寺葬）　凉鏡院樣（豐資女悅、安政四年四月二日佐竹右京大夫義睦ニ嫁ス）

鐄照院樣（豐熙ノ女鐄、酒井攝津守忠恕ニ嫁ス）　飯倉御奥樣

右御方々樣より月次御飛脚等を以御國許ゟ被爲進候御書ハ是迄之通表

御作配之筈尤御進物之箱物類ゟ一切御現銀を以運賃之立之筈ニ候是迄取扱區々ニ相成候事柄も有之作配方差問候ニ付向後前件之通相極候條猥ニ取扱無之樣御附々ゟ御申達且不當之儀も相改候樣彼是御作配可被成候已上

七月　　兩名

江戸御用役中

御内用役中

十一日晴　和太郎より御用紙之書付出ル二通共受取置

十二日晴　御飛脚立道中五日之割書翰大坂ゟ壹通江戸ゟ壹通別ニ扣有

十三日晴休

十四日同休

十五日晴休　晩有雨

十六日同休　晩有雨　藤堂左京亮樣御逝去ニ而今日御機嫌伺有之病氣付

引籠　今日御飛脚着

十七日晴　北風秋色滿空　御寄合

御隱居樣御夫婦樣品川　智鏡院樣築地　太守樣上御屋敷ニ御住居之義

少將樣ゟ伺之義今日御奉行中ゟ御達申候事

德大寺樣御裏殿之御用役より少將樣思召之義拜承いたし候事詮義之筈

十八日晴爽氣快然　紙之義犀吉ゟ申聞ル

年季夫之義宗代ゟ申聞候義犀吉より申出承知之段相答下役幷下代所北

山通御扱之義御郡方關係之義小頭役より爲出候筈

十九日晴　間之御寄合　御人減之義御用役ゟ被仰聞度筋御達申置候事

廿日晴　麻上下著御屋敷ゟ出勤御返し者拜領御禮御用役ゟ申上ル　少將

樣御側物頭迄御禮申上候事

御奥內ゟ出勤　嘉年君樣より御酒拜領之御禮お美喜方迄申上候事

廿一日晴晚雷雨　休

愼德院樣御法事御七回忌於陽貴山御執行有之今日詰罷赴
廿二日晴　休　今朝御同役參る
廿三日晴　朝比奈泰平家來菰爲刈之義ニ付鉎太郎より紙面受取楠馬ゟ渡ス○御作事奉行ゟ賃銀之義引合置
廿四日晴北風　間之御寄合○御馬之義御達いたし候事　御人滅之義仁右衛門より承り來廿七日猶又示合可申段申立
廿五日晴　休
廿六日晴　少將樣御寢所御住居替之義先達御受申上差圖御下ニ相成り今日石之助ゟ相渡尤御作事ハ來中秋ニ被仰付候ニ付只今より木材等當木いたし生木不用候樣被仰付候付不足之分ハ木注文急にいたし置候樣彼是申達置候事
廿七日晴　御寄合○今日御人滅御省略御書付出る列坐近外不分名上より御受申出候事　拜辭紙面今日差出候事

廿八日晴　御數馬調金子平十郎より差出受取高屋友右衛門呼立要馬之義猶又せんきいたし候事○後藤良輔呼立引越之義申通候事

廿九日晴　年季夫之義祐吉江申聞る御慈恵年季之義差留置

少將様御出遊之御供年季夫之義考之筋申聞置

八月小

朔日晴　節句

假御殿江御祝詞ニ出ル出賀有之　少將様御殿江出御祝詞申上ル諸御屋敷江之御祝詞ㇵ腰痛ニ付御頭取御附江頼

二日晴　御寄合　弘人殿御病氣御引入

三日晴　朝泰嶺院様御祥月詰方例之通晩景弘人殿江罷出御人賦之義申出置

四日晴　御飛脚立道中七日之割甲浦通

明日より御法事ニ付取扱左之通

五日五ツ時出宅四ツ時始四ツ半時終　六日五ツ半時出宅四ツ時始九ツ半時終
七日六ツ時出宅六ツ半時始五ツ半時終再四ツ半時始八ツ半時終　八日六ツ時出宅六ツ半時始五ツ半時終
九日晴　年季夫之取調小頭ゟ申聞ル一兩日中取定之筈
御馭馬　十三疋
　但御下り迄御留守中如此
要馬取扱　六疋
　但爾來操廻之處向後取扱を以如此
右之通御定被仰付御奉行中より御奏者番文武頭取ゟ被仰達候事
十日晴　今日之取扱略之
十一日　十二日　十三日病氣引籠
十四日晴　間之御寄合出勤〇安喜より觸達之義尋出猶又小頭御僉義として紙面相渡ス安喜郡奈比賀村由良谷御留山底地明勘定方作式貢物御免許被仰付度願壹通

十五日晴休　肩衣著御假御殿ニ出勤　登五郎様ニ御頭取當分之義御直ニ可伺候事即日作配
十六日陰　今日御飛脚立道中七日之割北山丸龜ゟ大坂ニ直乗京廻り江戸ニあけ合壹通もなし○御厩方達出金子平十郎ゟ三通小頭ニ渡ス○生垣取除御普請九月十日迄ニ成就ニ相成候様又平より申出又七え申聞る○御用人類家督取扱今日御奉行中ニ御返申出良太郎恐入書今日さし返ス
十七日晴　御寄合
十八日陰　安喜御郡方より申出之達し夫々僉義之上要申達候事
十九日雨　間之御寄合○書籍注文御町奉行へ今日廻ス
長崎ニ弘田亮助彌太郎兩人差立候義御奉行中御達申出御別慮無之小頭役ニ良太郎ニ申聞る伺書さし出候筈○柴田茂之助迫塞入願今日於御役席御奉行中ニ御達之上承屆之切紙出候様五藏より申聞る
廿日雨　略

廿一日雨　略
廿二日雨　略　今日河田壽之助一件達ニ申出置
廿三日雨　略
廿四日陰晩晴　今朝御寺詰自分相勤る○八郎左衛門御目付被仰付可然段
申出置○高岡より達出之越知面御界目爭論之義御奉行中ニ達濟
廿五日晴　休
廿六日陰　御假御殿引拂之義壽助より申出御長刀ハ御武具方より受取之
御假御殿ニ罷出候樣御道具類ハ奥長崎藏幷萬方より受取ニ出候樣夫々
小頭役ニ申聞る
右御道具類夜ニ入御門出幷御假御殿引渡夜ニ入候而も受取候樣御目付
ニ引合置
廿七日陰　御寄合
御隱居樣より被召寄御婦人付之御弘式申出候樣被仰聞

江戸表省略之被仰立書認直可差出段申出置御書齋少將様御入用之赴仁右衞門より承ル
廿八日晴　安喜御郡奉行ゟ川崎省三郎ゟ役場僉義振有之ニ付余之者御申出有之様申達ス○同御郡奉行ハ納所免盛石入之義ニ付恐入及不申段申達候事
高岡御郡奉行ゟ越知面御界目茅刈之義先爲扣可宜候名本より彼御領ゟ之口上書ゟ至極尤之義可宜段相答
右三通とも廿七日送出
廿九日晴　北山御通行之節勘定方御郡方より役人差遣候節下代使番等御補之義石平等之義有之所右補ゟ勘定方ゟ下代ゟ一日廿匁可差遣候赴ニ付其振合を以相渡候様申達候事鉎太郎より御演舌之形記錄ゟ書入置候段承置
立川三名村番人庄屋給至而少クニ付三人扶持拾石表より取遣度段申出

又七ゟ申聞る

昨日臨時急送を以高岡ゟ答扣

越知面村松山御領ゟ界ひ土地古來より爭論有之此度も茅刈取候より又々地下人共彼方ゟ對し應接之義委細御達越遂僉義候處何分右等疾痛痾痒ニ相關不申候義より事を起候ハ最不可然と一決いたし御奉行中ゟ相達候所御同意之御考慮御座候間當時茅刈取候義ハ御差扣候樣御計被成度且名本より彼御領西谷村組頭ゟ口上之大意書見合候所事實明白當然ニ相聞申候是ニ而先御見合可然相考申候

八月廿七日　兩　名

福岡藤次樣

參政錄存八 未九月已來

九月大

朔日陰時有雨　休今日服替雅五郎樣江被爲召八ツ時出勤雅樂助江も御目通又平思召ニ相叶不申段拜承

二日陰時有雨　御寄合　德大寺樣御弘式之義明日猪内より少將樣江言上可仕段御達申出置

若浦御老女御免被仰付表より貳人扶持被下置可然段御奉行中江御達相濟

三日細雨　昨夜猪内宅人減之義大半僉義相濟○又平呼立若浦替リ追手御屋敷江相勤候者申出候樣及示談置○彌太郎草案御目付江廻ス

四日快晴　江戸表之義御奉行中江御達致置○御省略被仰立傳草案之分取直シ御奉行中江相達置

八助とゐ申久禮田村老婆中付候者ニ而御目付方下横目宿いたし壽之助
身前聞合候赴然ニ右下横目も御郡方郷廻リ相勤者之上右壽之助入魂之
八助ニ而一宿取縮いたし候義内藏助殿御疑慮之赴被仰聞候事
五日晴　病氣引籠〇今日御飛脚着八月十七日之日付也
六日晴　猪内立越示談御用役御目付等之進退名書相認ル〇今日引籠
七日晴　病氣引籠
八日晴　同斷引籠
九日雨　同斷引籠
十日雨　同斷引籠
十一日雨　同斷引籠
十二日雨　同斷引籠　今日御奉行中より先達之紙面御差返之赴を以猪内
より受取
十三日晴　北風　病氣引籠去五日より今日迄日數九日ニ成ル

十四日晴　出勤　間之御寄合なり
順平京都ニ被差立ニ付左之件々御達申出置嘉年君樣ニ被進之御藏米事
右馬之允申出之筋不被及御詮義
御藏引料之事
同人前後申出不相立ニ付猶亦詮義之上達越
御裏殿御修覆之事
先達御達越之大工松之助積りを以御修覆被仰付御膳所局取替等見計
を以御入目少細之義候ハヽ取極可有段申合
諸御殿御奥向御勝手共取締之事
着京之上追々御取調御達越
信受院樣御老女之事
御取替被仰付可然歟委細調之上達越
〆五廉

十五日陰　休　今日於弘人殿御宅
御含之筋有之爾來之新知幷同苗源太郞〻被下置候知行共三百石之分限
ニ被合遣源太郞義ハ總領ニ御引直被仰付當役其儘を以役領知百五十石
被下置旨被仰出之
　但爾來之役領知ハ被差除之
右五ツ半時麻上下著拜承
御奉行中御近習御家老中〻御禮ニ相勤ル
十六日晴　北風　年季夫之義專三郞〻申聞
十七日晴　御寄合　御作事方御山方合併之義御達申出置
御結構被仰付候御禮として今日少將樣〻御禮申上御目通被仰付江戶表
〻之書翰さし上置
慣三郞樣〻御頭取久萬文六〻被仰付度段申上御思召不被爲在
大隅樣〻元吉より伺出候樣御意拜承諸屋敷へ御禮相勤ル

十八日陰小雨　高岡御奉行ゟ三通達出付紙を以さし返ス手翰扣ニ有
　海國圖志　籌海編二册
雅樂助樣御用之赴を以さし上候事御附ゟ添紙ニ而家來爲持遣ス
十九日陰　御飛脚立七日之割甲浦通京都廻り被差立御用役ゟ二通別ニ扣
有○今日ゟ御飛脚ニ御山方御作事方合併之義御奉行中より御伺ニ成ル
○草案ゟ執筆を以昨日差出ス扣別ニ有
廿日陰　大遒院樣御祥月ニ付六ツ時より御寺ゟ相詰る御奉行ハ弘人殿御
目付楠馬○吉田喜右衛門當分小頭之義御目付ゟ示談いたし候事
廿一日晴一天無雲　淡中彌平存寄仙石寅治より受取委細書取一見
廿二日晴冷爽　御寄合　今日御政體之義逐一申出候事
御飛脚未着江戸表之御模樣不相知御用役一人追々御差立ニ相成可然哉
　之義示談いたし候事
廿三日陰　引籠

廿四日晴　同
廿五日晴　同
廿六日晴　同
廿七日晩雨　同
廿八日雨晩晴　同　今日宅ヘ猪内來リ高岡ヘ書翰之義頼ニ付相認差立ル
扣別ニ有リ
廿九日　引籠
卅日　出勤南御屋敷ヘ罷出

十月小

朔日　引籠
二日　同
三日　同
四日　同　御飛脚立道中四日之割書翰扣別ニ有リ

五日 同 御陸使出足
六日 同
七日 同
八日 同
九日 同
十日陰 出勤 間之御寄合〇江戸表之御都合ニ付覺馬ゟ尋合書翰差立且委細御隱居様御思召拜承仕度申上候義御達申出置候事〇御飛脚立道中七日之割書翰扣別有
十一日陰 今日麻田楠馬御用役ニ被仰付
下許武兵衞ニ相渡紙面認候而御目付中ゟ示談濟武兵衞ヘ明日出勤いたし候様差圖いたし候事
十二日晴 御寄合
御隱居様ゟ差上候書面御用役ゟ懸合書共御奉行中ゟ御達申出置

大坂御借入金之義も一應御達申出置候事
十三日晴　今日御飛脚立道中四日之割被差立○若尾直馬書翰ニ付紙を以答壹封
京都ニ紙筆墨伺之通
德大寺様向屋敷用心口不被及僉義江戸小者方伺不被及詮議
〆三通
十四日晴　間之御寄合○今日御屋敷ニ出勤御庭拜見御目通慣三郎様ニ被爲召御目通
十五日晴　休日　今日南御屋敷ニ出勤　雅樂助様御目通
十六日晴　初而霜降○今日家督呼出之作配いたし候事
十七日晴　今日家督申渡四人濟○横山蕙作申渡御奉行中ニ成立會いたし候事
十八日晴　三條前内府様薨去今日御機嫌伺有之肩衣著出勤御奏者番ニ申

上　少將樣御隱居樣江御側物頭江申上ル相仕舞

十九日晴　間之御寄合御示中ニ付被差流之○今日同役方江罷越兩役場楠馬寄合也

廿日雨　今日格別之御用無之役場御人選一件弘人殿江委細御達申出候事

廿一日晴　朝八ツ半時無刻御飛脚到着

御隱居樣御愼被仰蒙候赴御用役より申來直樣內藏助江出勤仁右衞門道ニ而一所ニ成ル御達申出同役御目付中御用役御近習御目付一同御用取扱候事

少將樣御屋敷江出勤委細之義申上候事

慣三郎樣江出御頭取之義奉伺候而當分衣斐市左衞門江被仰付度申上ル

思召不爲在○大隅樣江元吉より申上候樣被仰付奉畏候事

廿二日晴　今日江戶表より之御使者八ツ時到着高屋銘馬なり

御隱居樣御愼被爲蒙候御左右且少將樣も御差扣ニ不及太守樣ニも御目

通御差扣被成候樣御老中樣御付紙を以御答ニ相成候趣奉拜承候直ニ御

機嫌伺有之元吉義ハ大隅樣御別莊に出勤助四郞義奉伺候ニ付御機嫌伺

ニハ出勤不致候事

廿三日晴　今日出勤○九ッ時より御機嫌伺有之佐竹右京大夫樣御前樣御

逝去ニ依てなり○少將樣御屋敷に罷出ル

廿四日晴　今日より佐竹樣御都合ニ付御示作事留昨日限ニ付御隱居樣御

都合ニ而太守樣御差扣之御伺も御目通計之御都合ニ付御國中愼罷在候

義矢張只今之御示中之鳴物停止と相心得可宜段御目付より承ル○少將

樣御屋敷御物置藏壹所御差急之事

廿五日晴　休日　今日爲伺御機嫌伺志賀彌之助被差立三之御丸に罷出

廿六日晴　今朝弘人殿御宅に罷出務左衞門に役場被仰付度段申出置仕舞

縣內藏助殿にも申出置

島崎雄次野町養淸雅五郞樣爲伺御機嫌道中四日之割十月十六日江戶出

足を以被差下今日着江戸表御格別無之
大坂より町便之風聞を以江戸御本丸今月十八日夕刻炎燒之赴申來御奉
行中ゟ御達少將樣ゟ申上
廿七日晴　御寄合　來月朔北山通出足を以麻田楠馬被差立ニ付御隱居樣
ゟ申上且江戸表御用向取計方等書取を以御奉行中ゟ申出扣別ニ有り且
役場より引合可申哉之廉書も相伺候事扣別ニ有り
廿八日晴　道中七日之割　晩景同役方ニ而楠馬ゟ御用向引合申候事兩役
場同席　今日御飛脚立
廿九日晴　月番明日より猪內ゟ讓達等例之通御用役等之義御目付中ゟ示
談いたし置
十一月大
朔日晴　休　江戸表之御都合ニ付御祝詞無之麻田楠馬今日出足北山通り
二日晴　米穀相場定取扱別ニ有〇松島新六家督申渡ニ付藝家否之義今日

平市ニ申聞ル
三日晴　高岡御郡奉行ニ永野村庄屋之申來續出を以答ル扣手扣ニ有留書
ニ爲扣ル先例書壹通さし返ス
四日晴　松島安六死跡之義ニ付御徒目付ニ申聞置
五日晴　略之
六日晴　同
七日晴　今明日貞明院樣御法事今日之同役相詰
八日晴　今朝眞如寺ニ相詰
九日晴　今日病氣引籠
十日晴　間御寄合
十一日晴　雲峯院樣御法事同役相詰
十二日晴　今朝眞如寺ニ相詰ル
十三日有雨有風　今日江戸表之御都合等申出置

十四日如昨日　間之寄合　文武館之義御達申出且御用取縮兩人被仰付度段申出置
十五日晴　休　御暇奉願長濱行
十六日晴　右同
十七日晴　右同　今日御飛脚立五日之割北山通直乘
十八日晴　御用人類家督執計之事○丹波殿役知申聞事○晩景弘人殿御宅ニ罷出ル追外兩役場一同なり
十九日晴　興之進より申出砂糖之事黑砂糖取扱白砂糖願明助四郎ニ引合之筈
國產方積廻し一件書付受取良太郎ニ渡ス
廿日晴　今日御飛脚着道中五日之割今月四日江戸出足
右御飛脚便を以種々江戸表之御都合懸合來ル仍而御奉行中より廉書被考上明日立長澤又七郎ニ御渡ニ相成申事

廿一日晴　家督等之取扱いたし候事○大坂表之都合小頭役ニ致僉義候事
廿二日陰　御寄合　屋敷譲渡表達○江戸ニ被差立御飛脚之義申出候事○
楠馬ニ相渡候書面さし返候様申達之義御達申置候事
廿三日陰　武山吉平恐入書ニ高屋順平添紙壹封御目付中ニ相渡ス
廿四日晴　今日無刻御飛脚被差立臨時なり御奉行中より被仰立御廉書幷
御用役ニ書翰三通楠馬傳彌久馬兩役場ニ壹通御内用ニ壹通京都御留守
居ニ壹通
廿五日晴　休
廿六日晴　御留守居方引除縮書二通順平添書壹通添紙あり又七ニ渡ス○
覺馬より受取品川御現銀増半書壹通又七ニ渡ス○御留守兼帶中吉平ニ
御扱被仰付候割合懸合又七ニ渡ス
廿七日晴　御寄合　大坂御借入金御仕替書付壹通を以御達濟
廿八日陰　御飛脚着江戸表より道中四日之割今月十三日出足之赴○御上

屋敷品川築地より四封京都より四封
廿九日晴　今日家督伺三通相認○淺利喜平御仕法樣之義又七ニ申聞候事
晦晴　弘人殿御宅ニ而御結構之御士有之出會今日猪内引籠故なり
御町方より差立候長崎行役人銀米役壹人下代壹人爲糾方下横目壹人差添筈始馬ニ申達候事
家督調留書ニ御達分濟ス
十二月
朔日晴　臨時早追四日之割北山中國路通大坂ニ飛脚壹人差立柏原文助呼返なり
右委細ハ昨日兩御奉行ニ御達いたし置候事○後藤助四郎呼立大坂御借金之義申達候事
二日晴　御寄合　内藏助殿御病氣
大坂在役引渡ニ付順平下坂之義申出置御奉行より御下知之筈

順平下坂之義ハ役場より可申遣旨被仰聞書付御渡ニ付留書ニ相渡ス
三日晴　明日御飛脚立ニ付御坊主之家督御目付ニ相渡ス
四日晴　道中七日之割甲浦通〇今日御飛脚立京都ニ二通高屋順平宛之少將樣御聽ニ入江都ニ壹通御用役ニ夫々留書ニ相渡ス〇家督之調夫々御申置候事〇明日呼出夫々作配之事
五日陰　今日間之御寄合〇家督申渡今日夫々相濟〇人減牒面之義返候樣小頭ニ申聞
六日晴　御徒横目申渡相濟〇聞合書壹通御徒目付判形無之ニ付相渡ス
七日晴　御寄合　今日御免方縮達有之例之通取計候事役人共ニ役場より挨拶有之〇御山御作事方役人共兼帶申渡相濟
八日晴　昨雪不消一望清潔〇出勤懸弘人殿取次ニ馬之義願置
九日晴　家督伺さし出候事〇江戸渡物之義僉義之事
十日晴　來十五日五ッ時麻上下著三之御丸ニ罷出候樣〇島田直治ニ家督

申渡濟

十一日雨　九頭村野山地面貳町五反計地下人共心儘ニ開發宮内村野芝十九廉右同斷二通外ニ御郡奉行達ハ役場尋合續出再御郡奉行續出一通夫夫右平ハ渡ス已前之跡追いたし候様申聞ル

雲峯院様御現米九月限ニ算用之事又平より未年中

十二日陰　今日柏原文助下着對面大坂之模様承候事

十三日陰　今日高岡より達出候大洲家老より飛脚御界目通し入之義御目付ハ示談ノ上御奉行中ハ紙面ニ而達高岡及作配候事

十四日陰　間之御寄合○直馬より之紙面御達申候事○大坂御銀談之義も御達申置○大坂御徒目付小頭役ハ相渡ス○今夜大坂證據役柏原文助呼寄小頭役一同兩人より御銀談之決定いたし候事

十五日晴　朝五ツ時より麻上下着三之御丸ハ出勤今日ハ公義御代替ニ付御法度書拜見なり

御奉行中例之御席江御著坐　兩役場長間江著坐　御目付中より中老物頭諸士大筒之間東敷際より東向ニ列座　夫より御舞臺之間まて同斷御長刀之間より南江北向ニ著座御目付中差圖なり○御奉行中御裏書院之御下段江南向ニ著座御家老中北向ニ御著座御拜見相濟

御奉行中御調度懸之御間江御進ミ南向ニ御著座兩役場御奏者番北向ニ著座西名上御用番內藏助殿より此度公邊御代替ニ付武家諸法度拜見爲致候樣江戶表より被仰出候段被仰聞元吉名上ニ付進出御法度書御受取申著座江退弘け拜見一同相濟元吉より此度公義御代替ニ付武家諸法度拜見被仰付夫々一同奉畏候段御申受右御法度書御奉行中江差出置相退候事

右大筒之間北床の前東名上ニ南向ニ詰方御奉行中御演舌御祐筆書上御奉行中又御演舌中老名上より御受相濟詰方引出賀有之

少將樣御屋敷江出勤御祝詞申上

十六日晴　御普請方自力見習員欠居候赴太内より承り又七ニ申聞〇領家郷勘定方作式貢物愁願又七ニ申聞

十七日晴　御寄合大坂之義御達申出置

十八日晴

十九日晴　間之御寄合

廿日晴　今日市原八郎左衛門大目付被仰付之淺井始馬御町奉行被仰付立會ニ出ル内藏助殿御宅なり

廿一日晴　今日御飛脚着〇内藏助殿留山一件弘人殿ニ申出置御目付ニも引合置八郎左衛門自宅ニ相招委細御政體之義申置

廿二日晴　今日御寄合〇昨日之御用役よりの書翰御達申出候事

廿三日晴　今日御屋敷ニ出勤　御作事一件〇徳大寺御裏殿之御模樣夫々承候事

廿四日晴　年序進擧夫々申渡

少將様御寢所御居間御差圖幷仕様伺牒夫々受取仁右衛門ゟ相渡置○武
山吉平一件同斷○吉平より達出候徳大寺様御次女中きし暮方之義申來
一卷同斷○南御屋敷御誕生之一件承合候事
廿五日陰　大坂よりの書翰幷答御目付廻し有之分受取
大脇與之進名印之儘御銀縮御達之事
今日表達
一番御銀奉行讀上
二番御町奉行同
三番御郡奉行同
幡多安喜高岡香美右三郡御郡奉行替合を以讀上
四番御山奉行同
五番御倉奉行同
六番御國產役同

七番御徒目付同
右相濟
兩役場例之達相濟御奉行中御仕舞役場ニ
一番小頭役
二番御徒目付
三番御勘定人
四番總代役
右孰も恐悅申上相濟仕舞晩景七ッ時なり
廿六日雨　今日格別之作配なし小頭役呼寄取扱右略
廿七日晴　今日大學樣ニ而御鎭樣（支族山內豐榮長女）こと慣三郞樣ニ御婚禮有之五ッ時より
被爲召出勤麻上下なり被召出御酒頂戴　初御四之間ニ出御老女ニ恐悅
申上　於鎭樣被召出御手熨斗頂戴少し退候處にて御紙拜領被仰付老女
之方ニ向御禮申上相仕舞夫より大學樣御奥樣整之助樣御鎭樣於立樣御

列座被召出御酒頂戴被仰付之四ッ時御出輿役場兩人錠口の外ニ而御目通り御輿居り御戸明ク平服いたし候事夫より直ニ御元冠前ニ北向キニ平服御見立いたし候事相濟恐悅申上御暇被仰付之

廿八日雨　今日格別無之○夜雨役場待受宿いたし候事御飛脚近々被差立候故なり示合相濟

廿九日晴　格別之作配無之　夜八郎左衞門方ニ罷越示合いたし候事

晦日晴　麻上下著三之御丸ニ出勤御奏者番ニ御祝詞申上候事

出賀無之日根野藤太逼塞入不相及御詮義願御差返之處又々御内慮伺差出只今ニ至如何とも不相付候付再願書さし出度段半書先達御奉行中ニ御渡ニ付願書さし出候ハヽ例之通罰ニ替り可申候赴申述返上いたし置候事夫より少將樣御屋敷ニ出勤御祝詞申上御側物頭なり御用役場ニ御飛脚之示合等彼是相濟七ッ半相仕舞候事

參政錄存九　申正月以來

正月大

元日晴　朝五ツ半時紙子麻上下著三之御丸江出勤先例別ニ扣有御祝詞濟少將様御屋敷江罷出御祝詞申上夫より御方々様御屋敷江罷出相仕舞候事

二日陰　自己之年賀相勤

三日晴　御靈屋御廟江罷出

四日晴　御叙爵之御左右として御徒使幷飛脚道中四日之割を以到着

五日晴　弘人殿御宅江罷出候様申來四ツ頃出勤御獻材ニ付御近習家老より之紙面御渡留書僉義之上御記錄役江相渡ス

六日晴　今日役場始紙子麻上下著出勤先例別ニ扣有

七日晴　今日御叙爵之御悦有之病氣引籠御獻材白髮山仕成吉野川江流方

之義山方下役ゟ僉義いたし候様又七ゟ申聞
八日晴　御責馬ニ付例之通佐川門ゟ罷出肩衣著
九日晴　通馬見物
十日晴　今日弘人殿之馬御馭初之節借用ニ付試通いたし候事
十一日晴　朝七ツ半出勤熨斗目麻上下別ニ扣有
十二日晴　格別之取扱無之
十三日雨　恒例之御祈禱綿服麻上下ニ而三之御丸ゟ出勤〇御飛脚立道中
　七日之割直乗京都廻り
十四日陰　格別取扱無之
十五日晴　御船御乘初服新小袖之下先例別ニ有
十六日雨　地盤御用始平服御飛脚着道中四日之割中國路北山通り
十七日陰　御呼立有之出會内藏助殿御宅也今日務左衞門同役ニ被仰付
十八日晴　諸紙口銀縮出ス

十九日陰　諸紙取計之義同役ニ示談御目付ニ申通置
廿日陰　今日御叙位御禮被仰上之御悦麻上下著三之御丸ニ出勤出賀有之
下總殿より御願支配山一件御賴伊藤丈助歸國之義御賴　今日之御祝詞
少將樣ニ申上夫より諸御屋敷ニも罷出ル
廿一日雨雹雹雪誤　今日御寄合始肩衣著取計別ニ有扣
廿二日晴　今日出勤懸弘人殿ニ罷出結城立道橫山蕙作出足一件高屋順平
一件五藤忠次郎一件被仰聞紙一件八郎右衞門へ引合置御郡奉行御一紙
一件演舌ニ及三郡幡多安喜高岡香美也
廿三日晴　格別之取計無之
廿四日晴　東御屋敷御役知開發半書跡追承ル御武具方役下取調夫々兼帶
ニ被仰付度事〇近藤貞三郎申出之義僉義之筈〇御免方下役壹人定詰被
仰付度幡多より申出中見役之名上操上只今之下役ヲ轉役或ハ御免申出
廿五日雨　休日

廿六日陰　御藏紙一件書付兩役場示談濟御奉行中ヘ御達申出候事
廿七日晴　御寄合　鼎殿鑑察書三通御奉行中ヘ御返申事○高岡より裏判
物判消之義申出助藏ヘ渡ス
廿八日晴　今日御書出來同役ヘ賴○佐喜濱園籾一件只一郎ヘ申達ス
廿九日陰　泰平ヘ御制度之義委細申述置○忠助より御欄間下繪受取仁右
衛門宅ヘ罷越委細御制度規模示談いたし候處同意之趣承ル
晦日陰　御作事奉行より釣庇之義廉々申出承り棟梁ヘも委細申聞置
二月小
朔日晴　御祝詞肩衣著出賀有之
二日陰　御寄合例之通火用心御示有之○御藏紙一件內藏助殿より御下受
取○只一郎恐入受取御目付中ヘ廻置○御飛脚着道中五日之御直乘北山
通
三日晴　弘人殿御宅ヘ罷出只一郎恐入書面爲差出候ニ付此上ハ勤事扣等

ニ被仰付廻文引戻之義ハ御見切被仰付度御返申出候事
御年禮御代禮を以被仰上御家督初而之御義ニ付爲御歡來五日四ツ時三之御丸ニ罷出少將樣ニ罷出同斷申上於同所御一門中樣ニも出會申上筈
四日晴　今日京都ニ之書翰仁右衞門御賴思召相伺候事今夜慣三郎樣ニ被爲召出勤之事
五日晴　御家督始而之御年禮被仰上爲御悅三之御丸御出勤御奏者番ニ御祝詞申上出賀有之少將樣御屋敷ニ罷出御方々樣ニハ出會を以申上ル○今日御飛脚立道中四日之割北山中國路通
六日晴　御制度御用之出勤場所見聞八日より出勤いたし候樣被仰付候筈
七日雨　御寄合御勝手方込ミ引御達申出ル圍籾壹萬石御賣拂御達濟
今日制度改正御用被仰付候面々明日より出勤いたし候樣役場より申達候事○若波歸足之義ニ付吉平より書翰助藏ニ渡ス思召相伺忠助より受取草案認候樣申聞ル

八日陰　佐喜濱銅山上木被差明度半書壹通御山方ニ差廻候樣申聞右平ニ
渡ス
九日晴　佐喜濱銅山被差明度安喜御郡方半書御山方續出有之草案出來候
ハヽ、可差出段申聞又七ニ渡ス
制度改正之義諸記錄所相渡ス
少將樣新御作事御居間分張付之見本御意ニ叶候分御差下前田順藏ニ直
々相渡ス外ニ青紙ニ箔振候樣被仰付是又同斷
御欄間一ツ島村三四郞へ一ツ元次ニ御庇刎ニ被仰付候段共又七郞ニ直
ニ申聞候事
十日雨　間之御寄合　中外新報二册御差返被仰付度弘人殿ニ申出置伊笹
敬次谷兎毛井家明藏借財縮此度之日根野小彌太御作配之引當ニ泰平ニ
相渡ス
十一日陰　日根野小彌太迫塞入之願半書等合六通善平ニ相渡ス　弘人殿

ニ罷出候樣被仰越罷出所本山只一郎安喜御土居一件委細ニ被仰聞御政
體見通之所も廉々被仰聞追而可申出段申置　制度改正之義堅藏七助ニ
申通置候事

十二日晴　御町奉行より彥根ニ答之紙面草案さし出彥根役人書翰宮井駿
藏書面共受取

今日江戶兩役場より來書翰二封末十一月廿日着之分御目付中ニ賴內藏
助殿ニ差出此二封二月十四日助藏ニ始末いたし候樣申聞相渡御隱居樣
御愼被仰蒙候巳後江戶表諸御屋敷ニ御示御國中心得方少將樣奉始御暮
之義廉書を以申來分也

十三日雨　今日下橫目長崎ニ差立下許武兵衞ニ書翰遣ス椎茸藥白砂糖手
頭見本さし遣ス

十四日雨　御奉行職加役等之義職掌調ニ入用ニ付御達申置

十五日晴　肩衣著三之御丸ニ罷出例之通御祝詞出賀有之

十六日晴　御制度改正之義申述置健藏七助に喋面渡置
十七日晴　御飛脚立道中七日之割甲浦通
備後殿に御時服頂戴ニ付御先例書弘人殿より御渡ニ付又七に渡ス
太郎左衛門殿家來より半書を以借財御作配ニ付御取立之員數減候義内
願助藏に小頭に爲致僉義候樣申聞相渡ス
十八日雨　御作事奉行に南御屋敷御作事之義急ニ作配達出候樣切紙出ス
十九日雨　間之御寄合　太郎左衛門殿より之半書不及僉義差返ス
今日官階之調御達申出置
廿日雨　太守樣明春御歸國被遊候ハヽ御假御殿ニ御住居被遊候而可然少
將樣ニも被思召候赴仁右衛門より同役拜承いたし今日又七に申聞る
今日御飛脚着道中七日之割直乗
廿一日曇晩晴　大坂に飛脚差立順平助四郎に書翰差立別ニ扣有　内藏助
殿に出江戸御都合御達申置

廿二日陰　津呂港浚之義僉義之事
神山左多衞書翰進擧申渡差扣尋合平市江渡ス○同人書江戸詰拜借之尋
一封平市江渡ス○同人書足輕小人注文專三郎江渡
廿三日陰　秀馬樣御都合執計相渡今日仁右衞門江書翰出ス
廿四日雨　間之御寄合　今日御奉行加役之御公平之御考慮被仰付度官制
調ニ付申出置
廿五日陰　休日九ツ時より少將樣より被爲召出勤鮒爲御釣有之御櫻山御
殿ニ而御酒頂戴被仰付拜領物被仰付之
廿六日陰　御次女中きの召連之下女江戸表江差返候義又七江僉義いたし
候事　若波歸之節御扱之事
靫負樣御勝手御困窮ニ付築地江御引附ニ相成候段少將樣御耳ニ入居候
赴仁右衞門より尋有之右者三四年前より御僉義御座候所昨年ニ至り御
引付ニ相成候而者却て御爲不宜と御僉義相決猪內相心得罷越申候元來

是迄之御僉義振內調之義ニ付表立候時ㇵ御手順相立前以拜承可致譯ニ
候所兩人共都而存不申候間間違ニ而ㇵ無之哉之段申遣ス
廿七日雨　官制之義禮紀綱五常五倫政體人選規則兵備一切之義御奉行中
御達申出置候事
今日御寄合ニ付右之筋於役席辯論相濟內藏助殿御出足迄ニ御取極ニ相
成候樣申出置
廿八日陰　今日文武館調方差圖共七助ㇸ相渡ス〇御內用ㇸ外國渡海之面
面拜借之達し返翰草案自筆ニ而留書ㇸ渡ス
廿九日陰　朝葛目楠吉來取紛申斷
出勤改正方ㇸ出張規定等承合候事
　三月大
朔日晴休　二之御丸ㇸ罷出肩衣着御祝詞申上候事今日節句ニ而無之ニ付
肩衣着なり少將樣御屋敷ㇸ罷出御祝詞申上

二日晴　御飛脚立道中四日之割北山中國路通○於美遊之方借用金之義僉義之筈
御普請方ニ御堀之板屏見隱シ被仰付候段忠助より申出趣申述置
切手役共高年數を以仍之御用人ニ御引直之義左多衞より尋合ニ付續出を以差返ス扣なし壹通
堀池彌三郎世倅を家嫡之願壹通幷英實院姪聟之方ニ罷赴一宿いたし度申出共仁右衞門より受取御目付ニ廻ス
三日雨　弘人殿ニ罷出安喜土居堀水之義ニ付只一郎廻文之義御不審恐入差出候得共何分廻文引戻ニ不相成候而ハ內藏助殿御考有之趣達ニ被仰聞ニ付猶御目付中ニ被仰付度申出置
四日晴　國產下役近藤三之進御免替り選之事○弘人殿ニ罷出御奉行職加役之義申述置
五日陰　間之御寄合　今日大坂より飛脚着直ニ順平よりの書翰御達申出

候事
六日雨　今日御陣家地之義ニ付大坂江早飛脚差立道中四日之割順平江之
紙面御奉行中江御達申事
七日晴　御寄合　御奉行職加役之義御別慮無之赴於役席弘人殿被仰聞
文武館引形之義被仰付候而可然弘人殿より被仰聞
八日陰　文武館引取太平江相渡　二之御丸御奥取除太平江申述ル○職階
改正健藏江渡ス
九日陰雨　壹貫五百目忽微礮六挺鑄立ニ付鑄立方役人之義僉義之筈壹人
ニ而牛岡直丞被仰付候事
御武具方江御倉之事　安喜御郡奉行より申出書翰一封三通小頭役又七
江渡ス　御坊主被召抱之事同人江申聞ル
十日雨　間之御寄合　安喜之榊谷山桵雀《マヽ》森ノ芥川御獻木仕成方御山方ヨ
リ達出

十一日晴晩陰　弘人殿ゟ罷出御醫師之義申上ル今日昇之助殿ゟ御示談之上仁右衞門ゟ被仰聞筈
十二日雨　間之御寄合　今日格別之御達無之○小泉務左衞門明後日より香美ゟ參赴達出承之
六郡冥加米立山改正之半書壹通幷去ル午五月觸達之寫共ヨ小頭役善平ゟ相渡猶致僉義候樣申聞ル
十三日晴　今曉御次女中きのせや出奔之赴御奥付より達出則御目付中ゟ示談いたし置
來十七日十八日白娘院七回忌ニ付右相濟爲御機嫌伺○少將樣ゟ無役御家老中より使者差出筈ニ付其節各ニも御出可有之御奉行中御出仕
丹波殿御書翰馬場源馬存寄書壹封一披閲務左衞門ゟ渡ス
十四日晴　間之御寄合
市原八郎左衞門退役之義委細御考慮被仰聞僉義之上御答申置

十五日晴　二之御丸ゟ御祝詞肩衣著出賀有之御屋敷御立ニ成
十六日晴　御乗初之繙譯返達○御目付ゟ始馬加役之義示談別慮無之赴別
申置
十七日晴　御寄合　今日大坂より飛脚歸着井伊様御都合初而承ル御達申
出御人數等之調いたし候事
今明日白楨院方法事今日ゟ同役眞如寺ゟ罷越
十八日雨　朝六ツ時御寺ゟ罷越詰方いたし候事勤行濟仕舞御代燒香之詰
方不致候事少將様御直拜被遊候得共役場ニゟ不罷出候事
三月八日江戸出足井伊之御都合懸合今夜御飛脚着無刻なり
十九日晴　間之御寄合　今日俄ニ御人數被差立調方等いたし夫々被仰付
候事
廿日晴　今日御飛脚被差出道中四日之割北山中國通り書翰扣別ニ有
廿一日陰　今日少將様御綱ニ御出遊御供被仰付月番同役ゟ賴置

廿二日陰　御寄合　御用役御近習目付ゟ之書翰貳通弘人殿ゟ御達いたし置

廿三日晴　足輕差立調淸治より紙面二通受取○改正方ニも出張亮助被仰付委細申聞　弘人殿ゟ罷出　御隱居樣思召も被爲在ニ付覺馬義ハ御差止被仰付度申出ル

廿四日晴　間之御寄合　通鑑輯覽之義申出置○御町藤次高岡又十郞御作事御山勝之進と申出置

廿五日晴　休日　今日少將樣より御能拜見被仰付出勤

廿六日　江戶御人數賦之義御目付ゟ申通置御目付方ニ而調之筈

廿七日晴　御寄合　長崎より差越下許武兵衞書翰天津變報大臣奏議共弘人殿ゟ差出○郁太郞樣御暮之義思召之處相伺可申段楠馬ゟ申通置候間追而御達申候段申置○御拂西洋銃一切之揃御武具方ニ而相濟候間望之人ハ直ニ人差出金子と引替之筈

廿八日陰　御作事ニ浦戸御殿之引形出候得共總而傷ミ等無之哉之義見聞
いたし候樣申達日根野直之進より馬淵桃太郎より申出之如何之段尋出
候付諸仕成等差扣居可申御詮義相濟候ハヽ可申達旨申述置　今日泰平
方ニ集會
廿九日風雨　町方下代虎太郎呼出長崎之模樣承
三十日晴　今日御作事方より棟梁大工下村楠吾名字被差除度申出承置
月番明日より同役ニ渡ス
閏月大
朔日晴　御祝詞として二之御丸ニ出勤例之通御祝詞申上少將樣ニ出申上
仕舞　八ッ時より御奥ニ被爲召拜領物等被仰付御奉行中役場也
二日晴　御寄合格別無之
三日雨晩晴　今日改正方ニ出勤
四日晴　改正方ニ出勤今日職掌一卷相濟

五日晴　間之御寄合　今日御飛脚立　今日夜ニ入江戸より御飛脚着
六日雨　今日弘人殿ゟ罷出江戸之模樣申出置早追御差立被仰付度段も申
述置
七日晴　太守樣御袖留之御祝詞有之二之御丸より少將樣御屋敷ゟ出勤
江戸ゟ之書翰相認弘人殿ゟ御達相濟
八日晴　今日御飛脚立四日之割北山中國路通御用役御近習御目付ゟ文通
別ニ扣有
九日晴　改正方御僉義之筋取極官制淨出來大目付ゟ相渡置
十日陰　間之御寄合　御士中炮術昨日弘人殿御見聞之所御船ニ而業前被
仰付浦戸口御考慮を以御差明有之赴被仰聞御作法御破之樣相考一應右
之段申述置
十一日雨　格別之取計無之
十二日雨　御寄合　今日少將樣御政事御後見被遊候義如何之段御奉行中

より被仰聞
十三日晴陰不定　今日弘人殿ゟ罷出火輪船御注文之義相調可申段申出置
十四日晴　間之御寄合弘人殿御闕席荒倉御鹿狩御供なり
十五日雨　二之御丸ゟ肩衣著御祝詞罷出御奏者番ゟ申上夫より出賀少將
樣御屋敷ゟ申上仕舞
十六日雨　今日改正方ゟ出席
十七日快晴　御寄合御飛脚立御用濟次第ニ被仰付候事
十八日晴　改正方ゟ出席
十九日陰午後雨　間之御寄合今日弘人殿御宅ゟ雅樂助樣御入被遊ニ付御
招有之罷出夜九ッ御歸座仕舞
廿日陰　格別之取扱なし間之御寄合
廿一日晴　今日御飛脚着格別之懸合なし
廿二日晴　御寄合格別なし

廿三日晴　明日御飛脚立之義達出ル
廿四日雨　間之御寄合今日御飛脚立道中五日之割なり
廿五日晴　休日　陽貴山ぃ行
廿六日雨　改正方ぃ出ル
廿七日晴　御寄合下許武兵衞より之紙面御達御返し茶制法一牒御留置御
仕舞懸御返有之
廿八日晴　改正方ぃ出ル今日にて是迄翻譯分夫々删定相濟
廿九日陰　改正方ぃ出席奉行府仕置府等之名目儀例相定ル
晦日雨　本山只一郎出府北川鄕柏木村枝地免許之義猶亦御免奉行ニ引合
可申段委細ニ申通ル
美濃部忠助よりお美喜之方ぃ考を以鐐姬樣御婚禮之義ニ付御入目金之
義少將樣ぃ申上智鏡院樣ぃ申上候義無之哉之段相尋候處先達ゐ智鏡院
樣より何分御手厚被成進度被思召外樣とㇳ御違之義ニ付御世話申上候

樣被仰下少將樣ニも申上御手厚ニ被成進候樣役人共ニも被仰出候段少將樣より被仰進於美喜之方よりも其形申上候計ニ而何も殿方樣より御增何百金之御扱ゟと申義都而不申段申述候赴承ル

參政錄存十　申四月已來

四月小

朔日晴　今日服替ニ付麻上下著二之御丸ヘ出勤
御自筆御書付拜見被仰付御受申出

二日晴　昨日御渡之御自筆御用人已下ヘ夫拜承ニ及申間敷段仁右衞門務
左衞門泰平一席ニ而示談之上御奉行中ヘ申出置候事○天郷一件只一郎
より開發いたし度旨承ル

三日晴　弘人殿より罷出候樣申來參上之處鼎殿一件被仰聞猶兩役場厚と
相調可申段申置○御制禁諸品呉服ニ懸分國產改役半書ハ國產下紙三ッ
御町一ッ御目付一ッ付今日始馬ヘ渡ス

四日雨　韭生郷下地村百姓彌五右衞門二子柳瀨楠丞龜念ニ而病死之屆い
たし去年ノ年三月恐入紙面差出有之世話り香美半書楠丞恐入書共二通

御目付ニ渡ス
五日雨　西御屋敷より御差乳四人之可否御目付ニ廻ス　今日御飛脚立道中七日之割何も懸合なし壹通江戸両役場御両名書翰相認扣別ニ有り
六日晴　御武具役より江戸上方武器在物夫々書付取寄度申出尤ニ承　諸組年番御手宛書付一通御目付ニ渡ス
七日雨　御寄合　今日秀馬樣次第御快方醫師頭取半書御奉行中ニ御達申尤両役場示談濟の上なり
八日雨　御留杉仕吉宮參詣御差明之義本手順相立候樣幷秀馬樣醫師頭取申出之通被仰付候ニ付少將樣ニ被申上思召不被爲在候ハヽ、南御屋敷御頭取ニ申聞申樣仁右衞門ニ紙面出ス扣別ニ有
九日雨　改正方ニ出席　晩大雨烈風
十日晴　間之御寄合　深瀨久右衞門石灰坐株之義僉義之事
十一日陰　改正方ニ出勤御奉行中已下御士分賞格取定置幷御家老中已下

御士分借財罸付之定相認候様三人ニ申述置也

十二日陰　明日之御飛脚御用濟次第ニ被仰付候○儀制一冊御奉行中ニ差出來ル○十四日朝御祥月詰方相勤筈也○十六日八ッ時より雅樂助様より被爲召赴楠吉より申來ル受書留書ニ申聞ル

十三日晴　休日　山川海鎭祭結願（御飛脚着道中七日之割）

十四日晴　龍泉院様御祥月詰方相勤ル○間之御寄合無格別

十五日晴　麻上下著二之御丸ニ出勤○御領知御判物御頂戴御祝詞御奏者番ニ申上ル出賀少將様御方々様ニ申上仕舞

十六日晴　出勤格別之取扱なし

十七日陰雨　東照宮御祭禮ニ付休日

十八日陰　今日御飛脚着道中四日之割

今日猷五郎（支族山内豐尙、豐著ノ第五子）機嫌伺として出勤夫より役場ニ出勤改正方ニも出勤いたし候事

十九日陰　今朝も南御屋敷ニ出勤夫より役場ニ出勤いたし候事
廿日半晴　格別之義無之南御屋敷ニ出勤
廿一日陰　猷五郎様御死去被遊諸手賦相濟卽座之御機嫌伺雅樂助様ニ申
　上少將様ニも同斷御方々様幷おさだ様ニも申上ル
廿二日陰　少將様ニ猶亦御機嫌伺有之御屋敷ニ出勤
廿三日　押而出勤扱なし
廿四日　右日御用取扱不扣今日より引籠
廿五日　休
廿六日　引籠
廿七日　同
廿八日　同
廿九日　同
五月小

朔日　引籠
二日　同
三日　同
四日　同
五日　同
六日　同
七日　同
八日　同
九日　同
十日　同
十一日　同
十二日　同
十三日　同

十四日同

十五日休

十六日同

十七日同

十八日同

十九日同

廿日　同

廿一日同

廿二日同

廿三日陰　今日より快氣出勤　御獻木一件御願云々草案十二月廿一日着之狀ニ有之○役場ニ楠馬一名　公邊ニ御差出ハ久世ニ御賴久世公用人ニ俊藏持參大和守樣御落手之赴申來ル

廿四日陰　御飛脚立北山中國通無割○今日少將樣御奥ニ罷出御藥頂戴之

御禮申上ル御目通被仰付候事
廿五日晴　休日
廿六日晴　改正方ゟ出張
廿七日快晴　御寄合　江戸御留守居聞番良太郎哲馬孰も不宜田村年太郎
可然旨又七ゟ申聞ル
廿八日快晴　改正方ゟ出勤尤早ク相仕舞
廿九日晴　今日務左衞門引籠ニ付御用取扱いたし候事

參政錄存十一　申六月已來

六月大

朔日晴　二之御丸ㇸ出勤御祝詞御奏者番ㇸ申上出賀例之通肩衣著今日泰平同役ㇸ被仰付務左衛門大目付被仰付之九ツ頃より少將樣御供被仰付彌右衛門ㇸ幕圍ニ出ル

二日晴　御寄合　御法事御達　ヤーケル御達等相濟

三日晴　今日格別之取扱無之

四日晴　諸役場休日ニ被仰付○俊嶺院樣御法事詰方同役ㇸ賴

五日晴　右同　右同

六日晴　御山御作事月番壹人ニ而相勤候樣差圖いたし候事○高岡御郡方地下役佐川引合之義差圖いたし候事

七日晴今曉大霧　若波願一應弘人殿ㇸ相達忠助ㇸ少將樣思召之通被仰付

可然段演舌ニ而返ス
八日晴　上茅湊之義御免奉行ゟ引合相濟○浦戸より内ニ而手操網之者共潮江之者ゟ直賣いたし趣不法之次第要ゟ逐僉義候樣直逃
九日晴　桐間藏人殿逼塞同樣御作配之義御奉行中ゟ内談有之弘人殿より務左衞門ゟ書付御渡勘定方ゟ相渡有之僉義方速ニいたし申出候樣又七ゟ申聞
十日風雨　間之御寄合格別無之
十一日陰時有雨　陽貴山ゟ御法事詰方ニ出席
十二日雨　同役罷越
十三日晴　市原八郎左衞門御町奉行被仰付出會有之
十四日陰　間之御寄合桐間藏人殿借財一件弘人殿より御世話り又七ゟ申聞ル
十五日雨　養德院樣御法事例之通御寺御出勤

十六日陰　右同斷　同役詰
十七日晴　御寄合　今日少將樣御屋敷〻暑中御安否奉伺夫より御奥〻出勤
十八日晴　横山覺馬昨日改正方被仰付赴を以役場〻出勤ニ付委細御政體之大意申述事
十九日晴　飛脚立道中五日之割格別ニ御用向無之書翰公私交扣不致　間之御寄合　忠次郎一件申出置
廿日晴　格別之取計無之　大隅樣〻暑中御機嫌伺申上
廿一日晴　慣三郎樣登五郎樣雅樂助樣大學樣〻御機嫌伺申上ル〇紙御仕替之義取定候事
廿二日晴　格別取計無之　大隅樣〻被爲召出勤
廿三日晴　格別無之
廿四日晴　紙一件草案夫々相渡

廿五日　休
廿六日晴　紙草案認ニ出ス〇少將樣御屋敷〻出勤コレラ豫防丸御勸之事
廿七日晴　御寄合　小川道右衞門三郡御郡奉行當分被仰付
廿八日晴　紙一件夫々作配相濟
廿九日晴　格別無之
三十日晴　右同

七月小

朔日晴　休
二日晴　改正方〻出勤刪正相勤
三日晴　改正方〻出勤
四日雨　御作事奉行呼立之義留書〻申聞る御藏方銀錢始末所御藏內仕切入目之義申出半書跡追
嘉年君樣御上段〻只今之御居間御上段之御疊敷付半書を以御奥付より

達出ニ相成居候趣

五日陰　大野見津野山御仕成達出半書跡追○御作事一件勝之進ゟ申述候事○他國米七月限之處只今買入ニ舟仕立居ニ付月延之義僉義之筈○安喜郡地下役轉村達跡追○御欄間注文被仰付御作事方ニ而崎山某より演舌之趣元次申口之趣忠助より承ル右演舌之節濱田某も同席居合之趣

六日快晴　桐間藏人殿長臣呼立借財之縮書差出候樣申聞候事

七日晴　休　節句　麻上下着二之御丸ゟ出勤○少將樣御方々樣ゟ御祝詞申上ル

八日晴　御飛脚着　江戸兩役場より懸合之硯光丸人員一通拙筆之書ゟ貼白一通潤次郎採訪一册合三通壹帮小頭役渡ス堅吾書翰壹通能茶山土燒石燒之品積廻しニ不相成段申來　右同

九日晴　今日御飛脚着　井伊水戸風説承知御婚禮一件等懸合有之

今夜（支族山内豐融、豐信ノ長子）郁太郎樣御不例之趣申來直樣出勤曉七ツ一度相仕舞日之出出勤

十日陰　今朝辰刻郁太郎樣御逝去被遊諸御手順御先例之通○今日町便着
御婚禮一件形跡夫々懸合來凄然歎無人
十一日雨　濤聲如雷墨雲西北行格別取扱無之
十二日晴　今日飛脚差立道中四日之割改正取扱之義御達申出候事
十三日晴　血祭ニ付休
十四日晴　同
十五日晴　同
十六日晴　同
十七日晴　丹波殿御病氣ニ付御寄合被差流弘人殿御忌故也○御作事奉行
より達書仁右衞門ゟ廻ス
十八日晴　玉龍院様御法事眞如寺ゟ相詰
十九日晴　右同
廿日雨　改正方御出勤

廿一日雨　右同
廿二日雨　御寄合　弘人殿丹波殿御揃御達物格別無之
廿三日晴　改正取扱勤被仰付御番肩衣着相勤ル
廿四日晴　改正方ニ出勤
廿五日陰　休日
廿六日雨　格別無之
廿七日陰　御寄合　弘人殿御病氣丹波殿御出席
廿八日晴陰相交　病氣引籠
廿九日晴　右同

八月小

朔日陰有雨　二之御丸ニ御祝詞として出勤
二日雨　御寄合　弘人殿御出席丹波殿御引籠改正方ニ出ル
三日雨　改正方ニ出勤

四日雨　御屋敷御作事之義七郎より委細ニ承ル改正方
五日雨　朝眞如寺ヘ相詰御祥月故なり〇間之御寄合御奉行中御引籠ニ而
相流　改正方ヘ出勤
六日雨　格別之事なし
七日晴　温恭院樣御法事陽貴山ヘ出席　舟ニ而行
八日晴　右同　同役相詰ル
九日晴　改正方ヘ出勤役場御用格別なし
十日陰　東御屋敷御奥樣御不例ニ而出勤御格別無之仕舞御作事方御見聞
ニ行夫より役場ヘ出勤晩東御屋敷ヘ鳥渡出勤
十一日雨　改正方ヘ出勤
十二日晴　今日御寄合御奉行中御兩所御引籠ニ付御寄合被差流
幡多御郡奉行より下田より西ハ上方より下著之面々風雨等ニ而入津上
陸不相成御定ニ而下田より東と相違ニ付一樣ニ被仰付候義當然と考之

文言也一通太内より受取泰平ニ渡ス

十三日晴　江戸御近習御目付之義御歸國之上御僉義被仰付可然段泰平健藏示談相濟〇慣三郎樣御頭取轉役申上落之義御用役不居合ニ付楠吉呼出恐入申上候事

十四日晴　格別無之　間之御寄合　御奉行中御病氣ニ而被差流　改正方ニ出ル

十五日晴　二之御丸ニ出勤御奉行中御出勤なし　御病氣故なり　少將樣御出遊ニ付不罷出

十六日晴　改正方ニ出勤

十七日晴　御寄合被差流

十八日晴　今日御飛脚立道中五日之割北山通直乘書扣別ニ有

十九日陰　改正方ニ出勤

廿日晴　格別無之

廿一日晴　格別無之
廿二日晴　御飛脚着　改正方ニ出ル
廿三日晴　改正方ニ出ル
廿四日晴　格別無之
廿五日晴　休今日ヒバリ御拜領之御祝詞有之處御暇を以海邊ニ行
廿六日雨　改正方ニ出ル今日御飛脚立四日之割書狀差立ル扣別ニ有
廿七日陰　玉龍院樣御法事九ツ時より相詰
廿八日陰晚晴　今朝同役詰
廿九日晴

九月

朔日晴　休日
二日晴　御浦作配役壹人病死ニ付替り申出小頭役ニ申聞候事○今日より
改正之删潤自宅ニ而取扱候事

三日晴　格別無之
四日晴　國產方御町引合一件小頭役又七ゟ渡ス○彌右衞門堤御幕圍一件
犀吉ゟ渡ス
五日晴　津野山御仕成先達而相濟居候付此度之積り仕成被仰付候ハヽ一
所ニ仕成候ハヽ便利之趣左平より承ル
六日晴　格別無之
七日晴　右同
八日晴　御飛脚立　御飛脚着
九日晴　休　厩上下着御祝詞ニ罷出諸御屋敷同斷
十日雨　休
十一日晴　江戸渡物之事小頭ゟ僉義いたし候事
十二日陰　外輪役人壹人賦方急候趣太内より承ル○水主足役銀御免申出
候事　町役御目見之事

十三日雨　飛脚立　常例之御祈禱三之御丸ニ而執行早朝より詰方相勤相濟仕舞弘人殿江御例之通御達いたし　御納戸坊主御扱之事慶三郎より承半書出居候赴
十四日雨　覆載院樣御祥月御寺江相詰ル〇間之御寄合弘人殿御出席
十五日雨　東照宮江御代參御奉行中御差閊ニ付役場へ被仰付相勤ル熨斗目半上下町役地下役先導ニ出ル　御祝詞肩衣着二之御丸江出勤夫より御屋敷江出ル　少將樣御目通被仰付相仕舞
十六日陰　江戸より御飛脚着〇御用備方御用當分泉忠五郎義申立ル〇外輪役申渡見習申渡御郡奉行より世話り承ル
十七日雨　玉艶院樣御法事九ツ時より相詰
十八日陰　右同六半時より相詰
十九日晴　間之御寄合　渡邊盛治郎江答之義被仰聞〇御警備一件御達申候事

廿日陰　臨時御飛脚之書翰等御僉義有之相認
廿一日陰　御飛脚立四日之割早追臨時なり江戸江二通大坂江壹通
廿二日陰　御普請方下役之事　同外輪役當分四人申出之事
今春御隱居樣御歸國ニ付御船仕立等ニ相成居候上被差止候付足役銀御免之申出子細無之御免可被仰付段申述置候事
伊藤丈助早追を以差下候樣申達之候事
廿三日晴　格別御用無之
廿四日晴　右同
廿五日晴　休
廿六日晴　休　今日少將樣江被爲召御神祭ニ付御掛敷ニ而神行拜見被仰付肩衣着出勤晩景御酒頂戴被仰付五ツ時相仕舞
廿七日晴　休
廿八日陰　雲峯院樣御法事ニ付九ツ時より眞如寺江相詰ル今日より同役

忌御免
廿九日晴　同役相詰
晦晴　格別無之
　十月小
朔日晴　今日御祝詞御斷網之御趣向ニ而少將樣御供被仰付彌右衞門塩田ニ而爲御打有之罷出ル
二日晴有時雨　御寄合御奉行中御兩所初而御出席三郡庄屋轉村夫々御別慮無之相濟
三日晴　格別之取扱無之改正方ヘ出ル今夜同役方ヘ行
四日晴　格別無之御飛脚立道中五日之割直乘
五日晴　御暇奉願布師田川ヘ網ニ行
六日晴　改正方ヘ出ル　家督伺等相濟
七日晴　御寄合御兩所御揃　役場濟より角抵見物大隅樣御掛敷ヘ出ル

八日陰　格別無之改正方ニ出ル　今日も角抵ニ付大隅様御掛敷ニ出ル
九日雨　高岡郡笹葉村本田論地之義退助より世話り承置
十日雨　間之御寄合　日比繁馬返上金之事十三日迄ニ僉義之筈
十一日
十二日
十三日
十四日
十五日
十六日
十七日　今日より引入　御飛脚立道中四日之割
十八日
十九日
廿日晴　今日より出勤

廿一日晴　御普請奉行御作事奉行大坂ヘ被差立度段申出ル
川口達藏倅他家ヘ養子ニ行只今役場給事ニ出居候所家内無之者ニ付須崎御用家ヘ召連候義願出候ハヽ御僉義ニ相成候哉之段御郡奉行より内々申出ニ相成ル　證判方下代助七名字御免銀米役ニ被仰付度高岡より申出
廿二日晴　御寄合　格別無之
廿三日晴　改正方ヘ出
廿四日晴　間之御寄合
廿五日休　晴天ニ付晩景より龜岩御鹿狩御供領石之向植村ニ而止泊
廿六日晴　今日龜岩之御二山御供夜ニ入歸宅
廿七日陰　夜太雷雨風有雹　今日御寄合格別なし
廿八日晴　改正方ヘ出ル
廿九日晴　渡物取計之義改正取調大半出來朱書入等相濟候事

參政草案手錄

嘉永六丑秋

公邊に御存寄　（朱書）風憲相勤中被仰付相認御用ニ成ル

此度浦賀表に米利幹より兵艦を差向右大統領より書翰奉呈向後石炭食物等之交易相願追而右御答爲承再渡來仕候趣其節御拒絶ニ相成候時ハ容易ニ兵端を開き可申形勢ニ御座候故存寄御座候ハヽ假令忌諱ニ觸候義ニ而も申上候樣奉畏候惣而西洋之人情を相察候處大艦大炮之製造逐日精密ニ相成候て狂風激浪をも不懼大洋中を如坦途往來仕候より東洋地方所々窃據仕候趣何分兵威を示し要して交易を開き追々仁愛之意を以無知之者を懷け終には日本國を存分之儘ニ致支配候樣之巧ニ御座候半歟既支那英吉利との戰爭今日之殷鑒ニ而可有之ニ付交易之義ハ一切御拒絶ニ相成速ニ海防之御手當等嚴重ニ被仰付度年限相立候交易たりとも一度米利幹に御

差明ニ相成候時ハ英吉利等ニも御差明ニ相成可申其他東西洋等之諸國よりも追々相願可申左候時ハ次第ニ御國力も盡き萬民困窮ニ可相及且先年御拒絕ニ相成候魯西亞等へハ如何御答ニ可相成哉仍ハ右米利幹無禮之申出等決て御取上無之樣所希ニ御座候何分和蘭ニ被仰付工人御召寄ニ相成西洋製ニ效兵艦御造立を以諸國ニも相備り候樣被仰付且炮製之義も新渡精密之法益諸國ニ被相行候樣急速ニ被命素より大城下輻輳之戶口等減少之御仕向ニ相成候ハヽ只今戰鬪ニ及候て勝算乏候とも終には御備も相立可申候若權宜之御計と唱年限之交易被差明其間を以海防御設被仰付候とも昇平久敷相續候習ニて流弊之廉多端ニ相成り居候義ニ付當時之機會御失御座候時ハ人氣も振立仕間敷經幾年候ても御備難相立不安事勢ニ相至可申奉存候

右近年海防存寄申出候者數多御座候て是等之筋御詮議相濟候義とは奉存候得共當時之形勢を考斗仕候處別ニ存慮之筋も無御座候付大凡之義

奉申上之

遠江守（山内豊福）様御存寄も御同意之旨御届ニ相成候事遠江守様より小林左源太を以御老中様ニ御差出

○

品川御屋敷ニ臺場御願　（朱書）參政にて認差上御取用ニ成ル

來春米利幹渡來仕候ハヽ必戰爭ニ相及可申依テ浦賀以內大熕幷臺場等御備嚴重ニ被仰付候赴然ニ數代御厚恩奉蒙候私義ニ付此度ㇵ賊艦衝要之場所相願手勢を以存分之働き仕り御厚恩之萬一奉報度存念ニ候得共領國之儀ハ南洋ニ突出いたし居候地ニテ米利幹人再渡來之節浦賀表嚴重之御備を見受候ハヽ戰艦を分け沿海諸國剽掠仕候義無疑私領國等其衝要ニ相當り可申邊境之地たりとも一度受外侮候ては私之恥辱而已ならヾ乍恐公邊之御恥辱と奉存候然ニ是迄之海防手賦方ニテㇵ此度之賊艦ニ相當候義難相整俄ニ大炮幷臺場成兵等相設候得共海岸場廣之地費用莫大之義にて一國中之精力を盡候ても行足り不申體ニ付私參勤之節一廉御爲ニ相成候働

方仕候備も難相立心外之至奉存候此上甚以恐多御座候得共何分國柄之義御詮義之上相應之所柄兼而被仰付度既ニ海岸通屋敷有之面々地理に應し防禦手當方心一抔可申付旨被仰達候然ニ品川領濱川町私抱屋敷有之候付右淤泥之處ニ砲臺相構一手取切ニ被仰付若賊船內海ニ乘入候ハヽ小勢之上器械麤惡ニ而候得共盡粉骨可申且在國之砌ハ末家山內遠江守ニ總宰申付私手勢相添警衛方爲仕申度此段御許容被仰付度奉伺候

嘉永六年八月幕府砲臺ヲ品川ニ築ク

安政五戊午年春正月十七日

再任參政已來取計大綱書付左記之○吉田元吉手記文書ニアルヲ以テ謄寫セス本書ニハ本篇以下記載ナシ

吉田東洋手録三

時事五箇條

世の勢は變遷不常義にて乍恐御上誠に御國政に御心を御用被遊候時は勢ゐならは治に赴き玄からされは姿必す危に赴く理にて實に外輪にても此勢を以て御政事の得失を相窺申義ニ付甚以肝要の義と奉存候然に御初入被遊候より少の御弛も不被爲在御奮發被遊段々御思召をも被仰出日夜御政務に御心勞被遊候義付流弊の廉も次第に相改り驕奢逸游の風俗もせんしに相變し候姿に相赴き可申理に御座候處方今の形勢却て御初入被遊候節よりは相弛申候樣奉存候私の義元來不調法に御座候てゐようの義奉申上候は誠に恐多奉存候得共昔より君明なれは芻蕘にも詢ると申事の有之義につき時事五ヶ條左に相認申候何分御人選無之內

には何事も御仕出に不相成候樣被遊度義と奉存候
一御治國の本は人才の能否に相係る義につき御人選第一の御急務に可有之候間幾重ょも御考慮被遊度奉存候さなくては如何程嚴敷被仰付候義有之候ても難被相行奉存候總て人の才否は御使ひ被遊候ても相分りゐたき事和漢古今ともにためし多く候を增して外輪の者の才否を盡く御甄別被遊候義は難出來義にて如何なる明敏の人に爲御選被遊候ても御進擧被仰付候人々盡く其任に相當り申義は無之譯に付肝要の御場所は申迄も無之其餘とても一度に御進被仰付候より能々其人の才否御試被遊候時は大要は相分り可申其上にて器量に隨ひ進退被仰付候樣に被遊度義と奉存候何分人の才と申は各長處の御座候ものにて法令の取扱ひ長し候ても財用の操廻しに拙なく或は大體に昧く候者ょても役下の者を能相牢なと一樣ならさる義につき何卒其人の長處について御使被遊度事と奉存候其上何事ょも才能なく舊習に因循仕り候者は却て老成人

の様に相見へ申譯に付能々御甄別被遊度左様の者をも其儘に御差置被仰付のみならも年格を以御進被遊候様に相成候ては、いつとなく綱紀は相弛み流弊の廉も相改り不申人才は次第に消亡仕候譯に付乍恐御上に如何程御奮發被遊候ても御趣意は相行れ申難く奉存候其上只今の風俗流弊を相改め積習を洗ひ事々明白に取扱申義は相好み不申人情につき能々御考慮不被遊候ては舊習は相改り申間敷奉存候總て人選に心をつくし候得とも當時人才は無之と申義古今小人の恒言に御座候間能々御考慮被遊家柄身代に不拘可然人柄は御進被遊候様に被仰付御上にいつまても御たゆみ不被遊候ハヽ、御趣意奉輔翼候人次第に相進可申奉存候

一御法令は國家の大綱に御座候處昇平久敷相成り候より世の勢奢侈逸游に相赴候を以御法度の義も次第に相増申候故難相行義も出來り候様奉存候何分御法令繁多に相成候得ハ賞罰明白に難相施譯にて自然に綱紀の弛と相成候義ニ付何卒賞罰を嚴重に被仰付度事と奉存候昔より如何

なる明君にても恩賞にて人を進め黜罰にて人を懲しめ不申して世を治候義相調申間敷さなき時ゝ所謂君子の不幸にて小人の幸と相成り下より上を窺申譯にて御威光薄く相成可申奉存候右之筋去十月於御郡方詮義仕り紙面を以申出候義につき略仕申候然れとも法は取扱仕候人に寄り候義にて如何程御法令を御吟味被仰付候ても其任に相叶ひ申候人ならては難參き義と奉存候

一昔より昇平の世に英明の聞有之君はあならも冗官を除き冗費を汰そるを先と仕候義いあにとなれはいつれの世ゟても守成久しけれは流弊の廉而已にて無益の費用無益の役場多く相成り居申候譯に付先其舊習を洗ひ不申ては事れ本不相建故の義と奉存候然に近年御政事御中興の御思召を以第一御省略の義數度被仰出候得共今以さしたる御驗も無之様に奉存候是偏に御省略の御仕法不相建候故にて可有之哉子細は實に御秋納にて御仕伏被遊候御思召に被爲在候ハヽ一ヶ年分御入目に相成候

廉々を取縮被仰付御秋納高へ引合候て是程の御不足と申員數御見付之
上御入目限米ㇾ内夫々事の本まて御詮義被仰付此御入目はゐようの譯
につき御差置に相成り候義當然に候間割減を以其儘に被仰付此の御費
用は無之て不差支譯に付一切御差省被仰付と申樣に相成り其餘諸役場
御人減も有之候得共尙又御詮義被仰付候時は冗官ニ相當り候處柄も可
有之御用人已下の場所尙以の義と奉存候勿論右之通に相成候ハヽ時宜
に寄御人增に相成らては難參場所或は新に御差備の場所等も可有之御
人目も爾來より御入增之廉も出來可申候得共押平等申候ては屹度御費
用の御省けに相成可申奉存候是等の義能々其任に相當り申候人ゐらて
は參り申間敷何分御舊例ㇺ相成候義は一事も御差除無之樣に被遊候て
は如何程割減し被仰付候ても差たる御驗は相見ゑゐ〻き事と奉存候扨
又御士幷鄉士ともの義は緩急の御用に御備被遊候義とて格別に御座候
得とも御用人類に至り申候ては算勘ㇺて被召遣候者ともの義につき決

て數百人は御入用無之義と奉存候然に年々に相增申候て只今は千人計も御座候樣承り申候是等其儘に被遊候ては向來幾千人に相成候程も難計實に御無益の御費用と奉存候此義は不一通候得共屹度人柄御撰を以御詮義有之候ハヽ如何樣とも御仕法は相建可申奉存候何分御用人類は廉耻の無之習にて役義と申せは御銀米に預り申候間能々規矩相立居不申てはゐならもも私曲の取扱も出來可申既に近年は右等の御見付を以賞罰被仰付候者も御座候得共尙其餘ょも可有之哉と奉存候是等は實に弊蠧の莫大なる事にて能々御人選被仰付綱紀を振立被遊御政事御中興の御趣意いつくまても貫通仕候樣被仰付度事と奉存候

一荒政は人民を御憐愍被遊候御急務ニ付何卒無事之日に御備置被遊度義と奉存候此之筋去春已來於御郡方詮義仕候て仕法書一册出來仕り申出候義ニ付略仕申候勿論此義御郡方に限り申義ょても有之間敷不而已右之仕法計にては二十年に及候ても石數少の義につき有ましき事ならゐら

御國中ハ饑饉と申に相成り候ては決して行足り申間敷ニ付御勝手の御省略屹度相建御餘力も出來申候節御表方よりも右本末へ御差加へ御座候樣に相成候ハヽ年數に拘らす石數も相增屹度非常の御手當と相成り可申されとも御餘力無之內に御差加へ被仰付候時は所謂得不償失と申樣に相成へくと奉存候尤右取扱之義は屹度御人選被仰付年數を經候ても弊ハ出來仕り不申樣役賦を始め振濟取扱の義まて御定被仰付度事と奉存候且圍籾の義も御城下へ而已御貯に相成候て時に臨み其處々へ御差廻と申樣に相成り候時はかならハ海運まて可有之左候時ハ天氣の順逆に寄り日數も相懸り可申山分等は海運も不相整義ニ付急速の間に逢かたく奉存候間何分御國中便利の土地御詮義被仰付御差備被仰付度義と奉存候

一外國の海賊とも時宜を見合海邊を摽掠仕候義は何時難計譯に付兼て年番御定も被仰付置候得とも是而已まては萬一の義有之候節何の御爲ま

も相成かたき義と奉存候子細は御國の南北二十里に不満候得共東西は百里ゟも及申程にて灣月の如く南海を受居申候義ニ付才覺有之海賊とも津呂室津之邊へ二三艘を以漕來り大礮等を打懸時宜を見合摽掠仕候形勢に候時はかゝられ御定の年番二組は御差向に相成可申其節海賊とも御人數出候を相窺ひ直様舳をかゑ申候ては高岡幡多等の海邊え同斷漕寄候時は又々御備一兩組も御差向無之ては如何とも相成り申間敷海上は御人數出候を見計ひ時々舳を替御備の無之處を窺寄來候時は二三艘の海賊ともの爲に御國中奔走に勞れ御費用は不及申實に百姓とも精力相盡可申且始の年番被仰付置候二組は直様御差向相調可申候得ともも其餘は昇平久敷き世のならわしょて決て急速に御差向は相調申間敷世宜を見合二三百人の海賊とも浦々を摽掠仕候ては實に御國辱と奉存候ことに西洋の賊船ともは甚海上に熟練仕候様承候義ニ付決て無之義とは難申切候間只今の御備は名目而已と相成り何の御用ゟも相立かたく

奉存候かようの海賊ともは向來百年二百年も參り不申事も可有之又明日明後日の內押懸候義も難計譯にて甚以御急務と奉存候何卒能々御詮義被仰付兼て御手賦被仰付置度義と奉存候私愚案には外に御手段も有之間敷何分屹度人柄御選にて東西之海邊の形勢を見分被仰付浦戶より西にて幾處東ヱて何か處と相定近邊に有之寺を右の場所へ相遷し萬一の節は一と防き出來候樣に御普請被仰付候て或は某の鄉より東某の村までの鄉士地下浪人ともは某の場所何の浦より西何の村までの鄉士地下浪人は某の處と右定置れ候寺へ緩急かけつけ候樣兼て被仰付右の大將分として御士壹兩人充御選を以遠方の場所は爾來相詰候樣被仰付其餘とても兼て相心得居候て萬一の節早速御差向被仰付其場々々へかけ集候者ともを下知仕り濱の手へ備を出し打拂申か或は賊の勢に寄り右の寺へ引取相拒申なと機に臨如何樣とも相成可申尤右鄉士地下浪人とも兼て人高相縮候て場所に寄り人數少に候時ㇵ百姓とものㇸㇸても壯

健の者を差加へ何百人と相定られ一ヶ年に一度充ヽても大將分に御定の御士其持場々々へ罷越右の人數相集緩急のならし等仕候時は兼て賦方も相整居可申勿論海賊とも右の寺へ押かけ申程に至り不申內は年番の御備も御差向無之樣に被仰付候ハヽ屹度實用の御手當と相成已後々々は二三艘の海賊は不及申たとへ如何樣の志有之者寄來り候とも御手相付可申と奉存候既に只今も異國船參り申候節鄉士地下浪人かけつけ候樣被仰付居候得とも海濱へ參り申候而已にて何の御用ヽも相立申間敷御郡奉行へ異國船打拂被仰付居候得とも是又船の參り候方計りへかけ付可申候所詮只今のなりヽては摽掠に志有之海賊を防留申義は相調かたき義と奉存候

右ヽ大略の義にて何の御爲ヽも相成申間敷奉存候得共愚案の儘奉差上候　以上

八月廿三日　　吉田元吉

手記公用文書（包紙）

○容堂公ニ言上ノ書狀

御書奉拜見候處御懇篤之思召捧讀感泣恐多奉存候故覼縷不奉申上候此頃御士共へ階級を相紊文武を相勵候筋被仰出來月二日より館中ニ出勤仕候ハヽ、御規制も被相行可申奉存候

乾退助御内用役之義乍恐御品藻被遊候通少年ニ候得共氣象宜追々練磨仕候得ハ御用立可申と奉存候

岡村（御老女）一件御用役ニ委細御國許より懸合仕候通ニ而婦人之口吻ニ無之處姦人之窺窬可有之御察被遊度奉存候

所賜之御筆額字再三展拜俊逸之氣勃々溢絹墨外子孫萬世仰可以想今日遭遇之隆也恭謝百拜

（文久元年）三月廿九日

吉田元吉

○品川御現金五味御借金一件

二月十七日立道中四日之割

御內用ニ　　三名

御隱居樣御現金御不足ニ相成候見通之趣與次右衛門（用役坂井與次右衛門）より申越候故御召物を始御膳部御用等買入ニ不及申役人共作配方并御奥內ニ而取扱振等精密ニ遂僉義聊麤漏無之哉否之義致甄覈可申越其中御差閊之廉有之候ハヽ向後之執計いたし置候樣與次右衛門ニ及掛合候

五味樣（支族五味豐濟）より品川樣（山內容堂）ニ金子御無心被仰入御手許金之中を以被進ニ相成候義も有之趣元來五味樣も表より御現米被爲進御家用取扱之役人被差立居候義ニ付譬內々之御借金ニ而も御差迫之事有之候ハヽ表ニ而御僉義有之義當然ニ候間此已後品川樣ニ御相談等有之候とも表之取扱ニ相成候旨與次右衛門ニ申達候

右兩條其爲御心得申進候已上

二月十七日　　　　　　三　名

退　助　様

常套

○品川御現金チャン御棚板五味借金一件

二月十七日立道中四日之割

御用役ゟ品川　　　　　三　名

御隠居様御現金御參着已來御取調之處御掛合越致承知候御召物御用も絹類直揚ニ相成候而已御入費増之譯ニ候得共役人共働ニ而御買入等之度々精密ニ取計等致方も可有之御膳部御用江御上之御好等江御格別も有之間敷候得共御奥内ニ而費不申哉役人共取扱等行届居候哉御膳部頂戴と區別相立候而已ニ而も參り申間敷買入を始取扱方江萬致様有之譯ニ付彼是屹度爲御取調御掛合越可被成候尤其中差當御用間ニ相成候廉有之候ハヽ御向取之御取調可被成候

チヤン御棚板被仰付候思召被仰出承合候所殊之外高價ニ御座候間何分當御時節之義ニ付何分御差止被遊別木ニ被仰付度既ニ御差圖御差下之節存寄も御座候ハヽ思召奉窺ニ不及如何樣共於御國許取極可申旨被仰出御法之義ニ付右チヤンㇾ御差止を以替り桑之壹枚板ニ被仰付候取計爲仕候間此段被仰上度候

御手許金之中を以五味樣江被進ㇾ名義不正候間此已後御差懸之御座候ハハ表方ニ而僉義之上取計之義當然と相考候ニ付僉義之上取計候義當然と相考ニ付其御心得可被成候

二月十七日　　　　　　　　三　名

與（用役坂井與次右衛門）次　常套

○

（金子平十郎）
平十郎役御免ニ相成貴樣より御懸合之書類拜見候御手許金向取之義御心配之趣於御國許も致僉義候所御內用場ニ而僉義之通右等不足ニ相成候所

ハ月々御省略ニ而其遣出を以補候時ハ三四ヶ月之中ニハ不足之補相濟可
申と御內用役御同意ニ存申候五味樣江被爲進ハ
大守樣ニ而御上下被遊候節ハ被爲進候而も名義相立可申候得共御隱居被
遊候已來ハ表ニ而御僉義有之義當然
御部屋より被爲進候而ハ名義不正と申御僉義ニ御座候左樣御承知可被成
候

三月廿九日　　　　　　　　　　　　三　名

與　次

○四月九日立道中五日之割

御隱居樣江上

乍恐書取を以奉申上候元吉義出府中　御機嫌奉窺候度々御懇命奉蒙候而
已ならす恩賜實ニ裕渥難有仕合奉存候京大坂御用相濟去月十七日御國許
へ歸着仕候處機務積累仕居候上內藏助始御近習年々進退被仰付多忙無寸

隙且元吉弊宅土木相營乍恐一同狹屋へ相集日々雜沓喧聒甚敷覼縷奉申上義難相調奉恐入候次第御憐察被遊度候元吉義御暇後石川櫻所被爲召拜診被仰付候處御勞動御勸申上御用被遊候趣拜承誠ニ躍喜之至奉存候何卒御續被遊候樣相願候實以御扱之義元吉在勤中申上候處何も思召不被爲在御前樣御供仕品川御邸へ引移候ハヽ先年之通御懇ニ御召仕可被遊思召御直ニ拜承仕候通　少將樣御邸へ出勤之砌美喜へ申聞候所誠ニ難有思召と申候而相悅居申候此頃　少將樣御聽ニも入候而御悅被遊候御事と奉存候少將樣へ御差上之御書只今之御義ニ被爲在何も御聞見被遊候義無之自然御短文と相成御疎略之樣被思召候所御心配被遊候段委細ニ奉申上候間乍恐御安心被遊度候

元吉被爲召候節奉申上候樣相覺居候へ共大坂淹留中所得一詩供御一笑候

肅紀匡一藩　除弊救萬民　意氣泰山重　才略拂古人

倐悟天機妙　功名信幺麽　微塵視地球　五洲細云何

今夜御飛脚立九ッ過候故餘者追々奉申上候已上

（文久元）四月九日　　吉田元吉

○四月九日立道中五日之割

大坂立役ゟ　　兩名

大炮置場去月十七日迄ニ御渡ニ不相成候ニ付兼而申置候通農事繁多之時節人夫共爲引取候段御申出之上御普請奉行ゟ御示合有之人夫共御差返之趣致承知御奉行中ゟも御達申出置候御陣家地御普請御作事共皆出來之日限御達越無之見通付兼候得共近々皆出來ニ可相成と申御文意ニ基き中老組頭已下惣人數來廿一日甲浦通爰許出足被仰付泉州堺港より上陸直ニ御陣家地着（荷物も船之者共より積廻し住吉高燈籠下ニ而銘々受取筈）御奉行中御添狀ゟ添紙ニ而參著之通辭と一所ニ其御場所ゟ差出候樣且交代御暇之節も例之通御場所より津口入之添紙出候ニ付書翰を以御受取申候樣彼是差圖いたし候

御警衛御用之役人共ゟ來ル十七日出足已屋賦書付持參を以北山通差立申

候御警衛御用ニ懸る御銀米ㇵ拂底之時ニ大坂御銀方より假切手を以受取遣拂之義ㇵ兵械營繕等一切（馬廻組頭山田）八右衛門作配いたし御場所には格別ニ被仰付候
早野生三跡目僉義之上御奉行中ㇾ相達斷絶ニ被仰付候尤溺死之風聞鑑察書ㇾ書加候而御受取之儀御申渡後ニ例之手順立候樣被仰付候勿論御借入金拂殘之分ハ行三ㇾ御返被仰付候

四月九日　（朝比奈）泰　平
　　　　　（吉田）元　吉

（後藤）助　四　郎樣

御　內　用ㇾ　　兩　名

○四月九日立道中五日之割
品川御殿御引形御差迫且御意之趣難有拜承勿論考之筋御座候ハヽ可奉申上候右引形ㇵ直樣御作事奉行ㇾ相渡取調中ニ御座候去冬已來宛木等いた

し居候義ニ付速ニ積書等も出來可申其上ニ而決定之手順御懸合可申候
五味様御家用幷産物之義ハ御取調中之趣追々御達越可被成候
棟梁大工是助代人參着後も取扱相濟迄御差留之趣致承知候
平野屋平八御館入被差止候時ハ御考之通御取計置御達出ニ隨遂僉義可申
候
相引橋之義御達越權宜當然之御取計と存候
鹽鯛之義僉義之上御肴や差止申手首尾ニ致置申候
品川御奥女中ニ御前様より被成遣僉爾來人數少之處御前御住居より増人
有之ニ付増人だけハ表銀を以御足加被仰付可然致僉義留書認を以例之切
紙差出候
御士定詰之面々拜借金規定之通御執計有之候而ハ忽差閊候趣仍而別紙を
以御達出有之僉義之上付紙を以致返却候其心得可被成候
四月九日　泰　平

元　吉

（野中）
太　内　様

御府内總ニ而相更義も無之水戸浪人一件未結案ニ相成不申赴追而考合ニ
も相成候程之義ハ御申越可被成書生之勤惰等も承度事ニ御座候

〇五月七日立

御　内　用ニ　　　　　　　　　　　　　　　　　　　　　兩　名

一十二寸忽炮　　　　　壹挺
一六斤加農　　　　　　壹挺
一前後車　　　　　　　壹挺

右も近々於江戸表鑄仕成御注文ニ相成可申ニ付引形等委細ニ爲御認積書
差添御達越可被成尤山田馬次郎御國許出足之砌役場より申合之筋御座候
間御呼寄之上御示合有之馬次郎ニ役人御差添を以右之通御取調可被成候
勿論鑄仕成被仰付候義ハ引形積書御國許ニ相達候上ニ而再可申達候已上

五月七日　元吉

泰平

太内様

御勝常可被成御勤奉存候随而兩人共碌々消日御休意可被下候今日ハ紛々

多事不能覼縷後便ニ申殘候

○五月十八日立道中四日之割

大坂在役ゟ　兩名

大坂詰御士中立拂難澁ニ及候共拜借金ハ一切不被仰付候間其御心得可被

成候尤去年已來右之筋御僉義有之候得共江戸表同斷ニハ參り不申子細有

之事長候故相略申候已上

五月十八日　兩名

在役宛

半書ハ致返却

○四月十九日立江戸御用役ゟ　兩名

(村田)仁右衛門樣　元吉
(由比)猪内樣　泰平
(麻田)楠馬樣　御直披

自咲庵樣去年御隱居被遊御表と格立之御暮ニ付高金千兩を二百兩充五年ニ或ハ八百兩を同斷四年ニ御所望被遊度被思召候趣を以元吉出府中御邸ゟ被爲召御直々被仰出拜承罷歸僉義之上御奉行中ゟ御達申出候處新堀樣ニて只今差當御困窮と申ニ而無之御國許ニて兩三年已來御入費打續候折節ニ付御斷被仰進可然御僉義相決候此上太守樣少將樣思召不被爲在候ハヽ右之形を以御留守御用役より申上候樣役場より申通候樣御奉行中被仰聞候間彼是御伺之上御申越被成度存候已上

四月十六日

右之趣今日奉入御聽可申多分思召不被爲在と奉恐察候若哉萬々一思召被

爲在候得ハ直ニ御掛合可申ニ付太守樣思召御伺之上御仕置中へ御答可被
爲成候

同日　仁右衞門
(由比)猪　內　樣
(麻田)楠　馬　樣

前條夫々太守樣ヘ奉言上思召不被爲在ニ付左樣御拜承之上宜御執計可被
成候

四月十七日　楠　馬
猪　內
元　吉　樣
泰　平　樣

○四月十九日立
江戶築地御用役　兩　名

御老女格民御加增之義委細ニ御申越之所御妾御宛儀ㇵ兼〻御定有之只今壹人ニ限御扱增と申義も執計難相調折角之思召候得共不得止次第御座候將又鍈姬樣御婚禮之節少〻間違之筋有之追〻德姬樣御婚禮之節屋佐美遊等之例通執計ニ可相成旨

智鏡院樣御聽ニ入御覺へ被遊候趣右ㇵ民義午七月御加增可仰付處文通間違居候ゟ未正月發顯ニ相成候義ニゟㇵ有之間敷候哉夫はもでに午七月拜承被立遣申候且於美遊之方ㇵ嘉年君樣之御婚禮之節御加增等ㇵ不被仰付白銀十枚被成遣候計ニ御座候屋佐御扱ㇵ別紙之通にて民よりㇵ高金少く御座候左候時ㇵ御覺被遊候筋も乍恐午秋可被仰付處未春ニ相成候義ニゟㇵ無之哉元吉義ㇵ午年已來相勤罷在候所左樣之筋一向ニ相覺居不申候元來御內定明白ニ有之上ㇵ此度三兩之御加增より外執計之致方無之候右彼是如何樣ニも御都合可然御執計被成度存候　已上

四月十九日　　元吉

泰　平

（渡邊）彌　久　馬　樣

常套略

○五月十八日立道中四日之割助四郎ニ同文言書入之所ヲ相改遣上

御陣屋詰兩名宛　　兩　名

御陣家土手下之石垣水涌出之所有ニより二ヶ所崩候所速ニ人夫差立築直被仰付度助四郎より達越御奉行中江相達御僉議も申候所只今農事繁多之時節人夫共御召遣ハ可憫之至ニ付今秋農作済より被差立嚴重ニ取繕可被仰付夫迄之所ハ板圍ニ被成置可然ニ付其御心得可被成候左樣御承知御取計被成度存候

五月十九日　　兩　名

（山内）右　近　樣

（山田）八右衛門樣

（後藤）（助四郎様）　別紙ニテ本文同
斷朱書入之通

寒喧常套略

○五月十九日立道中五日之割

御用役ゟ　　　　　両名

麻布様御都合も御國許御僉議振ハ　薫様ハ他家ゟ御養子ハ無存懸義ニ而遠江守様御病症も被爲在自然御公務等も御懈怠ニ相成候趣ニ付遠江守様も御養子ニ御立被遊可然と御内決ニ相成居り候

御両殿様思召不被爲在候ハヽ追々ハ懸合可し先達臼井忠作出足之節右之筋ハ委細申置候

品川御臺場ハ麻布様ハ持切ニも申上ハ平常操練等可被仰付處ハ臣下共迄懶惰甚式只今之形ニテハ御留守居場も公邊へ右御臺場御持切之所申立外御用御蒙不被爲成候様之執計も難相調殊ニ御臣下之中外御用御蒙を祈候面々も右之趣内々　公邊へ手を入候なと申事ニ至候てハ　遠江守様ニハ

無御存譯候得共　御本家之御威光も難相立不安次第ニ御座候仍而ハ向々一ヶ年ニ一日兩名被（欠字）御家中一同屹度憤發ニ相成候樣忠作へハ直述ニ及置候間彼是御考計被成右等顚倒之心得方無之樣御働被成度其中　薰樣御養子　被爲立候ハヽ、追々右風習も可相改と存候　已上

五月十九日

兩　名

御用役兩名

常套略

○五月十九日立道中五日之割

御内用ニ

兩　名

輕格定詰弊風御達越致承知候御考之通被仰付可然ニ付追々作配ニ及可申候

江戸表御館入之義一通遂僉義候所ニ而ハ格別御由緒等有之者ニも無之贅物顯然ニ付名前無殘御記知行御扶持共夫々御取調ヲ以御達越可被成候厚

と僉義之上御報可申進候
築地御邸御近所火消之義ハ御考之所一同當然ト相考申候也
智鏡院様より御見舞火消と申ニ至候而實ニ御外聞も如何哉御差止可然ニ
付江戸表ニ而御僉義難決候と早々御達越可被成候
御圍籾御摺候趣此度寶萊丸御仕立ニ相成候得共詰替籾之手賦ハ間ニ合不
申御米も僅ニ三百石爲積立候得共猶又追々積廻し可申候麻布様御都合も
御懸合御尤ニ承知いたし臼井忠作へも委細ニ申含御用役へも及文通置候
間猶御引合可被成候　已上

五月十九日　　　　両　名

大　内　様

常套略
自古して稍整肅之處置いたし候得ハ蠢爾之人必ス喧聒ニ及候事其地而
已ニ無之候

〇六月六日立道中五日之割北山中國路御陣家詰ゟ

両　　名

五月十八日立御書翰相達致拜見候御陣家中光景覼縷御申越左ニ御報申候
一御己屋不足之赴遂僉義候處兼而之調より間違を以人數增ニ相成居り候
間此度七人御暇を以御國許ゟ被差下候ニ付別紙賦之通相成候間御己屋
增ニ及不申事と存候
一御馬廻り中參着已來形儀不宜事有之赴御掛合越小事ニ御己屋ゟ御呼寄
御趣意之達々御申聞大事ニ屹度御取調相成御申越可被成其事柄ニより
勤事差扣にて差下乎其儘御差下か於御國許御僉義決候所御懸合可申候
一喜多村虎次郎より病症ニ付武藝相調不申段申出候趣此度ハ爾來之文武
修行とニ相違之義ニ而御警衛地ゟ出陣被仰付御受いたし參込ミ候上ニ
而右等之申出道理粗相立御奉行中ゟ相達所於御場所屹度御不審被成彌
武役相立不申事なれハ夫形之紙面取置之上御暇を以御差下可被成候

一前野悦次郎より射場御設被仰付度段申出候趣兼而御僉義相決居候通右等之義も此度御警備御備ニ限火器を以防禦いたし敵令近付候ハヽ槍刀を以決勝負候様被仰付候間其他之兵械ハ御用無之候ニ付譬藝家ニ候とも御陣家ニ罷在候中ハ右火器槍刀之外ハ稽古方不相成候此段御申聞可被成候

一御陣家内兼而歌ハ御制禁之所今更被差明候ハ不可然心得違之面々ハ御呼寄大義を以御理解可被成候

一總而御陣家地之東岸際ニ南北湟を掘り湟ノ西岸ハ石垣を築御僉義いたし居申候得共只今農作繁多之時節故今秋人夫差立外輪石垣土手共崩候所を始嚴重ニ御普請可被仰付其砌迄如何樣存候且御計ハ御差扣可然相考候

一温史拜借等ニ而垢付或ハ傷ニ相成候所心配之段教授より申出之趣何も心配ニ及不申事ニ候今一部無ハ不叶候ハヽ勢州板御買入可然候

一御飛脚長堀御邸滯留中一人御陣家に參候も都合宜赴御申越此度より其
作配ニ及置候
右夫々無手落御執計被成度存候已上
六月六日　　　　　　　　　　　　　　　兩役場
（山內）右近樣
（山田）八右衛門樣
常套略
○六月六日立道中五日之割
御內用に　　　　　　　　　　　　　　　兩名
別紙之通坪內三郎より半書差出候故遂僉義候所小目付役被仰付候義ニ付
先夫々返上いたし致拜借度所存ニ候ハヽ再願出候義當然と相考候且右書
籍は書生爲御取立於江戸表御買入ニ相成居候事ニ而可有之然る時ハ江戸
敎授方根居ニ相成居可申と相察候へ共於御國許難相分ニ付猶御僉義被成

御達越可被成候已上

六月六日　　兩　名

太　内　樣

尙以江戸方根居ニ相成候ハヽ役場に爲致返上受取置追々江戸に差廻可然と相考候

○六月七日立道中五日之割

御内用に　　兩　名

早崎鐵猪に舍密學（ケミストリー、理化學）被仰付候ニ付藥品玻器等種々御買入被仰付度申出則半書御差越遂僉義候處元來鐵猪に舍密學被仰付候ハ右原書之修行方被仰付候事ニ而決て藥品等御渡を以仕成方の試ハ不被仰付候如何之心得違ニ候哉此度屹度申聞ニ相成候樣御用役に申達候間藥品玻器セコントも同斷等ハ決て御買入ニ及不申候舍密原書ハ鐵猪讀め候樣相成候所にて御買入拜借被仰付可然候御馬廻り代番之義ハ役場考有之御目付ゟ示談いたし當年より知行幷扶持切符共相當ニ無之時ハ御聞届ニ不相成候樣相定居申候御考と暗合也

御作事打捨御座候趣誠ニ丈夫之可耻事ニ御座候得共孰も耻を忘れ身構いたし自然苟且之取計ニ相成候事可歎之至ニ候

品川御作事之節大工増人を以差立候樣御申越致承知候然ニ品川御作事木材漸過日出帆之船ゟ長二間壹尺八寸角柱六本より九本位取レ候赴位之栂材五十本樅宍兩四十挺積加申候御差圖中ニも不便利之所に書入等爲致可奉伺相考御作事奉行ゟ相渡御座候故毎々世話ヨ候得共今以達出ニ相成不申不足之材も宛木仕成出方等手配いたし居申候得共船便之義ニ而速ニ差立候義も相調不申候間近々大工差立と申にハ至り申間敷と相考候既ニ

容堂樣より御書を以當年中御出來ニ相成候樣被仰下候得共御出來之月限ハ厚と調方いたし不申而ハ申上難相調此段も御考合を以被仰上度日々勞ハ厭不申候得共諸手人材乏敷不得止事ニ御座候

日根野小彌太借金之義御掛合猶遂僉義候而御報ニ及可申候

元吉
泰平

太内樣

尙以書生懶惰奔競之風兼而相心得居申候其中よも百ニ一の人才出候哉之賴而已御座候

〇六月七日立

御留守居ヘ　兩名

阿州留守居より御場所ヘ御引合申候趣を以長々敷紙面御廻し遂僉義候處去冬吉野川筋仕成材搬運中水暴漲及散融候故川下之阿州領ヘ流出可申相考御郡奉行より彼方郡代ヘ掛合いたし候其後所ニより取集候得共數千之材本數難相分此頃漸阿州ヘ流落ニ不相成候見付相立候故別紙之通手戾之通ニ及申候間其御心得御答被成度存候

御留守居　　　　　　　　　　　　両　名

常套

○御郡奉行阿州ゟ手戻之扣

一筆啓上云々然ハ舊冬獻上材吉野川筋へ流木ニ相成候段城下表ゟ届出ニ付多分貴國ゟ流れ出御厄介をも相掛可申と其暮不取敢及御掛合其後段々取調等致し候處全く貴國ゟ流出ニ相成不申ニ付左様御承知被下度右可得御意如此御座候恐惶謹言

○六月七日立道中五日之割麻布一件

兩役場ゟ　　　　　　　　　　　　　兩役場より

麻布様御都合別紙之通を以御奉行中ゟ御達申出候處御同意之御考慮被成太守様少將様思召御伺ニ相成り伺之通被仰出候赴を以紙面御渡ニ相成候ニ付則差廻候間御隱居様思召御伺被成思召不被爲在候ハヽ麻布様新堀様ゟ被仰上御手順相立候様御執計被成度此段役場より申進候様御奉行中被

仰聞候間其御心得可被成候已上

六月七日

（吉田）元吉

（朝比奈）泰平

（大崎）健藏

（市原）八郎左衛門

（仙石）寅治様

（楠目）楠吉様

（末松）務左衛門様

尚以麻布様ニ而駿府御城番御蒙ニ相成居候得共御病症之義ニ付御願立ニ相成候而可宜御願通ニ參候ても引續駿府御城番而御勤ニ相成候事と存申候此等之義公邊之御都合御國許より難致遙度候ニ付猶御留守居役ゟ御示談之成御都合可然樣御執計被成度候

○遠江守様御病症ニ付御奉行中ゟ御達扣

近外兩役場

遠江守樣御爾來不一通御病症被爲在諸勤向等無御據御懈怠被遊候然ニ薰樣次第ニ御壯健ニ被爲成御平常文武之御心掛等至而厚被爲在候處遠江守樣御養子ニ御願立被遊候ハヽ御家之御正統ㇵ不及申右兵衞佐樣ニ被爲對候而も御義理當然之筋ニ付御國許ニおゐて御僉義被仰付度段五藤虎次勤役中御用役ニ申出ニ相成一同僉義仕候所倫理至當之申出ニ付此上御病症虎治申出ニ御相違無之時ㇵ思召を以右之通御手順相立候樣可被仰進哉御僉義被仰付度御達仕候已上

村田仁右衞門
吉田元吉
朝比奈泰平
由比猪内
坂井與次右衞門

麻田楠馬
大崎健藏
市原八郎左衛門
神山左多衛

○五藤虎治より差出申書寫壹通

覺

一遠江守樣御儀爾來御持病も被爲在候故哉兎角御勤向御怠り勝ニ被爲在御平常御暮向も御表ニ被爲入候儀御少く御奥勝ニ而自然武藝學問等を初メ諸事御政事も御怠被爲成甚以奉恐入候畢竟御病症不一通御儀ニ付御心中ニハ諸事御勵可被遊思召も被爲在候而も自然御病氣勝ニ付不被爲得止事右之通り之御都合ニ被爲在候御儀と奉伺候就而ハ虎治愚考仕候

薰樣御儀ハ御丈夫ニも被爲在平日御文武等も御勵被成隨分共御聰明之

御爲人と奉伺殊ニ此御方樣右兵衞佐樣御甥子樣ニ而御血脈ニおゐて無御相違も御家方之御子樣ニ候得ハ此御方樣を遠江守樣御養ひ被遊御嫡ニ御立被遊候得ハ御義理ニおゐても御當然之御儀且ハ往々御家之御爲も可宜不而已左候時ハ遠江守樣ニも御安心被遊御病症御保養も御出來ニ相成彼是御都合可宜と奉存候ニ付右存寄之趣密ニ右兵衞佐樣思召奉伺候處右兵衞佐樣ニも右樣相成御儀を御內實御望ニ被爲在候御趣ニハ被爲在候得共是迄御役人共より右

薰樣御儀も御相應之御向所も有之候ハヽ御養子ニ被爲進候而可然段申上殊ニ新堀樣よりも御養子ニ被進候樣ニと御世話も有之御都合故何分御自身樣より御內ゝ御養子と被仰出候儀ハ無御據被仰出兼候故此上ハ何卒御國方より他家ゝ被進候儀ハ御扣ニ而遠江守樣御養相成候樣ニ取計可申樣御內々を以虎治ゝ被仰出候事

酉正月廿六日

（六月六日立「五月十八日立御書輸云々」ノ書狀ヨリ本紙迄ヲ一括トシテ六月七日立ト爲セリ）

○六月廿日立道中七日之割甲浦通

品川樣へ差上

乍恐書付を以奉申上候此頃御勝手向も御臨時御入費ハ相重候得共次第ニ御融通相付文武館御規定並御制度改正等之義も調方大樣相整候ニ付再三校對推助之上淨寫仕候ハヽ　太守樣猶又御奉行共ゟ申出別慮無之候少將樣　御上之思召可奉伺と申ニ相至之處去る七日頃　大學樣思召被爲在候哉　少將樣ゟ御人拂を以御密談被爲遊候義有之乍恐　大學樣ニハ只今之御役人共ハ意ニ相叶不申樣拜承仕居候故如何と奉存上候處同十三日　少將樣より御書を以御先代樣御制度被相改候義不容易筋と被思召候段被仰出御奉行共より兩役場へ御書拜見仕候樣申聞奉拜見候已來厚く熟考仕候處元來此度之改正　御先代樣御制度を相改候なとハ無存懸次第ニ而如何之間違ニ可有之哉改正中末子と申格式幷白札ハ士格輕格の中ニ居候てハ

御扱不分明などハ御差除を以白札ハ御留守居組ゟ末子ハ各之本格へ御操込被仰付可然此事稍大立候得共孰も相悦申候義ニ而其他ハ自然ニ古來ゟ之取計種々分派仕居候故夫々御先例之理ニ相叶候所ハ一定仕候樣仕り中人已下之才ニ而も役義被仰付候ハヽ職掌ハ不及申諸都合取扱方等迄明白ニ相分即日より御用ニ相立候樣之御拼ニ仕候義乍恐　御上御存被遊候通ニ御座候右ニ付弘人義殊之外心配仕り　大學樣へ罷出午の年已來之御趣意幷文武館御制度改正等迄無殘所奉申上候得共御聞入無之赴承候故元吉義も一昨日　少將樣へ御直々御勝手を始向々之御都合右文武館御制度改正之委細奉申上御奉行兩人共昨日　少將樣へ御直ニ奉申上此上厚く御考慮被遊候て御居之處可被仰出との御都合ニ被爲出候處　少將樣ニも隨分尤ニ御聽込被遊候樣ニ奉存候弘人始元吉等ニ至迄一同　御上御政體御心勞被遊候筋是迄一事も御施ニ不相成實ニ思召之處奉恐察何卒御心勞被遊候萬一ニ而も相施申候ハヽ御隱居被遊候而も聊御本意被爲遂候御事と奉

存候ニ付火ニ入り水ニ入粉骨虀身不相厭候心得ニ御坐候所實ニ意外之御事ニ而此上如何落着可仕哉　大學樣ニハ御國之御爲御不爲之思召ニ无被爲在間敷御制度改正之被仰立ハ一時之御藉口ニて御底意ハ御役人御退被遊度思召と奉恐察候弘人義大ニ心勞何卒御趣意被相行候樣ニと存入ニ種種力を盡候得共外ニ事理之見通相立相助候御家老無之元吉ホとニ至候てハ色々苦心之上智力を盡候得共如何とも難相成拱手を候而　少將樣思召御居りの處被仰出を待居申候萬々御氣遣も可被遊と相考不奉申上候樣仕度候得共俄頃之變も難計實ニ奉恐入候此上元吉才力之限ハ御爲宜樣相働申候得共不得止次第ニ相至候得ハ奉申上候事も難相調ニ付奉入御聽候

（文久元）六月廿日

○七月六日立道中五日之割北山中國路通上書

六月廿日立御飛脚を以奉申上候已來形勢變化無窮何分弘人始御役人共夫夫御退ニ相成候樣ニ下總より　少將樣へ申上候と被相察候既ニ先達御書

を以被仰下候義も弘人始御目通を以奉申上候ゟ御聽入ニ相成居所追々文
武館被仰付候土地ニ思召被爲在候段拜承仕候得共去年已來僉義仕候通事
理分明ニ辯論仕候所次ニ御勝手之所ニ御氣遣被遊候段拜承仕候是も去申
暮迄ニ三千九百貫之御館金と相成居候故再三ニハ粗米摺仕候ゟ詰替不仕
候處御不審之赴是亦午年已來詰替仕候故此節ニ至り候ゟハ弘人作事仕候
所如何歟乍恐元吉なとニ至候ゟハ作事を始平居之暮なと色々と申上居候
趣承申候如右變化甚歟所謂捕風捉影之談ニ御座候　少將樣へ御直ニ申上
度奉存候得共三四日已來御少々御不例ニ被爲在候間御都合相伺可申通段
仁右衛門申聞候故差扣居申候弘人義色々心配仕候ゟ午年已來御政事向取
計御勝手取縮粎米取扱文武館及御制度改正等之委細相認奉差上候含罷在
哉を以元吉へも一見仕候樣申聞見合申候處實ニ公明正大之義ニゟ申樣無
之候得共差上候ゟ　少將樣御居ニ可相成哉實ニ不易義ニ御座候兩三日已
前より唐宋環皷舞張説仕候意を以仁右衛門を責申候處大ニ相恐居候樣ニ

御坐候追々之所如何可有之哉元吉才力之限ハ御為宜様相働居申候乍恐御
上よりハ先何も不被仰出方可宜奉存候

（文久元）
七月六日　吉田元吉

此度之一件内藏助ニ事起大學様御聽入被遊下總付和仁右衛門周旋之様
相察申候仁右衛門義ハ只今之趣意相變候而ハ世間有志之士之人氣乍恐
御上之思召等相恐候之説諭仕候而稍考を替申候様被察候追々之處ハ又
又可奉入　御聽候

○八月八日立

品川様ゝ上書

七月六日立御飛脚を以奉申上候通仁右衛門儀正統之考ニ相成候哉　少將
様　大學様ゝ申上候筋も御座候趣承候而間も無く弘人義　少將様ゝ被為
召委細ニ申上兼而之書付も奉差上夫々御聽入ニ相成り文武館地も引料被
遣ニ相成申候元吉義も御目通仕候而六月已來之風波承候儘無殘奉申上候

處御驚被遊候御模樣ニ而無存懸義も有之と御意ニ付右等之義ニ而大ニ心配仕候段奉申上候處何も心配に不及と被仰出候樣之御都合ニ御座候其後大學樣ゟも御直に只今皇邦幷外國之形勢且御國之御急務等迄申上太守樣御若年　少將樣ニも御老年ニ被爲在　御隱居樣ニも江戸表ニ被爲入御公子樣方之御居りも御大事之趣辰中刻より巳之中刻迄覼縷申上候所何分御服ニ入兼申候樣ニ奉存上候然共先風波も相治申候間御安心被遊度奉存候右御都合ニ而新御殿之調方等も手延ニ相成御待遠ニ可被思召と奉恐入候漸此度仕樣伺書御用役迄差立申候思召之所被仰下候樣奉願候右新御殿御成就迄二萬兩と申積ニ而於御作事方も手數相懸候故御出來之日期只今より申出候義相整不申成丈速ニ御成就ニ相成候樣取計可仕奉存候

八月八日　吉田元吉

（六月廿日、七月六日及ヒ本書ヲ一括シテ東洋ハ邪正顚倒前書ト題ス）

○七月十八日立

大坂組頭在役宛　兩名

御陣家詰御士中交代之節立拂難澁を以江戸同斷之願書差出候共決て拜借金不被仰付段申述置候處此度交代之面々江拜借金被仰付候趣元來右等之義ハ其御場所限ニ而御決斷不相成義申迄も無之且右御演舌も申置候旁御考合も可有之所件之次第何方之濟口を以御取計ニ相成候哉勿論兼而御奉行中江も相達御僉義相濟居候義ニ付此上ハ屹度御手順御立被成御申越成度候已上

七月十八日　元吉

（山田）八右衞門樣　泰平

（後藤）助四郎樣

○八月八日立

御內用江　兩名

先頃已來御達越之條々僉義決延引畢竟六月始より意外御用有之多忙甚敷
漸此頃平和ニ相成申候故品川御邸引形伺書等兩三日前出來候ゟ此度他筆
を以差立申候屋佐里尾拜借始御館入ニ被下候知行扶持等迄厚と取調候ゟ
次便ニ可申達候已上

八月八日　　兩　名

(野中)太　内　様

御勝常可被成御勤奉賀候

○八月八日立道中四日之割

大坂八右衛門ニ　　兩　名

七月五日已來兩三度ニ御申越之御報左之通

一雷帽鮮少之趣ニ付此度相殘分四萬積立申候

一小銃彈鉛ハ大坂ニゟ御買入之赴御用意分ハトロン紙付八千丸此度積立候間御買入分ハ右着迄之御用意と存申候足輕共稽古打ハ火薬彈鉛共代

銀立を以御渡可被成候操練月ニ兩度分ハ火藥而已無代物ニ而可被渡遣彈鉛ㇵ入用無之事と存候間追々差立候小銃之用意御買入ニ及申間敷候
一只今御在合之火藥千斤ハ御藏邸より御受取之分と相考申候先達御用意分極上製千斤此度代銀立を以相渡分大粒小粒千斤積立申候
一指南役より申出候洋書ハ潤次郎より承候樣御申越致承知候下着いたし居候趣ニ付近日承候而可申達候
一輕炮ボヲド六挺ニ添器械及彈丸等此度相揃積立申候
一玉篇一部五經素本一部和蘭字彙一部御買入之義承屆候間御作配可被成候
一足輕共炮發之義一同未熟ニ付操練兩度之外爲時炮發的打等御申付被成候赴致承知候然ニ火藥丸共操練兩度之外ㇵ無代物ニ而ㇵ不被渡遣義前文ニ相認通ニ付其御心得可被成候
右夫々御報如此御座候已上

八月八日　　両　名
（山田）
八右衛門様

常套略

○八月廿四日道中五日之割

八右衛門ぇ　　両　名

火薬之義御達越致承知候御倉邸より相廻候分ハ如何之品哉相分不申候得共必舊製ニ可有之左候時ハ麤悪顯然之事御座候此度ハ御用立分上製代立ニ而被渡遣候分中製ニ御座候
足輕共的打いたし候時ハ炮薬鉛丸共代立を以御渡可被成無代物渡ハ關係不鮮候間操練月ニ両度之外ハ不相成候
三國志ハ御買上不被仰付候間教授ぇ御申聞可被成候
江戸表ぇ注文品ハ急ニ御陣家ぇ相廻候様猶又懸合可申候
（山田）
八右衛門様　　両　名

常套

○八月廿四日立御飛脚道中五日之割

助四郎宛　兩名

御年限中被差止候會料之義御達越逐僉義候處元來御警衛御人數相詰候とて何も御類役ハ御示合可有之子細無之仍而會料ハ不被渡遣候間左樣御承知可被成候已上

八月廿四日　兩名

（後藤）
助四郎樣

常套略

○八月廿四日道中五日之割

太内ハ　兩名

別紙細川潤次郎より達出候洋書十部共御飛脚便を以御差越可被成候

駿府御用之役人共ニ先達申候

屋佐里尾御給金前借願ニ付委細之御達越遂僉義候處前借之義ハ甚以不宜と御同意ニ存候仍而兩人共格段之僉義を以御引捨ニ被仰付向後前借等決而不被仰付候間其御心得御執計可被成候

八月廿四日　　　　　兩　名

（野中）太　內　樣

屋佐里尾願書致返却候

〇八月廿四日立

又　平ゝ　　　　　兩　名

信受院樣御下國之義今春御發輿之御取極ニ相成居候處御病症ニ寄御日延ニ相成其後も何分御全快難被遊御都合少將樣御聽ニ入役場ゝ迄信受院樣御下國之義去年已來御手順も相立居候事ニ而今更御差止之義も難被仰上旁御病勢相募候程も難計如何樣共御心配無之樣可致段被仰出候仍而一同相考候所何分御下國之義ハ御差止を以三條樣ゝ御歸御暮被遊候義御當然

にて只今之御殿ニ御住居之義ハ御爲不宜候間急ニ御引移ニ相成可然致僉義御奉行中ニも相達御別慮無之候間右之趣被仰上其御執計被成度存候已上

桂月念日　兩　名

（森下）又平樣

常套略

○寄品川樣之書　九月八日立道中五日之割品川樣へ上書

桂月既望月の御書並御製七絶奉拜見候所優旨厚重難有仕合ニ奉存候先達以來上下共平穩何も相更申儀無之海南政典寺社一例未脱稿　海南律例共全部脱稿ニ相成申只今校正淨寫仕居候間追々可奉入御覽候序文ハ乍恐御製奉願候明春ハ文武館御發顯ニ可相成取調仕候處下總義只今異論ハ無御座候得共御趣意慥ニ腹ニ入不申樣ニ而弘人義も心配仕候廉不鮮既今春元吉出府の節　御前ニ罷在候而御政體之義申上候砌内

藏助御免被仰付候得ハ其跡下總ハ不宜宮内へ可申付との　御意歸着直ニ弘人へ申聞置候處先達已來之風波中每々存出御聲猶在耳御識見の精明ニ感服仕申候御治定ニ相成候後も如右ニ付過日宮内歸住御免之上御奉行職被仰付候右伺候節　少將樣思召にハ　御上只今御咎ハ御免被爲蒙候得共御内沙汰の御趣有之ニ付思召相伺可申我等ニ存寄ハ無之候得共御上の思召ニハ心配被遊候段被仰出誠ニ御當然之思召と一同奉拜承候然ニ宮内へ御奉行職被仰付候義下總始一同可宜と申ニ相成居候へ共御上へ相伺候得ハ日數も相掛候中異論出候ハ顯然之義ニ而既御内々思召之所ハ元吉承知も仕居候旁被仰付候上ニ而奉申上候ニ決定仕候而右之趣　少將樣へ申上思召不被爲在去月廿八日被仰付候萬々之苦心御憐察被遊度奉存候果然被仰付候當朝仁右衛門義　少將樣より　御奉行共へ被仰出候筋有之候とて參候處宮内相蒙候後と相成候故何も不申出罷歸申跡にて承候得ハ宮内ニ申付候義ハ先差扣候樣の思召と拜承仕候宮内相蒙候後ハ御政體も倍々治

定と奉存候元吉相考候ハ來春文武館出來候上ハ蝌行書へ志候も可有之來秋頃ゟ蒸汽船御買入被仰付有志之者も二三十人爲乘（水夫外也）の江戶へ被遣萬次郎如きの者及公邊海防掛之人へ御賴ニ相成り右船にて調練仕候時ハ一年ニ不及近國之航海相調可申其時軍艦御買入ニゐ又々此如兩三艘ニ相成候ハヽ東洋ニ有之無人島六七も御手ニ入候樣仕り候上交易御差許之五國ニ兵を用候事有之節時として御願立之上右軍艦被差遣候時ハ實事ニ臨候故人才敎育之道も虛飾ニ相流申間敷奉存候何分　御上ニハ一日にても早く御歸國被遊候樣奉願候乍恐御用役被爲召候節御直ニも被仰出候樣奉願候猶追々可奉申上候已上

九月八日　　　　　　　　　吉田元吉

兩　名

御用役御內用に

○十月十日立道中四日之割北山中國路通

會所頭役跡役ハ只今駿府に御供いたし居候藤島太平を江戶に呼寄當分被

仰付候においたし品川御殿等之取調相濟候ハヽ小頭役村山又七ニ會所役
兼帶ヲ以差立申候
品川御殿木材ハ御國許より積立候得共麁惡小木類少々ハ江戸ニ而御買入
可被仰付候地形雛形ハ爲差立可申候得共俄ニ御買入ニ相成候而ハ高價ニ
可相成ニ付其御地ニ而石數大樣積相立品柄ハ　上御邸地形石ニ倣御買入
之御作配可被成候御成方ハ取調濟次第役人差立可申候
御買上材と御國之材木積立之義ハ平相場之高下ニ寄御損失ニも相成譯ニ
付只今より難取極候間御買上材高三萬八千兩計之中壹萬兩計先辨木之御
作配可被成置候
西洋書籍是迄御買入ニ相成候分ハ夫々御國許ニ御差下可被成候尤江戸書
生適用之分ハ少々御差殘不苦候且御買入之義ハ小頭役共ニ當春已來申聞
置候
築地御邸御側女中御手抱兩人有之只今一人明居候而御抱之思召ニ付御僉

義被成候所根元一人ニ而兩人の濟口無之津田盛衞娘より押而始候旨元來御手元銀も御不足之事ニ付被差止前々之通一人ニ被仰付候義當然ト致僉義候間其御心得可被成候

十月十日　泰平

元吉

（仙石）寅治様

（楠目）楠吉様

太内様

常套略

○十月十日立道中四日之割北山中國路通

御用役ゟ　兩名

御館入共ゟ被下置候知行扶持當年より被差止候趣切紙を以御內用役ゟ申達候所御僉義振之委細御承知不被成候而ハ御申渡相調不申趣右ハ江戸京

大坂共商買之者江知行扶持等被下被召上共役場江御委任之義ニ御座候得共此度ハ御奉行中江相達候所江戸御館入共江被下置知行扶持ハ被差止候義當然ト申ニ御僉義相決　御聽ニ入思召不被爲在則御内用役江申達候事ニ御座候御役場ニ而御差留ハ如何之御考ニ候哉畢竟御不案内より之事ニ可有之且　御先代樣極御難澁之節御用金調達致シ候者を被差止候而ハ大坂等ニ關係いたし候樣御考之趣此者御不案内之義と存候子細ハ御他邸御借入ハいつも極御難澁所の時の事ニ御座候其上金を借ニハ利と申者有之別ニ知行扶持等ハ不被遣而も宜譯ニ御座候得共毎々御用向相勤候時ハ知行扶持等被下置調達金不相調候樣相成候時ハ被差止候大坂ニハ只今知行扶持被下置候者之身代不宜者も有之候得共御借入之節ハ一人も不殘割金を以調達いたし申候江戸ハ御借入金も不相調又此已後御借入も不被仰付候間急ニ申渡ニ不相成候而ハ却テ大坂等に關係ニ相成候間先達而切紙之通御作配可被成候勿論此已後切紙之御書紙も御差留ハ不相成候間左樣御

承知可被成候
十月十日　兩　名
御用役宛
常套略
○十月十九日品川御用役〻道中日割甲浦通
兩　名
沈撰御家文　五册
右ハ今春御隱居樣より奉差上候樣被仰出候得共元來少壯之時之書入故只今之御益ニ難相成と乍恐相考其段可奉申含居候處先便御書を以再被仰下候間直樣右之通奉差上候延引奉恐入候次第ハ御都合之砌宜樣奉賴候
十月十九日　元　吉
品　川　兩　名
○十二月八日立

大坂在役江
両　名
白髮山仕成吉野川流之義ハ今春已來阿州より毎々手之入候事ニ相成り先
年とハ表裏之義ニ付段々承合候處何分阿州役手ニ姦計有之樣被察候時ニ
吉野川流トいたし不申段相答居申候間左樣御承知可被成候已上
十二月八日　泰　平
元　吉
(後藤)
助　四　郞樣
○十二月廿二日立
御隱居樣上書
乍恐書付を以奉申上候文武館御作事も此頃大ニ相博取來二月迄ニハ大樣
御成就ニ相成可申何卒二月廿日頃より職階並規則等御仰出ニ相成候得ハ
御都合宜敷事故此度御奉行共より委細奉伺候間思召被爲在候ハヽ急ニ被
仰下度奉存候過日北御邸ニ而　少將樣　太守樣　御列坐被遊御奉行兩人

並御用役四人罷出有處にて元吉職守讀上候樣被仰付跡にて當今之形勢御國の弊習士風之偷惰逐一ニ申上文武教育の理人材選擇の道後先緩急御施の手段覶縷奉申上候處夫々御意ニ相叶候哉ニ奉恐察候追而御奉行共より先達御方々樣へ外輪より存寄申出御聞上被遊候而入御聽聊御動ニも被爲成候樣乍恐孰も恐察仕候義故春文武規則等御施之節ハ能々御居りニ相成居不申てハ御威光ニも相懸申筋ニ付兼而御覺悟被遊度段奉申上候所今更動申筋無之兩役場へも精勤いたし候樣可申聞と仰出候趣御奉行共より奉拜承候此處ハ御安心可被遊候只今寒心仕候ハ人才實ニ乏絶ニて歎息此事ニ奉存候（以下文字抹殺不明）

先達ハ中外新報十一冊頂戴難有仕合奉存候兼而書生共持參仕り一披讀仕居候得共頂戴巳後ハ坐右ニ差置披閲仕候故地球大勢暗記仕り大ニ識見之助と相成申候（欠字）御上御歸國被遊候時ハ御國勢如何樣ニも御振立相調可申日夜渴望仕候萬一當時御歸國不被遊候ハヽ來六七月中文武館等之規

則御治定ニ相成可申ニ付其上ハ何卒元吉千緒萬緒之心事御憐察被遊一兩年ハ聊精力を養候樣被仰付度然ル萬一之御時節乍恐軀を捨愚を盡可申奉存候　已上

臘念二

○十二月廿二日立美江一件御用役ニ上御邸品川連名

品川御邸御中老美江義先達上御屋敷ニ被召寄御召仕ニ相成居候處此度隱居樣より品川御邸ニ被召返候思召被仰出御執計中御老女磯浦より御內聽ニ入候義有之より御立腹被遊候哉美江義ハ追込ミ置候樣被仰出其御作配有之猶亦役場示合此上之執計方申進候樣平十郎より示談有之遂僉義候處元來御老女より申上候筋を以追込ミ置候樣被仰出候義乍恐御條理不相立候樣奉存候仍而ハ當然之筋御爲ニ相成候樣御場所より被仰上御執計可被成處却而思召之處御隨從ニ成候義御不行届之義と存候平十郎ニも役場考之所申述候處甚不行屆之致取扱候段後悔いたし居候高之所御奧內ハ御

場所より御宰被成候義ニ而右等被召返も御場所より御申聞ニ相成候を御受不致と申ニ而も無之御老女より引合候節色々申立には內之事ニ而御場所ニ御聞被成候而も御聞捨ニ相成可然增而御隱居樣御取上可被遊候事柄ハ存不申此上ハ美江義籠居候樣御差圖ニ相成居候とも其處ハ御場所御取計御不行屆ニ付一切御引かぬりニ成今を新ニ品川御邸ニ被召返勿論△御中老ハ別ニ被召抱」美江義ハ御目懸之事ニ付御中老場之勤ハ不被仰付譯ニ付△可然其上ニ而美江義勤方御意ニ相叶不申時ハ其子細御拜承之上御國許ニ御懸合越御座候ハヽ僉義之上再奉申上候義可有之歟或ハ永之御暇被仰付候歟如何樣可致執計候得共只今之儘ニ而御暇ニ相成候而ハ御隱居樣ニも小言を御取上被遊候樣ニ相當り御場所ニも御受被仰上御執計之根元不相立顯然外輪より異論も相立御家之御爲も不宜と奉存候右之趣少將樣御奧內ニ而御老女共ニ申聞候處何卒其執計ニ相成候ハヽ御外聞も御可宜旨申出候故御奉行ニも內々相伺候所右之通役場より申達候樣被仰聞候此

段御隱居樣被達御聽思召不被爲在候ハヽ、其御執計可被成候
臘月念二　兩　人
上御邸品川御邸
御用役連名
○十二月晦立
品川御用役ぃ御手許金一件　兩　名
御隱居樣御手許金之義太内申上候義有之より此度被仰出候筋御心配被成候趣御懸合越致承知候太内如何申上候哉不存候得共元來一ヶ年千二百兩之御定ㇵ御當然之御用相辨候ゟめニ御座候筋之違之御用を相辨候ゟめよて無御座候御考之通如何樣御當然之被仰出にあも千二百兩外ハ御受不相調義申迄も無之候尤不被爲得止御事柄ニ候ハヽ御國許ぃ御懸合御座候ハヽ一同僉義之上御奉行中ぃも申出其上ニあ御報可申進候間此段被仰上度候

此度元吉ゟ御直書を以被仰下候義ハ早春覼縷奉申上候間此段も仰上度候

十二月廿日　元吉

泰平

（坂井）與次右衛門様

尚以元吉所持之讀本御下之次卷より五冊早春差上申候

○戌正月十三日立道中四日之割

品川様ゟ上書

去臘二日之御書奉拝見候乍恐覼縷之義左件ニ奉言上候
下総仁右衛門先達御趣意之所ハ一時承伏ハ仕候得共何分姦人を清班へ御差置向來之御爲不宜と僉義仕候而　太守様　少將様へ申上能々御聽入ニ相成御免被仰付候　御手許金之義ハ去臘大盡與次右衛門へ掛合仕候間御覧被遊候事と奉存候同人參着御目通之砌元吉より演舌仕置候筋奉申上候所御翻譯なからでハ分兼候趣誠ニ左様ニ而平常之御用向も辨兼可申　思

召之處奉恐入候然共御人鮮之義ニ而　御上ニハ御政體之樞要御胸裏ニ分明ニ被爲在候故其所聊も乍恐奉願候而才能有之者ハ御表へ相賦御平常御氣受宜程之者ハ御隱居後不被仰付奉恐入候次第ニ御座候得共致方無之事と奉存候近頃ハ御國許諸事平穩文武館御作事も二月中皆出來可仕乍恐太守様　少將様ハ不及申近外御役人一同一統之所へ相居小人慴伏君子之勢盛ニ相成先以恐悦ニ奉存候　大學様雅樂助様民部様ニハ何分只今之御趣意御拒被遊候而此處深く心配仕候事實ハ餘り恐多奉存候故不奉申上候御著述之思召ハ乍恐御尤の御義奉存候御出來之書上梓被仰付ハ甚以不可然奉存候子細ハ近頃承候ニ書生輩著述上梓すら有用之文ハ被除申趣増而御上ニも何分　公邊御憚被遊一日も早く御國許へ御下被遊候事御肝要と奉存候乍恐　御著作有用ニ無之時ハ御上梓之甲斐無之有用なれバ上梓差閊可申先其處も扱置御上梓之義屹度御留申上候間何卒御出來之御詩文浄寫被仰付世人ニ御示不被遊候様奉願候　御文會之御題結構仕候様奉畏候

御用隙次第可奉差上候已上

正月十三日　吉田元吉

（此書狀東洋帶紙ニ邪正顚倒後書ト題ス）

○

只今大坂ニ御備付之大砲不殘御國へ御差返ニ相成御營内へハ輕重戰砲壹隊御備

右之内

六斤　加農　六挺

十二斤　忽砲　二挺

〆八挺

海岸砲臺場是非御築立ニも不相成ゟハ公邊へ御都合不宜儀ニ御座候ハヽ

野戰臺場ニ御築ニゟ可宜總ゟ遠淺之赴ニ付大軍艦ハ沖合ニ居可申候ニ付

海岸臺場ニ御築ニゟ大砲御備ニハ及申間敷事

右御臺場へ輕砲半隊御備
十二斤加農　三挺
十五寸忽砲　壹挺
〆四挺
○
覺
一小銃鉛丸
一鐵實丸空丸
一右コロス
一ホイス
右御鐵砲方御有合
一爆管　一萬國旗號圖
一セコンデ

一圖引器械
一遠鏡
一ヲクタント　御船手方承合
　右於江戸御買入
一シエンドル
一大小銃ハトロン
一ヘイフ
一藥線
一諸器具箱
一フレキ丸
一ヤキ玉
一ハトロン
一ハトロン紙

右御鐵砲方仕成被仰付

一小銃的

右於大坂仕成被仰付

○御警衛諸作配役心得之大概

一勤事方之義ハ諸事八右衛門殿江相伺指圖を受相勤可申事

一御警衛御用ニ付銀米ニ相懸候義是亦八右衛門殿江相伺作配有之筈尤御規定等無之廉ハ時々御國許江伺出御下知を受可申事

一御普請御作事等御修覆ハ八右衛門殿指圖を受作配可有之事

一御陣家御用ニ付御仕備之品々何ニ寄られ親規之義ハ少細之事たり共御國許江伺出御僉議濟之上作配可有之事

一諸御道具類も役人場ニ始末いたし八右衛門殿下知ニ随ヒ致出入可申事

〆已上

○酉正月より十二月限御銀本拂積

一銀貳千八百五拾九貫
但御銀方申年殘銀
一同貳百五拾六貫五百目
但大坂御銀方右同斷
一同貳百三拾六貫貳百目計
但諸運上銀大積
一同三千八百四拾三貫五百目計
但申年米御賣拂高之內去申暮代銀相納分差除如斯
一同千百三拾九貫六百目計
但今夏暮御買物銀大積如斯
一同千三百拾四貫計
但出來方之用御賣米代大積如此
一同千九拾八貫計

但御國産方御國銀高千貳百拾貫計と立御城藏納幷諸雜用銀差引如斯
一同五百六拾貫計
但七郡御山手銀定納如斯
一同三百八拾貫計
但諸取立方上納銀大積
一同百五拾貫計
但諸賣拂代冥加銀德用銀大積
一同五百貫計
但御山方御賣木代大積
一同千九百貳拾四貫計
但今酉暮御賣米一萬三千石と立如此
本合壹萬四千貳百六拾貫八百目計
御入目拂
吉田東洋手錄三（手記公用文書）

一銀五千貳百六拾五貫三百目計　御國

右之内

三千貳百四拾七貫七百目計

但御地盤御入目并當夏御買米代共

千三百三拾壹貫貳百目計

但他國勤御買米代

貳百拾七貫七百目計

但大坂御警衛御入數御買米并諸渡銀

貳百四拾貳貫三百目計

但諸山御賣木仕成御仕入銀

貳百貳拾六貫四百目計

但スクチル船御造營御入目大積

一同四千貳百四拾貳貫五百目計　　江戸

右之内

貳千百九拾八貫四百目計

但今正月より來三月迄大引受銀

七百貳拾貫計

但右同品川御屋敷右同斷

七百四拾九貫五百目計

但右同廝布樣御物成米代諸御扶持米代高之内正米御積廻之分差引如斯

百四拾四貫

但海防御用

四拾壹貫計

但御郡代金割拂

百貳拾九貫六百目計

但去申御供達御不足限今以留守達江御仕送之筈如斯

貳百六拾貫計

但御侍中以下御聞紅拜借銀

〆

一同貳千八拾五貫四百目計　大坂

右之内

九百四拾四貫九百目計

但御地盤御入目幷御館入物成米代諸御扶持米代御借財元拂共大積

九百三拾六貫目計

但御陣家御普請幷御作事一切大積

百六拾四貫五百目計

但御警衛御人數御入目幷同所御買上米代共大積

四拾貫計

但子細御聞紅御貸付銀大積

〆

一同四百六拾四貫七百目計　京伏見

拂合壹萬貳千五拾七貫九百目計

本ニ差引貳千貳百貳貫九百目計　御餘銀

右之外

一籾米御賣拂代　右本々差除申候

一品川御殿御作事文武館御入目　右拂座ニ差除申候

右之通ニ御座候以上

酉六月

○

御大切御弘之節役場より御奉行中へ御達有之御町奉行江も出勤いたし候様申達

御差詰之義ハ結城立道より御奉行中ハ直達之筈

一兵部様（支族山内豐廉）御村取之節御奉行中平御家老中より爲御機嫌伺使者被差出候事

一御大切ニ被爲置役懸りゟ詰切罷在
御當人様
太守様少將様御一門中様整之助様ニ於東御邸伺御機嫌同上之御奏者番
ハ御用役より
少將様御側物頭ニゟ御邸御用役より御附出會ハ役場より夫々呼立作配
之義いたし候事
一無役御家老中御一同御出勤役懸り同様御機嫌伺被仰付候事
一御遠行御弘ニ相成候ハヽ大隅様ハ御奉行中初役懸一同御機嫌伺申上無
役御家老中ニも御同斷被申上候事
一登城
太守様ニ御機嫌申上御邸ニ罷出少將ニ申上於御同所大隅様之外御一門奉行中役懸り無役御家老中同斷
中様整之助様へ申上候事
御奏者番ハ御用役より御側物頭ハ御邸御用役より御附出會御役場より

御遠行ニ付江戸表へ御徒使被差立

○酉八月五日英國軍艦來ニ付御手配被仰付度申出

覺

此度英國軍艦ハ公邊役方之御面々乘組を以海岸測量右之場所ニ寄上陸も致し測量ハ勿論食物等爲積入候義も可有之段御達ニ相成候ニ付於御國許御取扱方之義左ニ奉伺候

一甲浦ハ右船相見候ハヽ庄屋老五六人計八挺立漁船二艘を以沖合ニ出遇英國軍艦爲測量參候哉承糺之上港口暗礁等申置則水先いたし入港之致執計候樣可被仰付哉

一右船甲浦入港いたし候ハヽ御郡奉行役下之者召連同所ニ御差置之御使小早ニ乘挨拶ニ罷出公邊役方之面々ニ應接候樣可被仰付哉

一食物之義ハ日本風俗之通米薪等甲浦ニ兼而右軍艦乘組人數想像之上貯置望ニ隨相渡可申惣而東灘浦々不便利之土地柄ニ付所ニ寄米薪等渡方

相調不申候間甲浦田野浦迄測量日期相考受取候樣及挨拶候樣可被仰付哉
一酒並海鮮ゟ在合ニ任望ニ隨孰れ之浦ニ而も相渡僻遠之浦ニ而土地相整不申品而已ニ而不在合之段及挨拶候樣可被仰付哉
一御郡奉行ゟ甲浦應接後田野ゟ罷歸又々田野浦ニ而應接可致其他浦々も御郡奉行出會ニ不及庄屋老出遇應接上甲浦之通尤浦詰之御士有之處ハ右面々も應接爲致往來之舟ゟ八挺立漁船ニ可仰付哉
一甲浦田野米薪相渡夫より浦戸須崎下田淸水ニ而相渡可申候勿論挨拶方甲浦同斷ニ可被仰哉
一內地ゟ立入候義孰之所ニ而も邊境固陋人氣故如何之分別存立候義難計役人共彼是心配兼公邊御沙汰ニ隨海岸測量之義ゟ諭解可申有之候得共內地ゟ立入候節ゟ御沙汰も無之故都而申聞居不申候間何分相斷候段成丈申述候樣可仰付哉
一浦戶口ニ限掛島より北ゟ內地同斷ニ可被仰付哉

一高岡御郡奉行ハ須崎幡多御郡奉行ハ一人ハ下田一人ハ清水ニ出迎應接
甲浦之通往來之船ハ御使小早兼而相廻置候樣可仰付哉
一海岸筋ハ兼而鄕士及民兵等御賦付ニ相成候浦ニ寄御士も被差置候義ハ
便利之土地ニ相集備相立候而御郡奉行之下知相待候樣可被仰付哉
一浦戸口ニハ御取次御使者を以右船ニ酒並海鮮等御贈可被仰付哉
一浦戸口測量中ハ兼而御定之手番二組三ッ頭ニ出張いたし居萬一英人市
中ニ立入候樣之心得ニ候時ハ前條之意を以成丈手厚相考候上聽入不申
時も押留候樣可仰付哉
一孰之土地ニ而も海瀕上陸止宿等申出候ハヽ御郡奉行作配いたし候樣可
被仰付哉
右ハ不容易事柄ニ付猶亦考慮之上思召之所も厚拜承御取極置被仰付度
候已上
（以上東洋手記公用文書ハ其遺族ヨリ山內侯爵家ヘ呈上セル原書ニ依リ大正十二年一月廿八日謄寫了ル）

吉田元吉手記文書

安政五戊午年春正月十七日

再任參政已來取計大綱書付左記之

第一　覺

御政體之本ハ人材を選び人心を正し候義肝要ニ御座候千緒萬緒之世事何ニ寄らず本よりして末内よりして外へ相及不申而ハ難相行譯ニ候所昇平之習孰も眼前之苟安ニ相赴き候故萬人之上ニ立候役柄之者も本を忘れ末ニ趣き候て應接言語を始め巧ニ忌諱を避重々敷虛飾いたし候得ハ衆人よりハ流石重役の人と賛美いたし候得共左樣之人ハ必ず心底不正才能無之事ニ臨み候時ハ例格因循之外一切ニ存不申を以諂佞姦諛之吏乘時候て言を巧にいたし文を舞候て自己の私心を遂候樣相成候より貧富相變し强弱易地候て武備解弛文學墮壞仕候故六七年東海寇事起り候より天下動搖い

たし薄氷を踏候樣之形勢相顯候是等之義衆人の目にハいさゝか見不申假令見へ申候而もとかく心ニ入不申ニ付向來之所軫慮いたし候義ハ露程も無之矢張苟且因循ニ打過候事押通相考候得ハ海内八九歩如右可有之風氣之濡染いたし候習にて御國も右等之弊ハ難逃譯と奉存候仍而御勝手向も自然ニ御逼迫ニ相至既去年分ㇳ半知御借上續て五ヶ年之中五歩一出米被召置候得共是迄形にて參り候時ハ出米被召置候ても終ニ御勝手御立直ニ相成申間敷子細ㇳ弊蠹次第ニ相增候而人才を選ひ人心を正し候樣の御仕向無之義ニ御座候算勘込ミ引等ハ相建候ても月を經年を重候ニ隨ひ見通相違いたし後ニハ如何とも不相成樣ニ至り可申殊ニ當今洋夷の猖獗如何成行可申哉萬一兵端相開け候時内ニハ諂佞姦諛の吏而已有之外ニハ義を重し節ニ死候士無之時ㇳ誠ニ恐入候次第と實ニ難安寢食奉存候因てハ　御思召之通當年より出米御免被仰付追而文武とも御振立被遊候而人才を選ひ人心を正し候樣の御仕向ニ相成候樣被遊度義と奉存候然共當御勝手向

取縮書別紙之通にて半知幷五歩一出米被召置候而も御不足の所御免被仰付候時ハ不一通御不足ニ至り可申只相恃候ハ人才人心にて諸役手の宿弊を相改人心屹度正直ニ相基候ハヽ御驗も相顯可申其所ニて込み引相立候時ハ正直の御不足相見可申只今之所にてハ流弊中之義にて見通し居り相付不申小頭役共よりも人才を選候時ハ千貫計ハ遣出ニ可相成申出居候然ニ右等弊風を剔し頽俗を振候義一時ニ參候義ニ無之御上ニも御憤發被遊御手元を始無益之弊無之樣被仰付永く御續被遊候樣之　御思召ニ不被爲在候てハ難參義と奉存候若萬一半途にて御詮義相變候樣相成候而ハ御銀米ノ操引等忽行當可申此所能々　御熟考被遊兼而御居被遊度事と奉存候右人才御選之義ハ當九月十月迄之中追々ニ被仰付次第ニ弊蠧相剔候て來未之秋ニ相至候時ハ正實の見通し相付可申其上にて御不足の所ハ非常出格の御取計を以御仕伏ニ相成候樣被仰付度此義時ニ臨不申てハ只今より取定難相整義と奉存候右等誠ニ不容易御事柄ニ而第一　御上之御勵精御

艱苦ニ御堪被遊候て御政體御基本の動不申様不被遊候てハ役場限御受難
仕譯と奉存候間厚御詮義之上御決斷被仰付度奉存候　已上
二月晦　　　　　　　　　　　　役　場　兩　名

○

第二　覺

此度
勅答之御赴奉拜承候墨夷一件
幕府御評議之所
天朝へ御窺ニ相成候處　廷議後患御憚有之猶又御三宗已下諸御大名之御
意見達　叡聞候上御決斷可有之御含之樣被存候仍右訛言流行人心抱危疑
候より　交代之面々御差留被仰付御國許も操練等を始廉々取調候樣御懸
合越旁評議之件々左ニ相記候
一御軍制之儀治平之世ニ御取定之義甚以難澁之義と奉存候子細ハ臨時應

變利害緩急經歷之上法制を建候ても其人ニ無之てハ不相行義ニ御座候所只今ハ治平之世のみならす一藩の人材をも夫々御選ニも不相成庸才不肖之人も在位仕候處にて御軍制之義御取定ハ無存懸次第ニ御座候何分ニも如只今例格相定候世ハ非常之御拔擢等甚六ケ敷義ニハ候得共御人選之義精々御評義有之追々人材無殘御選庸才不肖之人無殘御退之上ハ亂世ニ相成不申共御軍制之義も御評議被仰付可然若夫迄之中萬一遽ニ異變相生候ハヽ其時こそ非常の進退被仰付奇才異能之人へ御委任被遊候ハヽ臨時候ニ如何樣とも御軍制相立可申往昔北宗の季兵備隨壞法制廢弛ニ及候より金人長驅京師ニ迫候時李綱と申者非常の拔擢を蒙り（以下欠文マヽ）

○

覺

一御士中館中出勤五ツ前ニ相揃五ツ時より文武業前相始可申事

一午飯ハ木板を叩候と一同時習寮へ相集支度いたし可申事

一諸稽古所格席且人名掛札等指南導役より差圖いたし候事
一更衣所出來迄輕格時習寮ニ而更衣いたし候事
一五ッ時より七ッ時迄諸士出勤いたし候得共司業調役ハ五ッ時より九ッ
時迄一同相詰九ッ時より七ッ時迄ハ示合を以兩人相詰可申事
一敎授助敎指南導役ハ稽古相始候上ニ而操合之義ハ僉義被仰付候事
一諸士出勤ハ司業調役へ達出御□司業調役より差圖いたし候事

以上

○送宕陰先生書

春陽之御吉慶無窮申納候倍御勝常可被成御超歳目出度奉賀候誠ニ一昨年來ハ毎々天變御難義奉察候且藤田翁之計驚入候人之云々邦國殄瘁可惜之至ニ御座候扨去冬ハ拙文御刪正申上懇々御戒諭奉謝候嚮ニ藤田翁亦戒僕甚厚僕不肯也翁見僕不肯曰足下之得禍與不得禍實關貴藩之盛衰僕又不肯也謂爲人臣者願爲李固杜喬不願爲胡廣願爲劉建謝選不願爲李東陽及得譴

思之一藩雖小其剔弊事變頽風難專恃人力亦有天僕薄福之人不自量而毅然欲仕事愚亦甚矣爾後每一令下輙思　寡君之心不平慨然流涕既而又得先生之書益不能不爲慨然也僕以先生爲忠義之人又讀先生贈佐田修平序敬其才識所以敢披露肝膽也願先生不捨而敎誨之人若不自知況僕頑愚之人乎所過必多先生若開其端而使僕修其本幸甚々々僕得譴已來弊藩人士動乃言　寡君欲使僕復官僕閉居已四年亦自知分樗散之材決不勝廟堂之用且近病肺痛對客猶覺若安得又對千緒萬端之機事唯蒙恩與六七書生討論斯文如今足矣恨邊境無删正拙文之人不得不煩先生也舊作四五十篇取揃差出申度御多忙中申兼候得共御删正可被下哉且迄頃傚聖武記自戡定奥羽至討伐朝鮮紀事本末之體ニ仕立申心組ニ而二三卷出來居候是又御一笑之上御罵政可被下哉御相談申上候御許容被下候得ハ直樣差出候洋夷も段々交易ハ差明之赴只今之形勢格別も有間敷候得共經年ニ隨禍大ニ相成可申爲黠之驢亦可恐且凶年等にて內訌等出來候時ハ猶以可恐事ニ御座候交易ハ何等之品御渡

ニ相成候哉承度事ニ御座候
易章句通釋圖略焦循著以前ハ噂も有之候樣相覺申懇望ニ御座候而三都書
林承合候處一向無之若哉拂本等御聞及等ハ無之哉爲御聞被成下度奉煩候
皇淸經解中を放ゟ不申哉猶追々得御意可申如此御坐候
正月廿八日　吉田元吉百拜
宕陰先生机下
時下爲道御自愛奉祈候披翁與李公擇書云看訖使火之不知者以爲詬病也
僕此書先生宜御考被下度候也
○
海南政典
職守　考課
儀制　繼嗣
寺社　戶籍

田疇　山虞
開市　賦役
營繕　倉庫
法律
　通計十有三門
○大坂御陣營器械
一臺場　四挺
八〆　加農一
五〆　同　二
三〆五百　同　一
一野戰　十挺
二〆五百　輕炮四
二〆五百　ホヲト三

一〆五百　　　　　　　　　　忽微

一ケベル　五十挺此度積立五十挺ハ江
　　　　　戸ヨリ大坂へ送ル様懸合筈　　百挺

一長柄　　　　　五十條

一甲冑　　　　　八十具

一同　　　　　　百具

　已上

○

　覺

自筆太内ニ掛合　五月七日立
一十二寸忽炮　　　一挺

同
一六斤加農　　　　一挺

　右江戸ニ鑄立注文前後差越候様懸合之事

同役筆　太内ニ掛合　五月七日立
一爆管

同
一萬國旗號圖

一同　圖引器械
一同　遠鏡
一同　セコンデ　七月二日着御飛脚を以相廻而證判方へ置也
　右江戸ニテ御買入之事
一御侍上下堺港ヨリ上陸之事
　尤荷物ハ住吉高燈籠下へ舟之者ヨリ積廻シ銘々相渡申筈
一御侍上下巳屋賦幷參着卽日扶持米相渡事
一館中ニ執行トシテ參候他國人朝晝暮共其時々支度被下候事
一炮藥ハ御士已下望ニ隨代銀立ヲ以被渡遣候事
一無足ノ面々駄賃被遣候事
一御陣屋詰御士已下在役場トテ格立ニ被仰付候事
　尤交代御暇之節ハ津入口入有之義ニ而前後在役ト申出筈
一スクチル　錠鋼之鐵鎖

江戸表ニ注文　御船手方引受分申遣置
一操練大皷　同役筆　太内ニ掛合　五月七日立　四挺
○午年已來綱紀ニ關係之事件
一出米御免
一御隱居御家督
一考察方御設
一御制度改正
一年季夫改正
一品川御住居御咎被爲蒙御幕方申上
一御山方御作事合幷
一他國品平等五十歩一口
銀定
一大坂御陣家御普請御作事取扱

一諸役手趣向差止
一綴雜用米足役銀差止
一江戸年季夫改正
一紙廿步一口限定幷御家中渡差止
一津口出入改正分一役差止
一文武館造營幷規則御定
　〆拾五件
　　〇
　覺
一每日出勤之面々五時より時間寮へ相揃司業調役出勤届出候樣可被仰付哉
一諸士晝支度時間寮ニ而整候樣可被仰付哉但銅鑪場より湯水取寄之義ハ如何可被仰付哉
一文武共向後學之面々兼而組頭中より年齡幷藝術共相認司業調役ニ差廻

しニ相成候樣可被仰付哉
一諸稽古場格席取違へ候面々有之時ハ指南導役より差圖致候樣可被仰付哉并ニ面々懸札等致候差圖同樣可被仰付哉
一出勤之面々病氣ニ引籠候節ハ司業調役ゟ差出相認届出候樣可被仰付哉
一軍具太鼓稽古所御仕拼ニ相成候迄御差支ニ不相成明地ニ薄緣敷付可被仰付哉
　尤雨天之節ハ如何可被仰付哉
一木馬右軍具同樣地ニ可被仰付哉
一要馬一ヶ月十會可被仰付哉
一當分着替等之義ハ時間寮ニテ可被仰付哉
　三月二十七日
司業調度役共
（以上吉田元吉手記文書ハ山內侯爵家本ニヨリ謄寫ス）

於江戸
太守樣先月廿二日大坂表海岸御警衛被蒙仰將又十一日鍈姬樣御婚禮御首尾能被爲整候趣御奉行中より申來候間其御心得可有之候以上
七月廿三日　吉田元吉
松井新助殿

鍈　豐資二女　母妾平岡氏
天保十二年辛丑三月廿七日武藏江戸ニ生安政五年戊午六月十一日酒井忠恕（攝津守）ニ嫁ス

○

於京都嘉年姬樣御儀德大寺樣より嘉年君樣と被附進先月廿五日御婚禮御祝式御首尾能被爲整候趣御奉行中より申來候間爲御心得申達候以上
二月七日　吉田元吉
千頭槇之進殿

（以上高知藩廳記錄ニ依リ抄出）

○

一老公御著述之思食被爲在宗傳公より靖德公迄御代々樣之御事跡を史記世家ニ倣ひ度編修之樣被仰出候得共御手許ニ右史料ニ相成候樣之本無御座候ニ付此度教授役ゟ取揃逐々ヨ差越候樣掛合仕候間一應申上置候猶高意におゐて可然本御存附御座候得ハ御教示奉希候

一御目付方支配御證文藏入御長持之内ニ緒方宗哲著之宗傳樣御事跡書一部箱ニ入御座候此は如何樣ニ書記御座候哉見合申度儀ニ奉存候

一右編修之體は先ッ先公御事跡を大書して細註ニ野中大夫初其餘事業之人々之事蹟を書入可申と相考候御考之處奉伺候

一老公ニも不相更御盛ニ被遊御座奉恐悦候靜遠居御額字ハ奉願御座候得共私相考ニハ弘人殿三層樓之異議申上候處御意ニ築樓美事也我不可不以成其美矣書扁額可贈とて龍紋之きぬ地卽御願ニ相成居候靜遠居之御額字共一時ニ御認可被遊思食ニて御取上ニ相成候處再ヒ御意ニ弘人よ

り不願ニ額を書て送るもあまりなり先ッ樓名を可遣とて挹秀樓と御附被遊候定て先便り又今便ニ御書被遣候儀と奉存候左候得ハ弘人殿より御額字被願可申ニ付一時ニ御揮毫被遊執政參政之二君ゟ同樣ニ被下ニ相成候得ハ亦一美談と奉存候間先弘人殿より之御願を相待然後と存居申候あまり長く相成候故一應申上置候

一老公ニも此頃御憤發ニて御小性中ゟ通語之會被仰付當月廿日より御初りと之筈ニ御座候然ニ御相手之人無之漸棚橋安太郎山田代平兩人迄にて御座候今度參着之御小性ニハ少々讀書之人も有之と申事ニ御座候武藝も御覽可被遊思食ニ御座候得共いまた稽古屋も出來不申御次の道具も此間御上屋敷ゟ御小納戸より致詮儀候處行衞知不申彼是ニゐどふも勢のぬけ候事にて何とも成不申候御酒間御議論も不相更御激發侍座之面々詰問ニ逢一同込りと之體ニ御座候其上御勢御盛ニ相成候とも自然御物好きも被仰出御小納戸抔當惑之樣被察候此から又柔惰ニ取直し不申て

ハ諸人之迷惑ニ成可申乍併何とそ左右之人ゟ才氣有之もの御選被成候
てハ如何哉私も其人物之有無は存不申候

松岡七助（署名ナシ）

（紙端ニ）
吉田様

○

端月十三日朶雲相達拜見仕候春寒逾御勇健之趣奉恭賀候碌々相勤居候文武館大ニ御埒取之由近日學制始右ニ關係仕候御制度夫々御發顯ニ可相成奉存候下令於流水之源眞是英雄治國之手段御尤ニ奉存候
老侯御機嫌宜御文章も不相更被遊先月御文會へ桂薑草堂記書雲峰府君遺墨後御兩編共至極宜敷御出來御趣向も着實ニて議論と御文章と致相違候處此二篇ハ御命意正敷例之御頓作にて無御座候以後此處ニ御着眼之儀奉慫慂候扨　老侯常ニ參政君之御心中御察被遊甚御心痛之御模様拜承仕候既ニ舊臘御上書改正相濟候得ハ御休役被成度御文意ニも拜見被仰付讀

至千緒萬縷處

老侯愴然曰東洋此心中を知るもの余と汝而已日夜國政に心を勞し却て小人之譏を被候次第（小人之譏ハ指匿名書）我に申上度事實ニ千緒萬縷此を察候てハ東洋心中甚ムゴク存候と御意敏亦不覺涙下不能仰視也今日相認候ても猶不堪飲泣乍併只願參政君彌增御勉强六十一之生着迄白髮を御戴御官事御續被成候樣仕度奉存候此ニて先筆を留申候猶期後便之時候恐惶謹言

二月四日　七　助拜

元　吉　樣　侍史

江戸之形勢品川ニ居候てはどふも相分不申往年武元衡被批顱骨此度又裴度被傷申候此にて御察被成度奉存候はかし裴度も逐々出勤之上能功業を耀さんや否不然無賴浪人共諸侯鹵簿を犯候儀も難計今春從駕之諸士は武健者を撰且江戸邸にも大坂同樣小文武館御營造士氣を養候義御急務と奉存候江戸之形勢も不足觀而已　李綱論一篇老侯御評被遊候而

奉備貴覽候御官暇拙稿御斧正奉希候七助又拜

○

（由比）猪内

元吉樣 御直披

御持筒御拵替之御示談之との極御急ニ付今日ㇳ必御取極被下度猶得御意置候

昨夜以來尙相考候處左平も爾來極難澁ニ付二百石計御役領を以東行難相整程難計左樣相成候時ㇳ藤次を同役ㇾ被仰付左多衞其儘ニ而御供可然樣又ハ左多衞を操上跡ㇾ良輔を被仰付可然歟兩樣之外先存付無之候猶御考慮被下度右兩端之中藤次を同役被仰付候方穩成方ニ可有之哉左多衞も只今之場所へ迄乘込ミ居申上付操上も順之事ニハ候得共松風之異名猶高ふり可申候位之事歟孰良輔藤次之內一人御近習手ㇾ參候得ㇳ夫を力ニ勉强之外致方無之ニ付此上ハ如何樣とも御奉行中御取極候而可宜丹波殿ㇾも夫形之筋申出置候故彼是御考慮被下度候

三月十一日

（以上舊吉田家文書ニシテ大正九年之春遺族ヨリ山内侯爵家へ差出シタル原書翰ニ依リ謄寫ス）

○

丸かめより御ふミ之樣今月三日ニ着可致事まつ〳〵御機嫌よく御道中被遊候丸かめにハ廿九日ニ御着のよし御めて度御左右承り一同ニ相悦申上候夫より天氣も相つゞき申御舟も御順のとふりニ而さためし大坂へ御着あそはし候御事と早々御左右も承り申度相たのしミ居申候御留守一同ニぶしニ相暮申乍憚御安心被遣度候左樣候得ハ此せつハ大坂を御出足ニも相成申江戸にハ御出あそハし候御事誠に夜分も御やすミなく御道中ニ而さぞさぞ御つかれも遊し候御事と御留守ニ而も日々申暮し〳〵扨は源事も機嫌よく日々うちニ而あそひ申合日々御悦御座候て出勤可致申御のり初まへも本町筋にき〳〵敷候得共馬の事ハ兼而申付御座候まゝ夫ほとのりたかりも致不申候見物ニもまいり申候馬をのり不申かはりに何そちんか

いるきに申て上てくれへと申たまりません御出足御座候て只今まてハ風
も引不申すい分そく才ニ御座候まヽ御安心被遣度候扨又南之座敷の事も
御申越したヽミハ廿六日ニ皆はき申北之座敷一間計おき申候まヽ御安心
被遣度大工もとしあけ申から今日まて一向まいり不申新六さい〳〵せん
きにまいり申様子ニていつれ御下りまてにはあらかた出來可申と存候い
ろ〳〵御留守を御氣遣もあそハし候御事と存候まヽ新六よりも申上候様
申付申まいらせ先書上申候御ばんさんごしゆう御あま羽おり夫々御かけ取
ニ相成申候事と存候扨ハこのはし子供のかニてハさし此まヽニ致申もむ
ゑきと存候まヽまつ此度上候ニ付夫婦ニして壹人前ニ御させ被遣得ハよ
いよふニ致候まヽ猶又御かんかへあそはし度願上まいらせ少しの御間ニて
此よふ之事の御せはあそはし申御隙も御座なくと存候得共御見合被遣度
いろ〳〵申上度事御座候得共又々つぎに申上まいらせまつハ御返事ふじの
段申殘し上候めて度かしく

琴

せゐ

源太郎

元吉樣

尚々次第ニ時せつも能相成申時こふすいふん御いとゐ御勤あそはし度
めて度かしく

○

元吉樣　御直披　泰平

今日も館中へ御出勤被成候由御苦勞と存候昨日も稽古相濟候迄相詰居候
處格別及差圖候義無御座候間左樣御承知可被下候將又弘人殿より別紙之
通被仰越候處御奉行中ニハ御出勤ニ不及と相考候間夫形之御答可仕哉御
報ニ被仰下度如斯御座候以上

四月六日

○

汝源太郎能々聽ケ汝未冠トイヘ𪜈既ニ成童ヲ過ク況ヤ汝略書ヲ讀ヿヲ知レリ應記父ノ仇不共戴天ノ大義也汝ノ父姦刻ノ故ヲ以テ暗殺セラル是天誅タリトイヘ𪜈汝ニ於テハ素リ父ノ仇一日モ安居ヲ以テ共ニ天ヲ戴クヿナルヘカラス其姓名未タ明知セストイヘ𪜈當時ノ衆說ヲ以テ之ヲ察セハ同夜亡命ノ三名ニ疑ナカルヘシタトイ萬々其人ニ非スト雖モ同夜亡命ノ行狀難逃ノ上ハ汝ニトリ仇敵ト見付追付糺明ノ上復讐是義ノ當然ナリシカリトイヘ𪜈其砌汝未幼稚ナレハ延引ノ罪猶恕スヘシ今ニ至リテ何ソ一日安居天ヲ戴クヿヲエンヤ況ヤ坂本良馬崎陽ニ於テ既ニ汝カ從弟大姦象次ニ折旋シ殊ニ國恩ヲ再ヒシ以公行タリ是誠ニ汝ニ仇ヲ示ス天道刑人ヲイレサル時至ルト云ヘシ昔ヨリ復讐ノ志シアルモノ幼童婦人トイヘ𪜈必ス其仇ノ面ヲ知リ其居處ヲシリテ后チ出ルニアラス誠ニ孤舟ノ浪ニ漂ス如クナリシカモ實意徹底ノ餘孝感鬼神ヲ泣シメ遂ニハ其意ヲ達スルヿナ

ク況今右ノ如シ何一日モ安居シテ家ニ不孝ノ子アルヲ明ニシ國ニ義士ナキヲ明シ國家ノ耻辱ヲ殘スハ必ス汝ニ依ナリ今幸一憤崎ニ赴キ良馬ヲ打取ナラハ孝義兩全國家ノ名德ヲ顯揚シ地下元吉ノ靈ヲ慰シ天下ヲシテ土佐人アリト云ハシメンヿ豈快カラスヤ萬ニ人違ナル共其孝義ノ心誠ニ大倫ニカナヱリ只ニ因循汚名ヲ受ルニ比センヤ汝ノ叔モ從弟モ是等トノ義ヲシラサルニ非ス近比西洋味噌タルヨリ聖人大義ヲ忘却シテ只利害是謀ル故ニ此議論ニ不及シテ殆ト大辱ヲ殘スニ至ル汝チ克ク之ヲ察セヨ大義ヲ不知ハ書ヲ讀ムナ出家セヨウカ／＼文館ニ出テ後ロ指サヽルヽヿ氣ノ毒ナリ心易ナレトモ倞リノヿニテ面諭ハ出來ヌソ思イシレ

南海山易雜記

弘化戊申（五年、嘉永元年）春二月朔發途宿於赤岡此日快晴

同二日陰晩雨雷寄書於家日出後發赤岡午時安喜夜宿於田野

途中得一絕

野田有梅凝淡脂人香花片拂輿時十分鄉思纔思〻唱出松風亭下詩

同三日半陰半晴辰發田野休於羽根宿浮津

途中

蒞官三月荐周旋一隊又開途八千才拙蠧姦除不得筍輿徒苦小民肩

同四日朝雨晩晴曉發浮津休於椎名宿於佐喜濱

室戶

東岬纔西一港開駐輿追想此低回偉功緣底傳當世人主英明臣傑才 兼山翁

同五日晴得家書卽書却寄於家　曉發佐喜濱休於野根宿於甲浦

翠巘連天繞大瀛荒村十里傍山行一群男女板橋路男戴童薪女載輕

同六日晴滯留於甲浦

細風斜日入官郵積水迫來爲一鉤南北分封何所界諸山皆禿是阿州

同七日快晴寄書於家留於甲浦

大港碎巖容易成當年怨讟是休禎世移人去無尋處唯有風濤不變聲兼山翁

同八日快晴淹留甲浦乘小舟登葛島遠眺紀山

一笑軀來十萬夫人間謗讟付虛無誰知叱咤搏拳裏却有仁恩及九區兼山翁

同九日雨晩晴得家書逗留於甲浦夕乘舟

甲浦東南數點雲皷來風雨撼乾坤泊船燈下思鄕客一樣傷心漁獵村

同十日晴泊於甲浦港蕩小舟窺風濤望紀峰觀日出

同十一日晴風濤大起猶泊甲浦港

同十二日雨寄書於家風濤未止猶泊於甲浦港無聊殊甚

同十三日陰得家書大濤未靜泊於甲浦港
結纜連朝雨似絲好風偏在陸行時人間得意信難遇薄倖何年報主知
同十四日晴解纜發甲浦港日午泊阿波大島港旋發黄昏達於由岐港夜半北風甚烈
放纜朝辭西股磯順風帆似白楊飛半天雲雨半天霽遙指紀峰沈夕暉
同十五日晴北風甚烈發由岐泊椿泊
打鼓今朝泝逆風滿船人立白波中千秋一樣無生意笑比源平戰未終
同十六日晴北風甚烈日出發泊港北風甚烈泊於城之下待風靜旋發泊於和田港
炊烟縷々騰留痕天半驚見有一村曉霧收來人荷鍤青山欠處指朝暾
舟過阿州有感 秦元親
三好支流氣己呑當年着色祖龍孫阿山要是土山裔帷幄謀謨未足論
同十七日細雨昧爽發和田港遇雨廻舟於和田港日午復發到無耶口風雨迅烈

大呼奮勵舟子皆奮遂入無邪口泊
幹略指揮追祖龍豈料一朝抛萬峯無島島中飛擧目已磨阿藤後來鋒

同十八日雨泊於無邪峽

弘化戊申春、奉命向西北、督來十餘舟、迎駕讃岐國」風柔不開帆、鼓艫各宣力、
舟人三百許、慣海皆黧黑」唯可語風濤、不可語文墨、沈黙登柁樓、海天晴似拭」
阿讃好春容、藝備好春色、非荷君恩重、勝遊豈易得」人生水中漚、功名不可測、
志大欲爲迂、撫凡空太息」賈生遇漢文、論事有深識、文貞知唐宋、謇諤稱忠直」
得喪各成名、俯仰心凄惻、可愧淺陋才、浴恩無寸績、顧影笑此身、難生凌風翼」

同十九日陰

層浪掠舟眠未成人間愁緒是多情擁衾篷底昇沈感如入細峭爲雨聲
寒風攪夢夜如年霡霂初收欲曉天一片鄕思抛不得篷窓殘月伴愁眠

猶泊於無邪口日午乘小舟到鳴門口登甁山瞰鳴門進潮迅疾

同廿日雨晩晴猶泊於無邪口

春雨忽消歇、乘潮曉放舟、群峯盡尖露、天色如凉秋」何料逆風起、回舟阿淡界、我天鷁退身、安得破浪快」由來有天命、斯心稍自强、物理信如此、濟世須詳量」積水素凡庸、及風破拘束、白雪雯時堆、靑峯俄頃矗」汀震衆迅雷、巖掛小飛瀑、風水無定形、觸機發蘊蓄」昇平懶怠日、英君如大風、不然奇偉士、安能展精忠、不然煙雲界、安得見淸穹」

夢歸家

阿孃傳杯妻割鮮一家情緒最纏綿曉風吹破蓬窓夢人泊雲溟萬里天

同廿一日晴西風烈泊於無耶峽無聊殊甚

無耶峽泊舟

雨聲吹斷曉生波臥喜新晴雀語誇山峻已牌昇旭日地寒春暮看梅花千尋岸竄天成壁一縷炊煙漁獵家又是人間好風味停舟不覺酒量加

同廿二日快晴一天雲無漸有風波紋如縠曉發無耶口夜泊備前與島

舟過屋島卽源平鬪爭處有感

五劒山西碧波中、積翠如畫是屋島、平氏嘗此設皇居、想見當時春色好、管絃歌舞連松間、半帶涙痕最窃窕、豈料白旗如雲來、鬪聲交波天欲曉、劍花如雲殺氣灑、彈丸孤城不可保、奉護天子泛龍舟、萬人無計唯懊惱、嗟哉諸公玉葉身、西奔不足又東走、戀都情緒拋不得、人間信有娘子軍、況是福原敗後甲、不怪猛虎驅羊群、一戰心消讃州浪、萬里魂迷西海雲、人世昇沈最足感、屋島鐘聲不堪聞、君不見高帝百戰、終僵羽又不見、先主劉殘猶開楚、勝敗由來不足論、時有英才堪禦侮、鄙僻小島何爲爭、四州雖小又沃土、嶮似隴蜀人剛强、振起軍聲事招撫、一擧蕩平功不難、增脩城壘整部梧、徐定西海次山陽、山陰復後可騎虎、

同廿三日快晴寄書於家　昧爽入丸龜港上陸觀市肆風俗陋鄙穢惡知京極氏無人也

同廿四日晴薄雲半天御飛脚番辨七來ル直ニ留守ニ參リ無事ニ暮居候段申通候樣賴遣ス

同廿五日晴晩雨前野元四郎着書狀留守より來晩景九郎太郎よりも書狀とどけ來夜ニ入御座船頭着書狀とゞけ來ル家書合而五通受取也
同廿六日雨元四郎來ル漸慰無聊晩訪元四郎於旅宿
同廿七日陰寄書於家元四郎出帆ニ付御舟ゟ來ル別話夫より見立ニ參る思家事無限心緒如醉
同廿八日陰市中を廻り諸調物等をいたし九郎太郎ゟ參り入湯夫より御舟ゟ歸る
同廿九日雨無聊殊ニ甚懷家之情頻ニ動
同晦日雨欲寄書於内不得便使者川ノ江本陣ゟ賴置ス
三月朔日快晴觀市肆
同二日陰金比羅見物ニ行
同三日半日雨陰雲不散無聊殊甚し昨日金比羅行支度料金壹步相渡
同四日陰西風烈

同五日陰風止昨夜家書來る大ニ慰無聊
同六日雨對書無聊甚
同七日晴
同八日晴
同九日風雨日暮丸龜ニ御着被遊直ニ御本陣ニ爲御機嫌伺罷出ル
同十日小雨丸龜ニ御滯座被遊晩雨止
同十一日陰五ツ頃御出船被遊八ツ時手窓ニ汐懸被仰付同夜四ツ御出船
同十二日快晴五ツ室ニ御入津直ニ御本陣ニ御上り被遊爲御機嫌伺御本陣ニ罷出御切慰斗頂戴被仰付御暇被仰付候事
同十三日晴五ツ室御立被遊同刻より漁舟ニ而姫路行
同十四日晴朝八ツ時室出帆日暮和田入津
同十五日陰五ツ和田出帆八ツ螺ニ入津夜風雨
同十六日風雨螺滯船晩風雨止

同十七日陰晩晴螺出船甲浦ニ夜六ツ過入津
同十八日陰甲浦出足取根泊り
同十九日雨野根出足田野泊り
同廿日晴朝雨田野出足歸着

浪華行雜誌

嘉永(元年)戊申秋七月
十五日晴酉刻發途到孕門乘大小早戌刻及浦門乘翔揚丸浪甚大馬頭都如白雪堆
十六日晴浪猶未靜泊浦門港家人來乃寄書于家
十七日晴白浪胸湧猶前日船未可解纜蓬窓對書無聊殊甚寄書於家々人亦來
十八日晴浪猶山泊于浦門鄉思不可放家人來寄書於家
十九日晴浪未全靜猶泊浦門家人來寄書於家保彌太(後藤象二郎)來訪泛小舟同逍遙臨別悵然
廿日晴浪平風柔辰後放舟三十餘舟盡開帆覆海進到安喜洋風逆各舟鼓艫猶不可進遂回舟歸浦門日未申蒸熱甚望二孕鄉思如湧此日寄書于家二度十

六日至十九日家人日々來此日聞余出帆不來無聊不可忍

廿一日晴浪平風柔召船頭等令於舟皆曰東風到乎必强雖衆竭力舟不可進願待明日乃止企足待家人來望二孕悵然久之未刻家人寄書來欣然閱來書亦寄書於內

廿二日晴風浪甚平而雲却如湧家人來寄書於家

廿三日晴風浪恬平天未曉放舟未後三十餘舟晝入室戸港晩雨須臾又晴微風入舟漸覺凉連日之汗少有間

廿四日半晴半陰東北風舟泊室戸思家無聊甚

廿五日陰曉放舟申終入甲浦上眞乘寺晤於梅礀

廿六日昧爽放舟廿四日不寄書於家其余廿三日廿五日廿六日皆寄書於家此日舟行二十五里黄昏入紀州大崎港

廿七日陰南風捲雲暴雨時々到港內結纜舟猶覺危舟中起臥無人可語對書無聊甚

廿八日半晴半陰曉發大崎辰後結纜於加田灣待潮進至未終發入泉州谷川
廿九日晴又陰日出發谷川順風開帆日暮大坂着
卅日雨訪神山中島二氏夜歸于船
八月朔陰時有雨御屋形作事ニ付京屋に宿をかり揚る
二日陰起臥無聊留守より文來る
三日晴箕浦萬次郎出船留守に書狀頼ム
四日晴御借舟見聞いたる事
五日晴於旅館無聊甚
六日晴無聊甚
七日晴北風
八日陰東風川御座船御方相濟御屋敷下に乘廻しいたし候事太郎左衞門殿（奉行山内氏固、宿毛）
着坂安否として（山内豐惇）參り候事
九日雨東風晩晴式部樣御着被遊候事御殿爲御機嫌伺罷出御前に被召出夫

より相仕舞申候事
十日晴今日御殿ニ而御滞座被遊候事備後殿(柴田備後勝守)ゟ爲安否罷越候事
十一日晴淀川筋水増ニ付於御殿御滞坐被遊候事御機嫌伺として罷出御前ゟ被召出候事
十二日晴陰相交御立被遊候事伏見迄出足風雨甚敷御舟難進大坂城之東にてかゝり一夜明す無聊甚敷郷思難忍内書讀過數回
十三日風雨天滿櫻宮雨ニ吹放御屋形爲風被破壞人皆立雨中幸而舟不覆細島ゟ漂着朝より仕覆いたし同所ニ舟かゝり洪水故なり自分御用ニ付御屋敷ゟ罷越夜ニ入罷歸申事
十四日快晴洪水甚敷細島ニ舟かゝり八ツ半出船三里計り上り西成郡之内新川といふ處ニ舟かゝり
十五日陰同所出帆塘ニ添引綱ニ而登水未干落船中無聊甚敷郷思如湧壯夫之志氣摧破兒女子情欲起奮勵して過之城州橋本ニ而舟かゝり處々堤切

御船難登故なり
十六日半晴半陰橋本出船櫓立を増しかいを引帆を上け洪水中を登御舟随分早し船中大競ひなり午刻達淀洪水甚敷橋下往來留ニ付橋之西ニ船繋稲葉様役人詰所ニ安岡右三郎差遣往來被差明度段申入候所殊外之洪水ニ付晩景迄ニ見聞之上及御答可申旨依而相扣居候事無聊甚敷起臥空西南望而已
十七日雨早朝川明ニ付御船乗登候事巳刻頃伏見御屋敷之南ニ着舟繋一船皆不才無人可語者起臥無聊甚敷郷思頗動然義之重處豈敢辭免勉勵志氣漸送日而已來陽縣令實余所恥數代之國恩自異鳳統是以來耳嗟乎四ッ頃殊之外脈早ク餘程ねつも有りて町家をかり揚る寺澤ニ尋合之上吉田有秋と申醫師迎受診察服薬所望いたし候事
十八日晴朝より大分こゝろよく痢病たちのよしなれとも下痢一日中纔三行熱も少々醒食事も進ミ漸安心之方なり

十九日晴曉起天氣快晴氣色壯快北風之雲なり熱も次第ニ醒大分快き方なり九ツ過頃御飛脚到着御近習御目附より書狀來ル明廿日伏見着可被遊旨大に相競病牀起座家來ゟも申聞用意相致候事晩景御水主差遣有之處罷歸り委曲之返翰ニ逢御目付より來ル愈以明廿日草津驛より御着可被遊旨ニ付役下呼集夫々之作配いたし候事

◎校訂者云此の記事は國主山內豐熙江戸に於て卒去し吉田元吉船奉行を以て遺骸を迎へんか爲め伏見に至り之を待ち受け遺骸を護て歸國せしものなり

廿日快晴早起收裝到藤森迎駕日夕伏見御着被遊候事御殿ゟ罷出ル明朝御乘船御供揃等相伺候事

廿一日陰六時御供揃を以(精進ぶり)火引け御乘船被遊五ツ過御出船七ツ過大坂御着御殿ゟ御上り被遊候事

廿二日早朝拜禮被仰付花(マヽ)着ノ上御奏者番ト兼而引合置候事六半時御供揃ニ而五ツ時御乘船之筈之處雨降出し九ツ頃御乘船被遊同刻出船不相調其儘御懸り被遊七ツ前御出船又々雨降り出し芦島ニ而御船かゝり被遊候事

廿三日晴西風嘆舟子問舟路動靜皆曰川口受風斜甚危請待明日乃令船頭乘小舟觀川口形勢返遂泊于蘆島蘆島一曰難波島
廿四日晴辰起難波島御出船被遊川口汐目見合之上放過亥刻谷川御入津
廿五日晴北風商船盡開帆舟猶鼓櫓不建檣賴舟子之多須臾風勁建檣施帆速如銃丸到伊島日未午泊岬之正南大浪如山遂泊于泊港時既未一天如拭北風猶强撫手慨然
廿六日快晴にてなし半陰半晴或有雨天氣不一定有東風有北風聚舟子論之衆音一鼎沸遂泊於泊岬舟中無聊甚敷心緒如酔臥而思焉唯無西洋人三技耳呵々
廿七日晴西風吹猶泊之港ニ御滯船被遊候事御船頭兩人岬沖ニ天氣考合之ため差遣候處昨日より波ゟ穩ニ相成候得共殊之外わめき申風にて西風ハ横受ニ相成ニ付御滯船被仰付候義可然段伺出其通被仰付候段申聞候事

廿八日晴北風吹泊岬御出帆七ッ過甲浦ヽ御入津被遊直ニ御揚夫より御殿ヽ罷出御近習御家老中ヽ仰渡を以御暇被仰付之
廿九日晴浪立ニ而出帆難相調ニ付家内爲見繕陸路通罷越度段願上御家老中ヽ差出御聞届ニ相成り卽刻甲浦出足野根宿り
九月朔晴野根出足宿於安喜
二日晴安喜出足高知着

有馬入浴日記

嘉永辛（四年）亥春請暇浴有馬溫湯二月十五日報許
廿五日晴此日寄書於內子晡後發途宿布師田旅店親戚友朋送者十餘人至土橋而別唯岡本昇（水一方）森田敬（梅礀）送到布師田布師田有奥宮忠（慥齋）者好文事聞余來招飮三更辭歸
廿六日陰辰時發布師田休領石又休穴內國見峠高聳天南望孕門東瞰物部川宿本山
廿七日快晴辰時發本山休川口未時到立川此夜宿立川
廿八日快晴此日寄書於家發立川連山重疊萬峯指天溪水響震氣候頗寒越笹峯休馬立是爲豫州東裔越水峠宿川之江此爲讃州
廿九日雨辰時發川之江西風甚烈休本山寺南風止雨靡々下黄昏到丸龜宿

晦日陰辰後晴又陰岸本九郎太郎携雞卵椎茸等來謁乃送松魚脯二本巳刻出見市肆購得金玉糖以爲船中之食料未時放船暮泊于日比迫門二更發

三月朔日晴曉登柁樓過牛窓風色甚好無數白帆映瞰光小豆島在右室山在前薫風滿帆晡時着播州二見浦上陸宿大久保旅店自二見至大久保一里半十五丁一里

二日細雨東南風辰時發大久保休兵庫宿西宮是日望鐵拐峯霧中過一谷須磨寺敦盛墓前遂拜楠公碑渡湊川麻耶山埋雲霧在有無中經過之地英雄豪傑興衰之跡甚多以雨不能覼縷詳之

三日陰晩晴辰時發西宮休尼崎又休大坂淀屋橋市樓到御藏屋敷

四日陰晩晴巳刻至河内屋夫より訪小竹先生又訪奥野彌太郎（名純號小山）日暮歸京屋是日淡州人岡田周助見其所著外史補奥野純遠藤但馬守様藩中なり

五日快晴朝河内屋へ行夫より町方廻り歸る晩景庄助來る酒出ス

六日陰巳刻發京屋休暗峠越小峠登諸ノ木峠小休宿奈良夜雨

七日快晴日出發南都過伊賀越沿加茂川而行休笠置旅店是日春日大社大佛殿皆經過休上野
八日晴曉發上野大霧不辨咫尺西妙寺前松才露抄煙波中有蜃樓如涌起至荒木山霧漸晴日始放光休(欠字)又休長野宿津乃逢齋藤先生(拙堂)
九日陰晴相交溪琴(孫輔)出足見立としてはりけ(アハタ、シクノ意)參る夜與片山直造(達字元章號冲堂)同訪齋藤先生
十日陰淹留ふきや(津中町)訪拙堂先生午時出ふきや眺拋筆峯黃昏宿坂下元章同道なり
十一日快晴昧爽發坂下休松魁川西岸旅店水口休晝支度宿草津
十二日雨辰後發草津渡勢田橋觀膳所城休大津入京師旅店
十三日晴北風觀花於加茂溪琴星巖與冲堂拳山(高松、村山牧輔)相伴逢藤井(竹外)市次郎牧善助賴三木三郎家長彌太郎宮原健藏牧常太郎
十四日雨朝訪賴三木三郎遂至立齋之家索篆刻乃歸今夜會冲堂拳山三樹有風飲旅店

十五日小雨晩晴覵市肆日午與溪琴春樵沖堂拳山同覵花于嵐山夜歸
十六日細雨早發到祇園登東福寺過通天橋楓樹甚多橋挂其抄休伏見夫より
舟ニテ至大坂夜宿旅店
十七日晴覵市肆訪小竹不遇同伴片山沖堂村山拳山也二人今日欲發途歸鄉
與余飲難波橋北之樓遂決別夫より訪奥野不逢而歸訪溪琴
十八日陰同溪琴旭莊泛舟于木津川歸飲旅店
十九日陰小雨到原太一郎受診脈訪奥野彌太郎夫より歸る
廿日陰雨朝大凡調物相濟九ッ頃より放覵市肆日暮歸る
廿一日小雨荷物積立四ッ過九ッ過尼ヶ崎着休足日入兵庫着宿
廿二日陰日出發兵庫經源平戰鬪之處細雨霏々濕旅衫路艱辛遂不能凝覵直
路到明石休旅店雨益甚宿加古川
廿三日晴發加古川宿以水漲迂路半里得越川休御着宿室津
廿四日晴日午乘舟發室津港初更泊備大多布

廿五日雨泊大多布東南風甚烈雲飛如箭舟中無聊欲上陸大多布備之小島人家數丁弊惡甚日午遂借一茅屋入之夜雨響枕頭無復明日放舟之望

廿六日晴西風烈猶泊於大多布推窓眺西南雲行甚速以逆風不發舟今日雖得意外晴天色如此起臥悵然而已家向正西有堤撑波左右皆山々間種麥碧色如畫又佳景也遂登山眺西南無數白帆如豆東行如飛晡時風漸歇乃發夜北風曉入丸龜港一天無雲弦月與太白麗東天快不可言向之無聊與悵然胸中無又一點

廿七日快晴日出上陸休岸本氏四ッ頃出足本山寺晝休ニ而日入頃川ノ江本陣へ着

廿八日陰四ッ頃より雨五ッ頃川ノ江出足馬立晝休風雨益甚山峯萬尖盡入白霧頗與野嶺山似自豫之馬立村乘筍輿越笹嶺笹嶺我土州之北境盡所なり

辛亥春余游京師觀

辛亥二月余請暇赴攝浴有馬之溫湯畢遂入京視花於嵐山歸三月念八到笹峯々我土州之北境爲所盡峻拔參霄漢風雨甚烈四顧白茫々僕使余乘筍輿曰從是路甚險不可步行路在山腹

廿九日快晴辰時發立川休川口宿戸手野

四月朔日晴發戸手野休領石旅店又休布師田未刻歸家

。三月廿一日荷物積立

書籍溢キ一ツ

文忠全集	四帙	魏寂子	四帙	揅經室全集	壹匁壹歩
草字彙	壹帙	他山之石	五冊	玉華易集	貳匁
説鈴	四帙	夫々〆京やへ賴置		范中淹全集	壹匁
武鑑	四冊			拙存堂集	壹匁
攝東西詩抄	十冊	。冊尾ニ		李義山詩箋	貳歩貳朱
唐荊川文粹	四冊	潛邸劄記	貳歩貳朱	精華錄箋註	壹匁壹歩

劉誠齋文抄　三冊　淇園禮記　十匁　精華錄訓纂　壹匁三步
郝京山九經解　十八匁
朱子文集　四匁
　大全類篇
秘笈正秘笈　四兩貳步
　尙戌齋
　廣秘笈
　續秘笈
朱子全集　貳匁三步
怡晋齋法帖　十六匁
曝書亭詩註　貳步貳朱
右河內屋茂兵衞

〔參考〕

指出　長瀨萬治(印)

一上下人數三人

内壹人　自分

壹人　若黨茂作

壹人　信平

右ハ私義病症ニ付往來日數三十五日之御暇攝州有馬入湯仕度且北山通讚州和田濱ニ立寄往來之中京幷大坂ニおゐて醫師受診察其節右兩御屋敷御門出入被仰付度彼是奉願夫々御聞届被仰付去月廿五日御國許出足去ル十二日京着仕居申處明十六日御當地出足仕候間御改可被仰付候以上

亥三月十五日　吉田元吉(印)

京都御留守居所

◎校訂者云日録は豐信公に幕譴の及はんことを熱田宮驛に於て江戸の早追にて承知し同驛より急行せろ間の記事にして附錄掃部頭云々の一冊と聯絡すへきものなり

東行日録

◎校訂者曰「表題」ニ戊午秋九月已來東行西歸雜錄トアリ戊午ハ安政五年ナリ

廿一日晴申後發途酉刻到布師田宿竹村武右衛門家末松謙吉日比勘助送到竹村氏

廿二日晴月光如磨發布師田到領石旭日始登東山戸手野晝休宿於川口名本平助

廿三日朝昧爽發川口弦月在天朦朧光不磨白霧埋山茫々如眺海憩立川遂凌笹峯之嶮宿豫州馬立第一此日自立〔川脫カ〕。寄書於家

廿四日晴昧爽發馬立憩川江白雲飛東暖如夏輿中腹稿

歳戊午余起自謫居、再任參政來於府下、又得舊居之地、門墻頽廢極、使從僕開門、余數年來所苦心、桔桯所營造、位置盡蕩、爲荒草々長沒人、有荒山窮谷之致、愴然久之、遂探舊、五景皎兮、池淺淤見底、金黃之鯉無一存者、貞柯叢石

爲人所伐取、僅存十餘也、唯小嵐山與水香磯比舊覺可愛、盖余謫居凡一年、
櫻與蓮自長白茂、花期可思也
未下刻着和田濱宿新屋得兵衞家
廿五日晴昧爽發和田濱憩鳥坂第二寄書於家
快帆破浪向京闕、俄頃經過播備灣、指點天邊青一黛、離鄕幾日越來山、
未刻着丸龜宿岸本九郎三郎家
廿六日快晴自丸龜乘船巳上刻開帆向日比瀨戸
浮世信堪感、逐人又莅官、踉蹌趨東都、太息行路難、怪不遮途立、屈曲意不安、
奮軀躡嶮巇、越巒又有巒、倦極逢佳境、傾瓢强取歡、騎虎非吾好、唯緣懷君恩、
寸心若宣得、請身臥柴關、
廿七日晴曉起舟猶在日比巳牌西風開帆舟行甚速申後着室宿土佐屋才三郎
湯沐後意氣爽然
廿八日晴曉發室津越室山渡正條川憩姫路城下渡加古川宿於加古川此日過

備後守兒島範長墓前
西海賊氛日々惡僞檄何嘗汗丹心
廿九日晴昧爽發加古川憩大藏谷過一谷源平盛衰之所宿兵庫脇本陣
晦晴昧爽發兵庫憩西宮着大坂
十月朔日晴河内屋ぇ行市肆放視追手より貢橋（置賜カ）口邊ぇ行夫より道頓堀邊見廻り歸る
二日晴御館入一同饗應挨拶ニ出諸所持いたす於御屋敷緒方洪庵診察を受る
三日晴朝緒方洪庵診察を受く訪藤澤昌藏夫より所々見物歸る洪庵藥を所望す
四日晴藤澤東涯（咳）を尋東涯名を昌藏と云此日得家書
五日晴尻無川を下り木津川口より住吉ぇ廻り手柄山ぇ登り住吉街道より歸ル始舟後陸

六日晴第三寄家書長堀より舟ニ而淀河を登る夜半伏見ニ着

七日晴暁發憩遠帆樓晩宿石部

八日晴昨夜已來風氣日出發憩土山宿關

九日晴昧爽發關宿憩追分宿桑名

桂帆渡裏海、馳望高松城、落日照雉堞、金碧曄々明、

想見陣雲黒、鬪争源與平、起臥　、陳跡、扶桑今息兵、

十日晴桑名出足舟中満帆晩宮ゐ着江戸御左右拜承

十一日晴朝五ッ時宮を發夜四ッ時荒井着今日晝休岡崎なり

十二日晴昧爽荒井出足金谷泊り夜有雨點

十三日晴金谷出足昧爽渡大井川まりこ晝休箱根ゐ十四日朝夜明着小憩

十四日晴箱根より川崎ニ至夜明

十五日晴川崎より江戸着

十一月大

廿五日晴前夜之雪消殘滿目兜羅綿世界七ツ頃出足道路雪或泥濘輿行甚遅
品川宿にて夕食
廿六日晴曉大磯同所朝飯ニ至ル晩七半頃箱根御番所を越し天野平左衛門ニ而支度
夜ニ入乗輿山中雪甚敷輿行甚遅吉原驛ニ而晨
廿七日明富士川一番越日中道泥濘昨夜より今朝まて雨故也サツタ峠ニ而
朝食望岳亭也晝食まりこ島田ニ而夕食夫より夜ニ入大井川夜越濱松ニ
而夜明
廿八日晴濱松より舞坂舟荒井浮田作右衛門例之通休吉田晝る岡崎ニ而そ
バ夜通宮ゟ着
廿九日晴舟ニ乗る風惡敷舟より上り俄ニ人馬申遣し佐屋廻り木曾川舟に
て渡る渡場にて日暮夜五ツ過桑名着小憩
卅日晴七ツ桑名を出ル四日市ニ而夜明石藥師ニ而支度朝飯なり

（校訂者云以下闕文）

東行西歸日録

（萬延元）
庚申冬十二月廿五日發途此日天晴風和晩陰石淵ニ宿
七助（松岡時敏）佐市郎（井上）送テ石淵ニ來
廿六日雨晩晴五ッ頃發途穴内ニテ晝飯晩七ッ過本山ニ宿
廿七日雨五ッ頃本山出足川口晝飯立川ニ宿日中煙雨茫々不少休
廿八日雨俄峯至平山風甚馬立午飯川江ニ宿
廿九日雨昧爽發川江午時休本山寺夜丸龜ニ宿
晦雨歇雲未霽東北風不可行舟淹丸龜晩晴
（文久元年）
辛酉正月小
元日陰午乘舟放洋晩泊牛窻
二日晴昧爽發牛窻午時入室港仍宿室津
三日雪昧爽室發途宿加古川午飯姫路驛也

四日陰曉發加古川午時休明石天又雪宿兵庫
五日陰昧爽兵庫發途休尼崎着大坂晩雪
六日晴晩陰四ッ頃より市肆放視九ッ半時歸御用取扱京都之調等爲致候事
七日雨御陣家地普請見聞夫々差圖いたし圖書を以返出候樣申聞之事
八日雨御殿ニ而御用取扱
九日晴市中を廻り夫より御城を廻り歸る
十日陰御用取扱小頭役等差圖いたし事
十一日陰助四郎御郡代江枯骨取除之引合條理不相立候付簾々申聞今日引合相濟候事
十二日晴御飛脚立ニ付御國許へ之書翰相認候事明日江戸江出足ニ付仕拼(準備ノ意)いたし候事
十三日晴四ッ時淀舟ニ乘良輔(後藤象二郎)勝之進(寺村)健次(福留)與膳(松下)左衞士(中山)送而至舟其他役人共不殘送來出鄉より今日迄好天色を不見此日風恬雲收四山被霞麗不可言

晩宿伏見
十四日晴出發伏見早追午飯草津晩食水口
十五日晴日出着桑名朝飯後乗舟八ッ過宮驛ニ着西國屋ニ而午飯雲被一天
西風急明日之晴不可ト也
十六日雨五ッ頃荒井ニ着朝飯櫛髪入湯稍生人生之情四ッ頃勉勵乗舟午飯
濱松晩飯掛川夜至金谷
十七日晴曉渡大井川朝飯鞠子午飯掛川夜ニ入三島ニ而晩飯夜通し至箱根
十八日陰日出發箱根小田原晝戸塚ニ而晩飯
十九日晴昧爽品川着御（容堂）隱居樣御機嫌奉伺に御屋敷ゟ出早天之義ニ付又十（奥村）
郎ゟ賴置御用役兩人御暇乞ニ出歸ニ逢同道ニ而上御屋敷ゟ着品川より
歩行也太（豐範）守樣ニも御目通旅装束ニ而御奥ゟ出御前樣御目通御奉行中ゟ
も御逢之事
廿日陰昨今兩日共太守樣御目通之事御爲ニ不相成義ハ心持被遊可然義等

夫々申上ル御國許より調來御用向夫々取計いたし候事
廿一日雨朝御目通文武館之義申上ル御立御見立ニ御門外ゟ出ル夫より御奥ゟ御祝詞申上ル朝より御奥ニ而頂戴有之夜ニ入仕舞
廿二日陰品川御邸ゟ出勤兼而之僉議夫々申上御思召不被爲在候段拜承頂戴夜九ツ頃御仕舞上御邸ゟ歸ル七ツなり
廿三日陰大丸ゟ買物他出晩景より風氣引籠
廿四日雨引籠森村高田屋名立屋ゟ賴品夫々申付ル
廿五日陰今日も引籠
廿六日晴風邪未全快引籠
廿七日陰今日も引籠
廿八日晴晩景髮月額
廿九日晴寫眞いたし候事晩御奥ゟ御機嫌伺
二月大

朔日晴品川ゟ出勤夜半御暇夜明ニ帰
二日晴出勤御用方取計
三日晴晩陰品川ゟ出勤夜八ツ比帰
四日陰御用取計他出
五日大雪隅田川舟遊萬潤三寅同行
六日晴御用取計後他出
七日晴品川ゟ出勤夜七ツ頃帰
八日晴御用取計他出
九日晴御用取計他出
十日晴品川ゟ出勤夜半御暇今日自頑公ヱ出ル（親戚秋月侯黒田長元）
十一日晴佐竹様（豊資ノ女悦ノ夫久保田侯義睦）ゟ出ル御料理被遣御品々拝領
十二日晴築地様（豊煕ノ未亡人智鏡院）（親戚旗本豊濟）ゟ出五味様ゟ出拝領有之夫より品川様ゟ出ル
十三日晴御奥ゟ出御前様ゟ御暇乞申上拝領物有之夫より品川様ゟ出右同

日暮出足夜通大磯ニ而夜明
十四日晴大磯朝飯箱根午飯三島晩飯
十五日晴府中朝飯藤枝午飯袋井晩飯昨夜富士川越今日八ッ頃大井川越
十六日晴味爽荒井江渡り朝飯御油午飯大濱晩飯夜半到宮驛
十七日雨午後晴佐屋廻り木曾川舟ニ而渡八ッ過桑名ニ着卽發夜通翌曉到
龜山今日午後佐屋晩飯四日市也
十八日晴水口朝飯草津午飯晩到伏見
十九日晴自伏見入京僑居三條肆店御邸江出信受院様御機嫌を伺

◎信受院ハ駢後ニ恒、山内豐著女豐資養女嘉永五年十二月十四日三條公睦ニ嫁

廿日晴德大寺裏殿江出夫より烏丸江出御見舞
廿一日晴御邸江出夫より東山見物として知恩院高臺寺上り行入肆市視本
願寺歸僑寓
廿二日風雨朝より御用取扱九ッ比より三條江出ル夫より德大寺江參殿大
納言様中將様江御目見

嘉年君ハ豊資ノ女、安政六年正月廿五日徳大寺實則ニ嫁明治十二年三月二十七日卒

嘉年君様より御酒頂戴御前ニ而種々御咄申上ル夜八ッ半相仕舞

廿三日陰今日江戸江飛脚差立る御國よりの飛脚京ニ為扣候故なり八ッ頃

出京信受院様御機嫌伺之事伏見着

廿四日晴伏見出足舟ニ乗七ッ前大坂江着

廿五日晴今日外助御國江遣ス諸荷物片付済御用方取扱晩他出

廿六日晴（堺守備として住吉の陣屋に）御陣家地見聞参り懸舟ニ而臺場見聞

廿七日晴圖面等之取調為致候事

廿八日晴緒方氏江行

廿九日雨御用取計他出不致

晦日陰朝有雨御用取計他出不申

三月

朔快晴町人方振舞就ハ會釋ニ出ル

二日晴御用取計いたし候事

三日雨臺場燈見聞
四日晴陣家ゟ行
五日晴郁三より被招參候事
六日晴植木屋ゟ行三好ゟ行諸品見物少將(豐資)様ゟ差上物相求る
七日雨在役より被招今日朝より晩迄御用方寸隙なし夜ニ入在役(役人ノ居宅)已家ゟ行
夜半歸
八日雨晩晴朝より荷物仕舞晩景相濟夜ニ入り三郎健次左助良輔來又七文
助重藏助藏一同相集酒出ス
九日快晴朝五ッ頃大坂御邸より舟ニテ尼崎城西岸ニ着上陸此日春色滿野
四山被霞麗不可言午飯于西宮着兵庫一宿
十日晴五更發兵庫視長州陣家弊惡甚日猶未上午飯明石八ッ過頃着加古川
宿驛店
十一日雨灑如絲五更上路々泥濘不可歩乘筍輿到姫路城憩市店侑飯須臾結

東垂輿細雨不歇到正條驛雨歇雲收躋室山天晴如拭夕陽在西山遂宿室津
十二日晴西風將乘舟西風猶未止淹室津土佐屋才三郎宅晡時詣室津明神社
十三日晴西風未止猶滯室津今日飛脚自江戸來乃託書寄同官及家晩雲收風
歇乘船放洋
十四日晴巳刻入丸龜港休旅店侑飯畢乃發一休鳥越再休和田濱夜到川江宿
本陣
十五日陰東南風五ッ頃川之江出足夫より馬立ニ而休晝支度七ッ過立川ニ
着宿旅店
十六日雨東雨風五ッ頃立川出足乘輿到川口休名本平助宅雨雖不歇風稍靜
未刻休下關山下常丞宅雲雨形勢明日之晴可卜也

東洋遺稿

靜遠居類稿

與片山元章書

秋白、元章足下、僕在津城、得與足下邂逅於客舍、一見如舊、相携入京師、觀花於賀茂及嵐山、又與下澱河、以達浪華、而足下先航海去、自津城相伴僅九日、繾綣臨別之、客宛如在目《攜前》・雖再閲歳、竟不能忘於懷也、嚮者足下在昌平黌、以逸群之才、從諸名人游、學成而歸、笈中詩文甚富、夜休驛店、必見出示、僕乃揭燈讀之、至清新奇警之處、拍手呼快、令人不覺身在逆旅中、僕僻處南海、交游絕少《宕》、矧北山峭而險、其水冽而駛、一綫之路屈曲上下、僅得以通、嬔人之褒斜、而笹峰下奇險、處置關以誰何出入、亦猶劒閣之爲蜀北門、幾有別天地之想、故不能就奇偉非常之師友、而鼓舞志氣開擴耳目、常以爲恨、昔蘇子瞻生眉山、畏足牖下、讀書著文、未嘗求師友於四方、一旦從其父入京師、天下英俊之士、皆出其下、所謂閉戶造車、出門合轍、其事豈易言哉、僕自幼喜擊劍走馬、間又涉獵書史、講究古今人情事物之變、欲有所試之、年比二十六七、被選拔任官、而天資疎直、發言忤人、且不自料、有革弊正風之志、是以詆訶蝟起、欲施行一事、則如對嚴「敵而築城壘」惴々每恐其不成、既而遇病辭官、自顧絲毫無益於國家、慚愧之餘、背汗交下、於是益發憤、欲得師友義方之訓、以陶淑所不及、環視天下、莫如拙堂齋藤先生、先生博學能文章、遭遇賢君、超擢在顯任、施行其所學於勢伊二州、政治之美聞天下、僕所以有勢之行也、時請暇不過數旬、雖幸得先生之親炙、又常得交足下、而皆暫合久別、如蜻蜓之點水、徒取期須之快已、豈不遺恨乎、僕之鄉與足下所居、直線計・僅三十餘里、而常苦路之不通、頃有將趨讚者、乃託以奉書于左右、併錄詩文十餘首以見意、足下覽之必・知升謬百出「必唾棄之窃」願不起別天地之想、細爲指摘、僕亦得鞭策罷駑待後起之人、魏冰叔曰蜀士奇嶮、人才不多生、生則必奇、今南海之奇嶮、既不減於蜀士、唯欠出一子瞻耳、

僕固陋劣不足云、然當吾世不欲有子瞻其人以出吾州哉、拙堂於四也以下拙堂僕唯不肖願與足下俱勉之、

元章雖詞章可觀不過與足下伯仲之間足下更勉焉弗懈終必出於其上　齋

藤拙堂評

宕陰云書牘提月日耳揭歲支干者未之前聞

浪華與參政澁谷傳書

甲寅六月日秋白僕自得嚴譴宕「遂」追還本籍之令下惶懼束裝發鍜冶橋邸蕭然行李經五十三驛得以達浪華旅中無聊刻々自思曰去秋僕之擢風憲也墨夷水軍將被理帥大艦六七艘來泊江戸海有所要求焉　幕廷戒嚴沿海諸侯整肅兵備以待警天下騷然我　公亦憤勵以選人材僕在選中蒙特知荷殊遇俄而超任參政機務彙集燈以繼晷勞疲亦甚當是之時僕雖獨立無援上恃　公之知遇自任莫所顧慮欲剔弊宕「事革頽」變風使我　公之名震天下其所下手將何先夫封建之世所以少賢而多不肖者莫乃拘閥閲而不論勝任否乎苟使不肖之人以幹事雖口言破格而心持格益固矣格果起何時乎非祖宗之所定也宕「大率出乎時相之意」後人所添畫之蛇足耳

宕云至此點出勢字覺蛇足用九云朝下七字作令不果行何如

宕陰云事似不類

宕陰云言至此似失溫柔

況學有限之格以應無窮之機而變每出格外輙倀々乎如瞶者迷向背小吏因緣爲姦而不能澄清之還出煩屑之令以期必行不復知機與勢宕「宜」爲何物是以朝下令而夕乃挌國威日挫士氣日消民力日耗祖制日壞於是詢之衆衆之所以爲忠厚者必拘泥瑣節而暗事機之人也烏足與論治乎亦積習使然耳非揭非常令以勵之懲之則風俗用「頽」未易變矣僕所建白淨寫在憲憲可覆按而今未能施行一二適蒙譴罷官責在後任者足下其勉焉乎哉然事在心應隨機宜而活動矣既書而在紙則爲死物其緩急後先皆存於人宕陰洵然々々所以有治人而無治法也是固無以逃於明用「慧」眼之下矣且僕之得譴足下所詳悉嚮我　公之宴客也某君使酒罵坐僕與足下同侍焉而同被辱矣足下隱忍宕「不言」而退僕不能堪進而折辱之謂身雖有尊卑分類首而遁宕「退」則亦損國威傷士氣非我　公所以遇僕之意也自足下視之必爲不可蓋原足下之意欲留身以輔公也猶之程嬰杵舊爲趙氏杵舊死而嬰存存與死固不一也然其爲趙則一矣僕天資狂直模稜假借所不肯爲亦不能爲也是以與人言動犯其忌諱而不自知及超取顯美飛語流言旁午搆扇欲排陷僕者亦多假令僕爲足下

敦厚之意

所爲則不特得譴奪官豈得復爲人乎或不達而咎僕曰昔韓淮陰唯忍股下之辱故能佐漢高成帝業足下之志大盍隱忍以成其志僕唉曰足下試思之淮陰南面稱孤時猶能蒲伏於屠夫之股下乎僕以參政被辱矣啻己之辱我　公賢明必能諒僕心事況僕感恩深矣七尺之軀久已許我　宕「君」公常自誓若遇異變用「變異」欲灑心血以報萬一宕大丈夫當如而譴之輕重何足云雖然僕既得譴後來者將籍口僕益以資格如選才剔弊以變風恐中道而廢尚何得及學政海防荒政諸件乎若或及之亦恐名實不副徒取笑於識者所以區々之心不能不爲足下一言也唯事起倉卒頗欠旅資倚足下懇篤周旋纔得以不乏今照數返納冀了焉俯仰今昔不覺慨然宕「慨然不覺」涕泗交也

僕酷愛李適之句云避賢初罷相樂聖且啣抔古人忠厚之風可想至於得譴後作書示諸人近於鳴不平恐非君子之心也　塩谷宕陰評

兄之遭譴古人之事也而文之古朴洵稱兄之爲人敬服敬　用九妄批

與藤田斌卿書

宕云以弊藩參政不必言

僕嚮以弊藩參政祗役江都乃得見大兄大兄延僕於別室置酒談當世之時務大

宕云陷字自言不是

宕云故字不承上此句改作言及足財輒曰汰冗々々何如

兄議論颷發鋒鋩四露雜以嘲笑而瞳光炯々射人僕偉之未暇叩其底蘊也別後已五閲月會客對酒必思大兄吾州莫大兄比矣僕之能官歸鄉事起倉卒不能趨告別也既歸未兩月忽奉放廢之命僕學淺才劣何堪重任蒙讒陷宕「嬰」罪固其所猶幸減食邑四分一以賜三歲兒君用九「至遲」恩甚厚僕自玆閉居讀書著文不肯交通於人近聞英夷到崎嶼魯西亞碇泊浪華港僻遠之土不能得其要領蓋自墨夷來江都海杞憂實大任樞要者不可肝食之秋也僕雖被放廢豈不敢櫻於懷哉夫堂堂神州開闢已來未嘗受外侮今擧天下全盛之力以捍寇苟處置得宜何畏彼醜夷名公巨卿布列在上必有能所處焉但身伏草莽不能開其良圖則苦心焦慮視日間瑣事褭如充耳妻兒或怪問之僕輒笑而不答雖如僭越之罪可畏亦生神州浴國恩者不得已之心耳頃天下之諸藩或有財乏民耗而不能修兵備警不虞之國故擧海寇之事以叩人人必曰汰冗官省冗費僕每笑之謂天下者活物也控馭在心區畫在機使此輩果得志抱才者雖必擧之負望者雖必抽之宕然以其執虛形而決事持死法而接物也一弊已剔而一弊又起一費已省而一費又生如朋姦如貪賄諸害

宕云爲天下須添一兩句以小結不然則轉棙處欠明晰

宕云凡百字錯用

宕云與漢土異作與秦漢以下郡縣之始異

政者雖不公行而隱己行先之弊與費猶易見而後之弊與費實難稽矣及其形格情露乃曰我選才至矣無奈世乏於才矣譬之修飾邊幅者其容貌整矣其言語正（宕壯）矣而其心則不然也亦傭人之所敬識者之所陋何足云法令者死物也憑持爲拗墨守爲戾英主之馭天下「者」冗官「可汰而」未必汰也冗費「可省而」未必省也（唯）善遴才（非有應變之才安能得守經常故善）而攬心審勢而察機其心已相貫其機已相適雖有凡百僚屬欲左則左欲右則右如（宕心）己之於手足死法亦活虛形亦實其於弊與蠹何有哉人皆不察動輒曰汰冗官省冗費是執死法以括生人也請試（宕終）言之吏治之循酷治亂之所判也或稱塞決河或稱賑窮民乃不得不撥官帑任之而其實塞河賑民僅三分之二他皆自私耳爲術甚巧使鑑（用監）察官糾之如捕影捉風非冗費之甚乎脚穿袴腰帶刀僕從六七輩建（用樹）鎗（槍）荷（擔甲）鎧其官不卑其祿不少而察其吏所存如商賈如婦人欲立威以肅之孰重孰輕茫乎不可究詰非冗官之甚乎冗官與冗費亦未可岐而爲二也吾邦世祿世官與漢土（宕）「郡縣之治」異方今爲冗官者槪爲勳貴之子孫爲冗費者槪皆官廳之格例欲一朝而盡省汰之自非明乎心與機其不傾危者希王安石之亂宋方希直之誤

宕云峨艦作陣艦若巨艦幾隻幾門可劃

明可以見（宕用）而安石之才希直之學亦何易得但其欲執死法以括生人也禍害不可勝言況不若二人者其可以忽乎夫有一才而濟一用有爲惡之才而可與爲善矣（宕）才無短長者何用之爲乎漁者利海樵者利山農者商者利耕與販才地各不同也苟能精察焉隨機而鼓舞之剔弊正風禁蠹耗蓄財用盖無難矣乃嚮之爲冗官者爲有用之官爲冗費者爲不可欠之費於是乎峩艦幾隻可制也震炮幾門可鑄也器械精而操練熟法令明而士氣振何畏彼醜夷哉今尊藩英主在上輔以大兄之才略此等事業唾手可辨矣僕罪廢之人不容喋々多言唯荷大兄懇々之意感銘肺腑乃擧一二概略以請敎且錄舊作詩文（宕往）幷行願官暇動筆賜删正何幸如之

耿光遺範序

君子與小人相反如冰炭（摑其勢如冰炭）其勢不相容也而人君必進小人退君子何哉夫陰險深阻喜慍不見于色而飾以學行則小人而如君子矯然負瑰異之才恃氣使酒鬧隣罵坐則君子而如小人故君子之骨鯁敢言或如執拗傲狠小人之迎合順旨或如忠愛愼密遽遇其人孰邪孰正未易以辨也自非英明之君不爲惑者希矣歲癸卯

我　養德公如親政慨然有振勵頽俗之志乃拾門地破格例以求經濟之材其所登庸之人概皆俊偉忠正孰厚廉潔除去愉靡僥詭之風既已無餘而險黠巧諛之徒亦皆竄伏一藩翕然嚮禮義政治之美爲近古所不有焉戊申春　公東覲罹疾其夏逝於江都之邸蒞政僅六年矣秋嘗讀史歷觀天下之治亂莫不繇賢不肖易位與否而　公甄別君子小人如神可不謂英明之君哉嗚乎芳蘭之英易萎霽月之天難遇古今同歎痛哭莫及而　公之嘉言善行沁人々心髓不可磨滅矣然世移人易其不可磨滅者將終歸乎湮沒亦不可知也及今纂修庶幾得該備焉秋嚮誤辱　公知屢擢顯官而淺學疎才不能獻寸績因竊不自量欲編輯　公行略以報恩遇之萬一而未果今玆寺田剛正寄示耿光遺範一卷且請序謹披讀之　公自嶽降及星隕學行之勤政治之美駕馭之術瞭然如指掌可以傳于百世而不朽矣豈不偉哉秋因此擧得以購宿志不可無一言也仍洛誦再三　公之音容恍如在目愴然攬涙而序之

小竹曰謹嚴得體

贈福岡生序

福岡生孝良生而有足疾不便於擊劒走馬年未及弱冠辭祿秩免武者籍慨然有志於斯學乃就欲聞爲學之要予寡聞淺陋安足知爲學之要雖然生意甚銳終不可以寡陋辭乃告之曰經術也文章也經濟也孰不廣己造人之學而其弊亦各有可戒矣講試備論之方今枵腹白戰之徒喜叙猥瑣鄙褻之事而闖入演史家之門自以爲新奇是其可戒一也博搜明清諸家之文寸斷咫割飣餖成語而文其不才乃甍言以衒惑濟輩直爲慶陽大倉之罪人是其可戒二也局量卑狹勵精於纖介瑣節而爲得洛閩之正脈曰學者讀小近四書則足矣何事六經子史謂之懶惰自便是其可戒三也原心於抄忽而擴充之較理於分寸而固執之自命甚高人亦仰爲碩儒者概皆株守經常而不知權變惟其不知權變將遂併經常失之是其可戒四也智慮周匝識見高遇足以適用而其操行不覊或陷爲蕩子是其可戒五也負氣恃才博辨縱横不肯爲人下而果於自用使其得志未必不爲趙括馬謖是其可戒六也凡此數者不特己之非其勢將誘人於魔界豈不爲學之弊哉夫天下之務

先推究其害則可以見其利王文伯曰觀所以失之之由知所以平之之術人以爲知言故予首擧爲學之弊而後爲學之要自見生須自量其才擇而處之耳勿爲倀々乎釋船履水之人

小竹曰風雲文學之譬喩似未切且並言學者之可戒而言其可勉者淺而不要更思之

田宮翁八十壽序

辛亥仲冬、田宮翁志叔八十初度、其孫仲智來請侑觴之辭、仲智受翁之學、業醫、兼好詩文、敏悟有才、予近得交之、且予年十五六、得軟脚病、試諸醫不効、皆云病已入腹中、非湯熨之所〔拙堂「以下同」〕速及矣、家君聞患之、乃請翁治之、翁天稟和易、好諧謔、動使人絕倒、初來診脈、其捷俄而〔因〕手鼓予腹、笑曰健哉、君固非患軟脚病者、不出三十日、病必癒、家君大悅、使予謹服湯〔其劑〕而予猶疑其憲言、後〔姑且從之〕經二十餘日而〔病愈〕起、果如翁言、予於是知翁之精技〔也〕爾來殆二十年、予雖善病皆旋癒、不復煩翁也、今翁年屆八十、而康强善飯、充然無黎〔衰〕霍〔容〕色、身起于寒微、〔遂〕致祿秩顯赫、故醫名藉甚、雖織席荷薪之人亦無不聞翁名、而兒孫振々、繞膝擧觴、豈不盛矣哉、予家世受士祿、自得翁之療來、年倍壯、好擊刺之術、而時遇昇平、無所用力、近聞洋西之虜、不憚盲風狂浪[猖獗禍及]頻侵奪東洋諸國、鋒鋭甚然未以足試我日本刀也、唯立言一路庶乎可以表見于世、遂肆力於文章今齡已越三十、而無一所成立[就]、愧翁多矣、且夫士之無所成立[就]者、固不足適用、而令譽反噪於一時者自古不少、有名無實其又何足云、翁無恃一時之名、稱益以勉其實則壽與名將延之無疆、予雖淺學、亦未嘗甘於草腐木爛、者乃修不[獻]文之[一]言、應仲智[之]請使以侑一觴、不知翁其笑而頷之歟、

山崎子脩六十壽序

詩文以陳志達情、書畫以形紀之、觸物應事、而無姸蚩鉅細、皆包括之、故才氣之所變幻、輕如飛蓬、重如墜石、油々乎如夏雲之卷舒於天半、[拙堂出]或忩層巒疊嶂之奇、或挾奔雷駭浪之勢、以蕩逸於兩間、驟雨視之、不驚心動色瞠於後者稀矣、予謂書畫之與詩文、譬如江河之每派各自得名、雖有深淺曲折之異、其源未嘗不同也、是以灑落超凡之士、往々寓志於詩文書畫、而淸靜自娛、以待知己於千載之下、孰謂之士

之不幸也、抑亦國家之不幸耳、左川人山崎子脩好詩文、嗜書畫、而一日不能措之、乃所謂清靜自娯者非耶、予雖未接謦欬、〔就其〕聞所〔能〕好而推之、則可以想見〔其〕灑落超凡之風采矣、昔米元章有嗜古書畫之癖、嘗與蔡攸在舟中、觀王衍字元章、俄倦軸入懷起欲赴水、攸驚問之、元章曰、生平所蓄皆不及故寧死耳、攸遂以贈之、子脩之好果如此歟、元章能懸腕作小楷筆畫端謹字如蠅頭、而位置規模一如大字、子脩之〔技〕能〔頗〕果如此歟、子脩今年六十、其門生某介人請予文、夫元章之詩文、若書若畫、皆有超妙入神之氣、浩々乎蕩逸於兩間、故片楮尺縑人〔皆〕莫不寶惜之、今子脩好元章之所好而又能作蠅頭字其氣韻天拔、假令未能如元章、亦足以知神明精强、老而不衰也、他日予得見其人誦其文、必有勝所聞者、迺自此以往、七十八十之壽、將躋堂而侑觴、不知子脩果能爲予盡醉歟、

樺島翁七十壽序

予自戊申來、再游京畿、探討勝槩名區殆遍、而今之京畿、非復昔之京畿、其騷人墨客總無仕途情、以猗貞之資〔拙堂下同〕更挾才藻風流市陌紅塵中、〔殆〕頗如捿身〔山〕林泉予樂交之、

惟江都四方梯航之所會、琛贐之所聚、爨炊日益盛、士之負文武才、而熟人情識時務者、意必多、而以距吾州遼遠、未暇游焉、僅就《識》其二三君子而裁書請言、亦未足窺一斑耳、然古人云、山水之靈、淸淑之氣、感化出偉人、未必求之繁富大都會也、猶夫松檜豫樟之材、槩生於窮山邃谷、若憚搬運勞而舍之、終是闕大厦凍梁之任矣、故予不自量、思欲携一襆被遍歷天下佳山水、以物《索》色巖阿奇傑之士而未果、近聞人說鎭西之勝、心益動、謂鎭西雖遠、較之江都、不及三分一、或得遂志、則由阿蘇越海、覽溫仙、旋復東南、躋霧嶠、而北歸渡筑水《上》、尋彥山、飽搜神秀靈奇之境、其間豈無奇傑之士哉、旣而邂逅淸水君、相得甚歡、君筑後人、好擊劍、從其師大石君來吾《寓》藩留三月、爲人質直可喜、一日來告曰、吾有丈人、雖齡已屆七十、强健之容慷慨之氣猶少壯、時尤好詩文、君其肯寵丈人以一言乎、予笑曰、昔太公與五羖大夫皆年及古稀、始得展志、翁康强不衰、亦天之有意而留向《之於世》來地乎、蓋未可知也、如予秋草腐耳之文、又何足輕重翁哉、然予欲游鎭西而先得君、因君又得翁、聞翁豪逸之風、而知其所交非常人、他日予因翁一々訪之、庶得交巖阿奇傑之士、乃平生之志願足矣、

拙堂云譬喩不倫

拙堂云種昌術雖工皆得於其父者非別成一家

是予有求於翁者、其請壽言、安得辭之、翁姓樺島、名益親、以詩文名云、

翁盖樺島石梁之子石梁以文章聞於鎮西者也（拙堂評）

送大石種昌歸筑序

近古以來、物理工夫之精密、不得不推泰西人、爲絕妙、而以貌利大泥亞爲嚆矢（拙堂第一）、今覩其斡旋大艦巨礮、神速如風霆、足以知意匠之精妙矣、嚮者支那人惟狥俗泥古、慢自尊大、曾無取長補短之心、是以一旦及與之角、望風駭走、不得一措手也、盖泰西人學藝之工夫日益密、如天文地志歷算之術、亦皆古粗今精、以今視古、昭々然如白黑之在目、而我擊劒法亦然、常隨人脚後、莫所自發明、未足以適用矣、大石君種昌筑人也、軀幹矯健善擊劒、嘗從其尊翁、博究劒法、遂能簸糠粃而發揮精妙自成一家（有名於時）、藤堂侯聞之君名欲試之、乃設場於江都之邸、大招致四方劒客、選其最精者二人、使與君角技、時臨場會觀者亡慮八諸侯、自是君名遍天下、予亦就（從）君學者、屢觀君演技、法度雖嚴、而變化神奇、其瀏漓飛動之狀、人皆落膽、乃知我邦人不及泰西工夫之精妙、亦在不用意耳、如君之技踔厲風發、較之貌利太泥西人（西人之所能）、當並駕而

無愧色、豈不我邦之大艦巨礮哉、壬子秋、君携其弟子二人來寓吾府下、府下之士就學者甚多、君爲人風神洒落、無所帶芥、見者不復知爲武人、予親而憚之、其將歸筑也、繾綣不能已、書此爲別、嗚呼使人々如君用意、何求不得、何欲不成、乃强旺如貌利太泥亞亦何足云、

袖珍八家文讀本序

唐宋八大家之稱定於茅順甫、而順甫之前有朱伯賢已採錄之、其書今不傳、順甫之後、選採最稱精當者、爲沈確士讀本、他或增爲十家、損爲四家、爲大家、（拙堂亦爲）或同八家、而人則異焉、儲同人云、大家豈有家數、可以八、郎可以十、余試取唐宋之文讀之、有將良卒銳、與八家旗鼓相當（而）不軒輕者耶、（自）有古選集之多、何啻充棟、而除文鈔讀本外、有家絃戶誦至今不衰者耶、元明以來、英邁之士有取高科得顯任濟時治民者、有棲遲草茅以經術文章垂後者、所遇雖異、至其作文有舍八家、別得蹊徑者耶、明之中葉、（拙堂前後七十）二三文人唱復古學直欲跨秦漢、（拙堂以下同）其聲華意氣雖足、風靡一時、旋皆漸盡消磨、盖公論之所在、自不可掩（者）槩如此也、士方生子禮之所以喜八家之文（者）豈徒然哉、

（拙堂云好喩）

生自幼善屬文、好誦習沈氏讀本、皆能琅々上口、齡已弱冠、欲負笈游京畿、乃手親寫之、縮爲小本、以便携帶、馳价徵予言以辨之、予謂吾州與京畿相去千里、而青嶂挿天、風濤怪惡、（難出遊）自常情觀之其孤羈難窘之狀不堪置想而生視（之）如坦途、（行旅）僅得間、亦將取所寫文誦習不舍、可謂有志矣、然志之所在、乃弊之所生也、淸初如方鳳九志在矩度、而拘々矩度、不能自變化、有識之爲枯骨槁木者、有慊才力之薄者、嘗辟之（醞）酒、初貯潔水於木甖、媒以飯與麴、晨夕攪以待熟、上搾澄折然後味佳氣烈、貴賤上下不得一日缺此、苟（無醞釀之漸）急用之則水自水、麴自麴、而謂之酒可乎、如近世模仿新舶來、纖弱之文、而沾々自喜、廼非水非麴酸變不可喫者媿之、如方鳳九亦其識見之醇疵、體裁之雅俗固已大相區絶矣、何況規矩八家而加變化焉者、大用可以濟時、其法可以啓後學也、方今（上國）天下宏才碩學之士不可一二計、生往得親炙之、何待予言、而所以敢序之、不特勉生焉、予亦將因此以諗大方之敎誨也已、

送田村子泊之豫州序

田村君子泊將游於豫州、過予告別、子泊精核内科、（拙堂以下同）自寒熱嘔吐泄瀉欬嗽至不易

拙堂云、雖譬喩未切、然筆彩可觀

治之諸症、參酌時宜、以攻補之、治驗甚多、用是名稱噪於府下、嘗營好生堂於鏡水之陽、使予記之、其所得與所志、皆具記中、爾來再閱歲、治驗益多、名稱益噪、而子泊常如有不慊意者、俄而告其弟子、曰、凡物有內、必有外、吾獨詳內而遺外、豈不缺陷哉、自此有兼學外科之志、求精其術者於四鄰、莫如豫之鎌田氏、鎌田氏嚮來我府下、効功在人目、乃欲往而究〔叩〕其縕奧、所以有此行也、予謂內科似易而難、外科似難而易、辟之用兵、拊以恩、肅以威、麾下健兒皆願効死力、內科也、鋒及相接、擣虛攻瑕、隨機制勝、外科也、然奇才劍客〔異能之士〕往々不受繩尺、唯能養其氣結其心、又〔使〕不敢廢其〔吾〕法、內科之所以似易而難也、戈鋋林立、感恩忘死之士爭先而進、左指右麾、惟吾所令、外科之所以似難而易也、是故治內在先、治外在後、循環相濟而不得偏廢焉、鎌田氏專以治外名、則訓練已足、而士皆用命必矣、子泊專以治內名、則本已立、外之可擊可襲者、一經師授、卽皆迎及而解、內外透徹、雖有勍敵、何足畏也、予動患肺痛、每賴子泊調和〔治〕、臨別悵々、不知所言、雖然子泊歸自豫州、擧其所得施之吾民、而莫〔無〕有內外、則不特子泊之榮、實吾州之幸、而予亦預有幸焉、乃遂張宴送其行、

漂客談奇序

絨衣氈褌用金鈕扣窄僅束身表更加光滑衫羊毛之襪牛皮之鞋卷笠戴在頂知是泰西人蓋有漂客歸自美理哥者一時喧傳見者如堵余適病不能見之吉田子英圖以寄余其衣服之容大凡如玆矣余按地球圖泰西與美理哥東西雖懸隔風尙略同豈以美理哥之地爲泰西人所開創乎子英又次第其漂寓事實成小册子明白簡盡一覽可了索序於余余嘗聞美理哥貿易日盛航海日廣全地球中莫不經過處其硏覈各國之風采規模已詳矣吾邦絕外交不許海舶駛洋表吾藩又處其南邊人之聞見概不出于一藩外況敢及洋外之事乎適有談之者則半信半疑如聞釋氏談快樂苦惱界之光景矣今漂客等親旋繞地球閱歷甚多已解美理哥語又習其蟹行文足以審彼之情狀而補己之不足是書之著何徒談奇已

大町翁七十壽序

大町翁左平自少時喜使槍日趨演武場試技老益壯其挺槍與人格風雷倏生手中而飛上落下莫不如意雖壯夫猶憚爲敵手誰知其齡及衣帛哉歲辛亥我　公

賜金褒之以勵世之武而不武之士一時艶稱以爲榮翁乃倩四方之韻士墨客以叙之越二年价人請余文且曰欲得君文久矣惟難紹介遷延至今願君不靳一揮毫之勞惠以追壽之文余乃進价人告曰翁雖生遇太平亦挾鏦法自雄行年七十能以技當褒典又大開壽筵以延客四方之慶焉者麻起萃合而武場忽變歡喜之地可謂盛矣哉先是翁夢得一金錢背面皆有文曰歡喜曰鸑以爲祥於是果驗而其曰鸑者亦安知非皷翼冲靑雲之兆哉雖然人之在世孰非夢而如枕上所夢亟夢中之夢也徒評其吉凶喋々不已痴亦甚矣古昔先王之設占夢之官以決六夢之吉兆亦非徒評其吉凶而愼事於未萠之意也翁謹愼偶然與此意符而又適得吉夢耳且此間有七十嬰兒之諺謂年踰七十心蒙如嬰兒也翁以他人爲嬰兒之年强健如壯夫其所見亦必正何待余言噫如翁者求諸古人盖羅結之流亞也結元魏人百餘歲而尙能涖事其器識雖差殊而精爽不衰一也則翁之壽所及誰得料之宜乎人々捧壽觴而恐敢或後也是可以爲追壽之文耶价人曰善矣乃書以贈之

有梅花處詩抄序

月曉上人梵唄之暇恒手詩卷端坐其有梅花處以吟哦爲娛積年之久詩稿已及數寸屬者將抄而付梓請余爲之序余謂釋氏之敎滅倫灰心而歸之虛無又烏得有言語文字哉已而讀其稿本乃詑曰上人之詩所以輕巧淸夐者皆因心之虛無也況梵刹之所占據多名勝靈異之地而緇流之轉進久爲格例假介其欲不轉進寧可得耶今上人於釋氏之學深造自得又得靈壤名區居之而其卓錫於一處亦概不下五六年此五六年間晨夕挹景勝揮灑淋漓以寫之其心已虛無故能隨所聞見而自然山涌水出虛中得實無中得有亦不期然而然者也世之好山水遊者雖無祿秩之煩身亦纔不過駐浹旬之行李以取快於一時耳較諸上人所得何啻逕庭且余嚮遊嵐山得晤春樵翁翁詞壇耆老慰勞始畢卽娓々口上人不已余竊念翁之言不及他人而及上人者雖繇其愛才如不及而亦見上人之詩才有以動人之深也於乎上人已得靈壤名區以攄發其奇又得翁以奬勸其美廼向來之所造詣未可測也於是乎序

送福岡子本序

南海之山天矯翔舞凌雲而衝天碧諸水仄出隨凹處而下瀦而凝青奔而沸白以達於海乃止凡係我藩封者其嶮殊甚無山不奇無水不駛物似嗇而阜民似稀而殷風氣素朴易治嚮者又論防海建礮臺置大礮補點士之所未始有奇觀益足獨人才猶未著也盖非不生才而才之未著者鞠育之未善歟鎔鑄之未方歟嶔嶺之氣得之山瑩徹之才得之水凌霄之節曠潤之量莫不得之山水者矣何山水之奇而人材之未奇耶福岡子本志鋭而齡富問業於予已久予常期其成器今茲丙辰將赴江戸來告別予執盃言曰江戸者列侯牧伯之所會觀多奇偉非常之士子本就其人講究所不及必得鞠育鎔鑄之功聞英佛米魯近通互市舶交海中防海之備頃刻不可緩而南海僻土難得其要領子本又就其人尋繹夷情逐其跡而推其心必得其要領方今非熟夷之情狀不足捍其撞搪也予常慨士之自江戸歸者娓々所口城闕之壯邸第之夥與市肆販鬻之紛華已其稍有志者亦不過詩文以求人也猶南海之士徒詡山水之奇惄人才之未奇亦非可耻之甚乎適用之學不宜

如此也子本生南海深沈有才今又赴江戸安知非山靈水神默佑冥助欲以成其器耶子本行矣學成而宣力於國家使其氣節才量遠出我山水之上豈非毅然列丈夫哉

送西里中村先生之江都序

余執贄於西里先生之門（艮）「而未幾先生將抵役江都（艮）「余聞之窃謂吾州僻在海南文運未開其以敎誨後進自任者概皆迂疎庸陋不能區別材量而誘之刓方就圓以爲自足何能有所發揮哉是以倜儻非常之人輕視斯學（艮以）「而爲不足學其稍脩飾（小竹言）「文行者必（艮多）「出軟萬闒茸與時消息之人（艮）「由是」委靡鹵莽至近世而人才（艮益少矣）（小委薾）「愈消亡然則今日與衰刷弊之任非先生誰屬乎哉而先生一旦有三千里外之行余安得不爲愴悅無聊（艮乎）「焉既而又自咎曰先生此行駕風帆凌鯨波以達浪華而觀層城於紫陌紅塵之間則（小）「懷當年」豐公鼓舞一世之智勇而西討東伐英鋒所觸遠（小摧）「碎明韓百萬兵於雲海渺瀰之外其雄略大謀皆決機於此有志之士追懷往昔誰不慨然哉（艮且夫）「而南眺金剛山於天末則又想見楠公提一族之卒而挽回天日之將墮矣其他名山大

川英傑豪傑興亡之跡相望豈不足以開拓磊魁之心胸哉昔司馬子長炊脩史歷涉天下之山川〔艮〕而擴己胸懷以養作文氣其於學道亦未必不同趣焉嗚呼天下之偉觀奇跡〔艮〕當足以開拓〔艮〕先生心胸矣乎夫〔艮多矣先生登覧愚吊以〕開拓其心胸而後入江都日與鴻儒名士馳逐文藝之場而上下其議論則先生之德業所〔艮〕崇進「浩乎」不可量也是我　公之欲拔擢先生〔艮而〕先發其端於此耶然則先生業成而歸延誨開喩後進之士而稱我　公陶鎔人才之意也余將拭目待之矣又何〔艮以〕用愴悅無聊〔艮爲〕哉

小竹云此所似粗

小竹云詰末不可不顧初段育人才之意

試技題名序

吾藩之士武藤子颿年二十左右慨然有研究槍法之志乃請暇赴之二築學柳河又學秋月技稍進遂試之諸藩常携一小冊其角技之人則題名爲驗曰試技題名盖子颿之一劔千里研究槍法豈有他哉非衒能於武場以輸贏爲榮辱也其志欲有所成立以報國恩耳夫我邦之士自古勇決尙氣親上死長視歸如死而擊刺尤擅長稱五州無匹其鐵槍與劔亦萬鍾千練而成鋒鋩犀利可以剖堅胄貫層甲也及昇平之久縱令其氣寖鈍苟加意駕馭之奬其廉尙其節鼓舞其重恥輕死之心

則慶元之風必行於今日大艦巨礮雖未備具一旦有海警乃馳而扼嶮邀而出奇突刺奮擊蹙而殲之唯吾所欲如彼英佛米魯亦何足畏此知所以强國勢制外寇其術不在專講火技也故予慫恿子颿倍研究之其講序又題之冊首

竹友壽詩畫帖序

昔宋宗炳之老且病也凡所遊歷皆圖於壁坐臥向之余聞而疑之謂探花棹月深入嵐碧間遇會心處乃傾瓢以一瀉豈非人生之適意乎及觀沈董山水畫卷乃知眞景之不如畫景也沈董眞蹟世罕傳余所觀者峰秀礀邃雲樹森爽展而望之一種有眞氣勃々溢于四壁宛如身躋林巒低回春豔秋清中莫神馳而脚不隨之患矣宗炳之擧果爲得也何必待老且病乎竹友老人周甲誕辰四方人士贈畫若詩祝焉絹楮堆壽筵老人乃裒次爲帖携來乞題言時余在於鶴田謫居得相見老人白髮毫眉色溫而恭知非夫貪乞壽詞以掩玩愒之老者因思老人此帖詩畫雖幷裒其意所注盖在於畫乎且詩與畫至神致奪化工廼理趣無二故故人稱詩爲有聲畫々爲無聲詩則老人之所以裒詩畫非標祝壽之盛而欲倣宗炳之擧也彼糊

璧此装帖意乃一矣但欲得余文首莫乃如錦宮人裹孝僕頭乎雖然老人自裒帖三易裘葛超越溪山之嶮而再至三至願期之遂其亹々之情有難辭者廼學所見以質焉老人名驥土居氏沈潛風騷併好翰繪今茲六十有三而精力康强不減壯時云

拙堂云起首必如此而後下文沛然無所滯礙

麗水亭記

人之於物耳與目先悅而後心樂之二者難雙得雙得乃心大樂焉山色可以悅目水聲可以悅耳坐亨山水之樂是未爲其大者焉然君子寓意於此而世俗所悅靡曼之色淫蛙之音自不入耳目可以希其大樂焉今觀吾藩大夫福岡君麗水亭以知其意所寓也君爲人伉爽好學嘗受　養德公之知柄用一時乃欲修明政教而稱　公所以選任之意蒞任數月人有傾之者由是罷去君既退　公洞悉其孤直爲衆所疾旋將大用會　公逝矣君亦絕意於官途徜徉山水若忘其爲國老儘邑有別業就積翠間拓地數畝置亭大小二環植以躑躅花有泉甘且列廻砌噴注大曰麗水亭小曰素濤亭庚戌夏君招秋藿宴於麗水亭別遣人獵前山獲一兎乃割

而烹之肪脆如泥酒亦丹釀連傾數杯青山層重嵐影搖於杯中水聲淙然遙與風松相和於是目與耳兩悅而心樂焉無復眩惑耳目而蕩心情之患宜乎君愛之而不能去然秋謂是何足爲君樂焉君祿位并隆雖蠖屈於時而竟將登輔翼之任未可以放浪山水與釣月耕雲之人同樂也是亦君志所存不必待秋言矣然則君勵其志氣學文講武可以待我　公之選任而已若一旦得志乃旋展其所學以濟宿弊豈不快哉凡百執事之人皆已巽能俊才刑賞敎化之具皆已修整虔肅此眞可以悅目也忠言讜論溢於廳外絃誦之聲擊壤之歌周達於四境此眞可以悅耳也如是而後可謂雙得之樂也願君捨役取此書以爲麗水亭記

好生堂記

鏡水之陽有堂翼然臨橫堤田村君子泊講學處也南山咫尺曉烟之姿夕嵐之容春光秋色之榮枯變化歷々來上几筵扁曰好生余告子泊曰人之好生無貴賤賢愚少長一也而觀其所行每與其所好相反桀紂天子也耽溺酒色而宗社爲邱墟衞懿晉靈國君也寵鶴愛獒而殃其身文成之怪誕五利之矯誣竇憲梁冀之僭恣

跋扈皆足以取禍敗而其汲汲乎自覆國亡身者豈人之情也哉雖至愚其心未必然矣唯爲嗜欲所蔽惑而不自悟耳人之術是急於生者莫如醫矣庸醫之心亦未嘗欲殺人而動輙殺人何哉雖病至危篤不能自省伎倆之難及而決去就猶且麗雜藥物徼幸有驗無他顧視財賄而慮他人之軋己也名利之心鬪於衷而不得自治何望其治人乎是故聖人設敎而人起秉彝之心良醫投劑而人遂好生之情子泊盖於是有所感發耶易曰天地之大德曰生書曰好生之德洽于民心仰讀子泊之堂扁亦可以見志所存矣子泊少好醫術近更唱蘭學研精潛思莫敢或怠年僅三十治驗之名隱然動於府下人若體氣少不適則必來請劑況罹二豎之患而展轉伏枕者乎老幼之日喧闐於堂前不足怪也勉乎哉子泊擴卽今所好彌奮彌勵以極日夜之力時或開窓見南山其春秋晨夕之狀亦豈不資於學哉積歲月之久博洽精通將必大成然後洗刷世之行秋令者而施以春令變枯爲榮化衰爲盛則人之望子泊有甚於大旱之望雨焉於是乎所以賛天好生之德而成堂命名之義可以無遺憾而已是余所望於子泊也乃記以竢他日

小山云寫危難處一節深一節老手敏手讀了覺烈風猛雨襲坐間

笹峯遇雨記

辛亥春、余請暇、浴有馬溫泉、畢乃赴京師、觀花於嵐山、三月念八、歸入土州之北境、衝雨攀笹峯、峯爲我北境最高處、老樹千萬章、森然挺立、大皆合抱而上、樹身無一不被苔蘚、奇巖與蟠根自爲磴級、譎視尚難辨木石、而樹或著淡紅花、粲錯積翠中、雖艶妝可愛、其爲何花、不可知、余倚巖而憩、風來搖之、二三飄葩、閃轉粘雨衣、取而視之、始知爲石南花、到七曲坂、窄徑在山脊、得雨爲小流、左右皆深谷、大風自谷底倒捲雨來、雨乘之、簑笠不可凌、濕透襯衣、肌膚寒栗、人無生色、須臾白霧大至、茫々不辨咫尺、如眺大瀛雨景、路愈嶮、直上直下、動數百丈、一失脚則葬無底白霧海中耳、午捫蟠根、足蹈奇巖、危不可言、而日既沒、昏黑不復能進一步、風雨益甚、山谷震動、余與僕相對、不聞語、無計可出、佇立久之、遙有火光、倏明倏滅、漠然不復見、僕牽余袖喑曰、深山幽谷中、不得有火、加以風雨、乃得無非鬼燐哉、余亦疑之、俄而火光出巖下、咫尺間驚視之、一人持火、來跪余前曰、公等良苦、旅店主人相待已久、余嚮宿立川旅店、知主人、昨有旅客、以余歸告、故使人邀爲導衆、喜出望外、譬如重圍中

小山云一結入文學文至此不爲徒作栗山先生入賞尾文後有此文可稱奇作矣

將上鬼錄人忽遇援兵矣〔拙 至也〕相俱賀無恙、遂宿立川、是日侵曉發豫之川上、沫雨蕭々〔拙 僅有點而〕絕無風、余謂山中亦應〔拙 當〕如是、竟〔拙〕不料〔遇此〕烈風暴雨俄〔拙〕至此也、既及立川、有雨無風、猶之今曉、土人云、笹峰聳秀數千丈、上冲〔小 遒〕霄漢、有雨必有風、是以旅客欲攀此峰、必卜晴雨以決行止、余初聞之、必不來、來必有備、今忘意決斷〔拙 獨〕、不敢詢人、宜取此慘苦也、嘻〔小〕文學〔拙 問〕之道亦豈異於此乎、誌〔拙 記〕之爲懲〔以自警〕艾、

艱窘之狀寫得歷々在目前使人讀之不寒而慄 齋藤拙堂評

公不遇奇難則無奇文安知非巨靈設此伎倆試公才耶文中大風自谷底倒捲雨來等句可移以評此文矣 奥野小山評

山飛水立吟舍記

山飛水立吟舍者、岡圓卿所以〔拙堂 自〕名其居也、圓卿土著「之」〔拙〕士、世居田野、其地、山廻環三面、而一面控海、形勢甚壯、辛亥夏、予東游歸途訪之、主人迎宴吟舍、酒已酣、起而請記、予廼告之、曰峙而不遷、山之靜也、流而不息、水之動也、鬱茂而山有滋育則動也、渟瀦而水無激湍則靜也、動與靜、山水之常耳、今觀其變、水可或立、山安得「不」〔拙〕飛、唐

詩云、雷震雲霓裏、山飛霜雪中、又賦云、九天之雲下垂、四海之水皆立、〔抹 然是非山眞飛水眞立〕盖各模寫濤勢、〔盖皆形容〕非眞有山飛也、圓卿之居瀕海圻、〔抹〕自海圻〔其〕南八九百里、爲豪斯多辣利洲、其間空水淼渺不見一點黑痣、大濤日堆白雲、則題榜之意、亦在觀濤耶、予試以意推之、圓卿雖喜文事、不必取義於此矣、昔覺羅氏之〔抹 侵〕伐朱明也、既有發熕佛郎機等、〔抹 器〕而製造之精、運用之妙、猶屬草昧、而遇城不降、輙用紅衣大將軍擊之、樓櫓飛、濠水立、城郎陷、自海寇事起、我州所鑄造西洋巨礮、不下數十門、其呼百機山斯者、長九尺、重九千斤、較之〔抹 彼〕淸大將軍、〔抹 砲其〕神利〔抹 相〕當倍蓰、圓卿精火技、一旦有海寇之警、乃帥家人邀而點發之、噴煙之下、〔小〕〔抹〕不特戕〔抹〕艦爲虀粉山岳、〔抹 將使〕必飛海水、必立、豈不痛快哉、〔抹 果然〕自此山飛水立之名、將震四隣、嗚乎一吟舍也、寓意之奇、關係之重、〔抹〕寧有如此乎、〔抹 者乃〕速記之、以警世之〔抹 虛〕喜詩文而遺時務者、

文氣勃發怪々奇々猶山飛水立此文與此題相稱使讀者奮然發英氣比之前文何啻逕庭　奥野小山評

悠然堂記

小山云是其用心以下改作忠厚志操不愧靖節其

鏡水之陰、菁葱鬱然、（小 突如ナト加ヘテハ）起岸上、四眺皆（拙 芒田野望之）饒沃、如島嶼、（拙）矗「立」蒼波中、絶無依附、孤影（小 落）常倒
碧潭、（小 者）名曰八幡山、山之陽、茅舍柴門、蕭散（拙 幽深）閑雅之風色、一見知非俗士之居、乃谷村
君子（小）栗日危坐其中絶韋編、穿木榻處也、（拙 其居）扁曰悠然、南山橫亘（小 其）於前、環抱無數、小峰
自西而東、綿延聯絡（拙 亘）十有餘里、雖佳樹（小）惡木、雜山半、遙碧如一、忽而雲煙繞峰、忽而
靑嵐襲人、恢奇祕幻之勝、（拙 來）歷落几席、皆可指呼、陶淸節詩云、採菊東籬下、悠然見南
山、子栗深慕靖節爲人、（亦對南山）自擇奇絶之勝而（拙 構屋）居焉、又摘詩中字（拙 扁曰悠然以）榜堂寓「其」意「云」余謂靖
節（世爲）生籍於晉氏「（拙）臣子」而遇宋氏勃興之運、欲挺身濟之、不可得、乃謝絶人事、潔己（拙 勵）淸
（節）操不（拙）失其故吾、琴一張、酒一壺、見山灌園、以自娛、其志亦可哀矣、今我邦　令辟持
權衡于上、賢良仰指揮于下、經文緯武封建（拙 藩翰）以馭天下、雍煕之治、前古無比、子栗幸
遇盛世、嘗擢藩講官、一就卽辭去、益欣（拙 慕）遲柴桑之趣、（拙 非當今所宜也）豈非不倫之意甚哉、（小）然子栗（拙 非）不
（無意於世者故）必（小）孟浪如茲又其平素未嘗謝絶人事、唯惡夫附勢趨利之人、而不屑交言、避城市
離親戚、雖深甘韜晦、（拙 以自）間亦延招府下名士、討論經史、欲暗贊治化、是其用心、固不以（拙）
背（失）爲盛世之士、（拙 又）亦以稱靖節之意、可謂善學古人者矣、（拙 子栗）頃因屢索余記「之（拙）乃」書「此」以

人然則子粟之慕靖節不在其迹而其在其心所謂善學古人者矣如何

贈之

頗能寫得悠然之狀使人神遠 齋藤拙堂評

冑頭敍山處奇骨蒼勁如讀魏勺庭文但末段至論子粟與靖節異而同意有餘而語不足徵覺不滿人意是可恨焉耳 奥野小山評

笑而亭記

亭以笑名所笑果如何哉凡人情喜則笑々者喜之形於外也博寵榮恣聲色揚々然而笑有識之士將笑其笑乎可恥豈笑云乎哉笑之所以爲笑亦顧心情如何耳寵榮勢利不足動心也聲色玩好不足移情也心閑情和而後可開口而笑焉李太白不云乎問余何事棲碧山笑而不答心自閑夫太白負邁倫之才神游世塵之表宜其笑之異人矣亭主人之所以榜亭而表志也亭枕小渠水聲淙々抵柱礎而東渠之北饒沃萬頃稻麥如雲青黄秩然法華愛宕桑尾韮生諸峯攢簇連天環繞其外浴以曒光被以霞采皆來呈勝於席上亭之美可以想矣其規制亦麗以潔邃以豁夏爲涼軒冬爲燠室主人日起臥其中逢風淸月白乃置酒會友相共笑樂或問

以世事笑而不答也可謂亭名之稱矣雖然亭主人世隷藩之士籍屢莅任屢罷去而年猶未滿四十乃安知今之蠖屈非後之震起哉果然願輔翼我　公與文敎修武備使一藩之風化最天下然後告老請身坐此亭詠哥酌酒拆掌而笑則勝今之笑何啻霄壤已於是尤覺亭名之稱也予姑記以竢焉主人姓橫山名直方他無嗜好好邦典善國歌云

靜遠居記

青邱植櫻湍水放鯉月痕在水流光空明鯉潑剌而跳鱗々起金波名曰皎兮池々中有洲戴一松根蚪枝樛曰龍盤洲々南卽邱花已盛風來掠之飛片如雪撩亂點水曰小嵐山々下有蓮曰水香磯々西篔簹百竿曰員柯叢總攬其美而明窓淨几咿唔之聲與風竹湍泉相答曰靜遠居予所起臥處也予生八歲始謁　公廿六丁父憂乃服闋擢督戰艦及舵工藩制舵工皆世襲使之居海圻不繩以禮法也予少時常戲門遇薊緱短袴領弛見胸之人問之必舵工矣既至廨舍卽盡見之使言所欲言時昇平日久艦多笨獄帆爛索朽而舵工亦多不能操舟者予乃請歲定脩造

之額裝帆新索燀洗船底帥舵工水手放洋試技月兩次如茲數年庶乎適用矣明年遷爲郡宰又請糾貪吏致祿放逐之仍建言其大意云非破資格而用人何由鼓舞人才非簡法令而適宜何由信賞必罰非核覈歲之出入防耗省費何由膳器械饒物力欲以陶人材宜建立文館武場而勉勵之欲以賑凶荒備緩急宜相度地形設倉貯穀料時而糶糴之然大吏務姑息不敢省予亦適患痞痛去病稍止再調督戰艦又以母疾去泊然靜處諸葛公曰非寧靜無以致遠乃名居且就庭除略具山水之趣亦欲以慰看書之眼也抑予齡已三十三再擢蒞官無寸績報　公慚愧殊深將及今研精猶勝悲歎窮廬者非敢㥏顏謂致遠也或曰子欲學袁子才也何其跡之同耶子才緣母疾辭官同桂冠年三十三亦同樓因山臺臨水琉璃嵌牕五色絢爛較之靜遠居儉侈雖異其所以浚渠簣山位置樹竹花卉莫一不同矣夫子才之去才也予之去愚也惡乎同子才起布衣蒞官抛官還布衣亦恥自詞臣爲令超脫自快予世襲食邑沐恩久勿論官不官憊精疲思忘身陋劣亦各隨己所能云爾强取居之所見而爲同焉可乎故予之所以辭官者將以有報　公也於是乎記

靜遠居二記

予之勤學於靜遠居也既四載矣然四載中失恃而廢患瘧而廢廢學多勤學少加以天禀愚魯寸進尺退學未成適米利幹夷駕大艦凌颶濤而窺東海江都戒嚴警報如織我　公亦憤勵破格選才擢予爲風憲未幾陞參政機務雜沓雖無暇勤學猶得時手卷坐靜遠居俄而赴江都則不特廢學併靜遠居失之蒼茫之外稽留江都三閱月得譴而西歸謫居城南之鶴田其地鶻突出林表結廬西南厓仍又曰靜遠居北距舊居僅二里許欲往見之頃刻可達而終不復可見幸新居地高軒敞坐而眺天甫若宮諸山排列左右葱菁離奇回想小嵐山信如垤雪蹊涵諸山縈紆洄洑軼窓下而東漁帆釣艇相逐曉煙夕霏中乃皎兮池亦爲盆水越溪而南乃爲大洋岸松竝立如黛如髻杳々截天末亦非舊居所有而遷新居之日淺未能究四時之景即就今之所見較之昔之所見亦如踞秦楚而盻曹鄶彼狹此廣彼假此眞彼窘蹙此雄豁彼有櫻花此植梅花拋艶柔而存傲霜之姿也自古被謫斥者亦多但達人君子悠然處之謂是亦天也其身可赦可不赦而其心自有在矣予沐世襲之

恩甘藩國之士始無意於取顯美而超遷至參政始無意於爲隱遁而謫占佳山水盖天之憫予愚魯無它腸使之處靜閑以倍勤學也是豈人力哉且予䠊䠊數奇年及强仕而莫一所成就乃據所往考所來其所遇亦可知矣凡人之在世如朝露託秋草是非得喪貧富壽夭何足較詩曰子有酒食何不日皷瑟且以喜樂且以永日宛其死矣他人入室予未死舊居已付他人而新居之久不厭吾耶吾之久不厭新居耶將付之吾兒耶抑他人有之耶視世之不可達而達可成而不成則可知亦不可知耶不可知亦可知耶今皆付之蒼々者作記以竢他日

東阿堂記

除天下之患（艮）焉救天下之難（艮惟）焉聖人之道爲然矣東阿堂主人之日夜所苦心講究其術雖異其心（艮曷嘗有）豈異哉（乎）夫刑賞顛倒賦歛酷急天下之所謂患也水旱凶荒寇賊四起天下之所謂難也兆庶之生於是時者爲幸乎不幸乎仁者（艮寧）而忍坐視之乎然此皆人主與大臣之責也雖有英偉特絕之才（艮然身未得其位）倚布衣之任而欲除且救焉猶之精衞塡海安可得哉疾病之於人亦有類於此是故良醫之察微塞漸使人不至於患且

難者與聖人治天下之道殊形而同心矣東阿堂主人井上其姓字直之東阿人業醫唱喎蘭之學人稱其才而吾州之醫所稱爲名家者亦無一人唱蘭學（艮焉）者僅唱其學者亦唯一二人而其技寥々莫聞已而直之之治病屢顯奇驗人之請診脈調濟者肩相摩（艮于）其門是以譏彈沸騰萬喙一聲以爲異學吹毛銷骨者所在環視直之不顧也愈研究其術營一堂於治城之西南明窓淨几色診論樂必於此中名曰東阿者示不（艮志）遺其本也過余請記余笑曰子以布衣（艮之身）而欲救天下之倒懸者矣夫堯舜在位則皐夔稷契必列于朝故天下不憂無濟世之才而憂無堯舜之君焉醫雖小技固亦仁之術耳不能存仁心則雖其學博也雖其技密也未以足知其道矣若徒恃其博與密而無所主持則猶使三尺童子馭汗血閃電雖有銜轡轡其奔勝踶齧立隤死耳（艮）不怪其無濟也苟存仁心以治病救人是何異於堯舜君臨兆姓哉子以子心爲堯舜以子四支爲皐夔稷契草木之枝幹花實禽獸魚鼈之鱗介肉皮即爲禮樂刑政之具則病之於人其患且難甚乎濫刑暴賦水旱寇賊者此可以賑救而擊滅之也天下之兆庶何憂不蘇息哉醫之術如玆子雖不得其位必免精衛之譏者

艮齋云發出醫國手段其理歸于一文辭之斡旋筆力之雅健亦老手

矣直之欣然拜曰某之志也余善病病輙煩直之調和常壯其志也次第所論作東阿堂之記

仁壽堂記

吾州瀕海之地以浦名者幾乎百丹農居其一西距治城百有餘里武夫之以備海寇而著其上者數十名吉田子隆其一人也子隆與余雖有同宗之親東西隔絶不能屢相見去秋余以官事赴浪華路出於丹農子隆拉其子叩余旅寓得一晤子隆有讀書之堂扁曰仁壽請余記之余時雖諸官務紛積未能果記今茲己酉余旣辭官處閑日讀書一室而足跡不出門乃遂搦毫曰天地生育萬物之心非仁而何人得之爲性學明之復初則心舒志平氣和欲節莫行不至善是皆仁也仁胡易言哉孔子曰仁者壽仁者果壽乎比于諫死顏回短命不仁者果不壽乎盜跖白首以終後世比于顏回之徒遇族滅之禍者不爲鮮而至以盜跖之心爲心者豈勝枚擧而未必不壽也若曰仁者得壽卽天理焉史册之所載盡無天理乎伯夷叔齊義不食周粟而死孔子曰求仁得仁是殺身成仁也復何曰壽聖人之言行爲萬世之經不

可有如此之顛倒錯繆也子隆之命堂取義果奈何耶夫仁人心也當理而無私矣宜殺身也宜得壽也所遇之不幸非人力也命也矣然盜跖之徒逞虐纂憝者雖幸得以壽終後世聞其名者人々欲唾（艮）且喀（其面）焉或一時威虐之所及生祠布滿天下而旋皆廢壞無餘誰復齒之人類乎乃若比于夷齊顏回之行炳燿青史與日月爭光而萬世飽廟堂之饗人之忻慕（艮）將爲如何哉由此觀之仁者果壽不仁者果不壽聖人之言果驗子隆命堂之義（艮）夫在此矣乎夫在此矣乎（其在於玆歟其在於玆歟）

寇準論

宋寇準再爲相不爲群小所喜竝見擯斥不能久其位焉或曰準欲人懷惠畏威又喜搏擊耽豪奢而自取竄死之禍矣是何言歟夫人有所短也而後有所長世之所謂無所短者則必姝々然而一無所能者也澶淵之役契丹盡鋭南下京師震駭人情疑懼至欲幸楚蜀而避其鋒當是時無一寇準則宗社之顛覆豈待靖康之時哉若使準之計盡用堅壁嚴備勿與戰而縱奇兵絶其餉道則虜兵深入進無所得內自疲敝乃擊而殲之然後鼓行而北復幽燕而成太祖之志報高梁河之敗在反掌

艮齋云評萊公如懸衡而量之不失斤量

又曰兩句誠確言

又曰一結頓出意表眞是百尺竿頭進一步者

之間耳而眞宗厭兵且疑準專權遽納幣定和焉夫北胡建國既久弊政亦多而我猶贈之金繒數十萬唯懼失其懽心若一旦英主生其間而改宿弊修兵甲鐵騎長驅而來勢如泰山之壓卵則中原實不可敵亦何待他日之金人耶此則準所爲後世憂者也惟眞宗見不及此遂感孤注之說不盡用其策徒以天書誣天下而粉飾太平以遺後嗣之禍而不悟可勝歎哉余嘗評北宋之人物首擧寇準謂材略遠出韓范之上其在相位也用人不敢以（小竹資格）次進唯顧其才如何而已曰宰相進賢退不肖若用例一吏職爾盖其見大而不爲身謀苟利國雖冒不韙之名不辭也是以頗不爲同列所悅動逢譏彈當國之久不若韓范然其所以不若韓范者卽所以優韓范者也且夫欲人之懷畏惠威亦未足爲準病焉凡君子之馭天下威惠並行而後治矣準之心果私威惠也乎史無所徵焉其性磊落不修飾邊幅務結人之歡心故或流放豪奢亦烏知非破常倒而欲以得非常之才哉然則準誠無過歟曰何爲無過唯張詠之戒自是確論實中準之膏肓不學之失在準尙然況材略遠出準之下者哉

澶淵之事前人皆能道之至于萊公過韓范則前人見未到處此篇發揮透徹實爲千古確論安積艮齋評

極口稱萊公則結末一抑恐未得也翻案言張詠不學之戒不足爲公之累則何如篠崎小竹評

僕亦以萊公爲北宗第一等人材然以寵利居成功不免聖賢之戒是實不學之過耳齋藤拙堂評

李斯論

矯枉者檃括之用也良工必使心目先明而後執檃括故及矯之雖或過正終歸中正者審夫生而枉者非過正不得正也李斯相於秦謂周之崇尚禮文也威武不振傳世僅四諸侯有弑君自立天子有南巡不還而不能聲其罪以討之皆決讞於尾大不掉之咎矣乃嫺然進策變封建置守令控制四海運之掌上是斯之矯弊似過正而得正也其斥禮文而焚詩書欲絕謗議而阬學士則猶欲矯枉而適夭折之也豈矯云乎哉盖嘗論秦之所以亡其禍因阬學士焉夫學士盛氣驕婞爭能競才

互相扶摘如蝦蟆繁聲何厭不適國家之用久矣其遇阬禍亦自取耳何關秦之存亡然學弊之至於此由於人主學宰相不能化導之難專咎學士也扶蘇諫之亦恐剛克消亡生雍蔽之害始皇雖斥之而斯始有畏太子之心何則始皇之敢行暴戾者皆自斯啓之而太子非之則他日太子即位欲剔斯所施設已明矣且斯由此得罪亙奚可測乎故及始皇崩斯之心益畏獨趙高知之乃一說入其肺腑以括其心而斯竟不能悟也不然斯之聲望群臣無二奉遺詔迎太子而立之身當伊周之任固其所何苦聽醜腐之匹夫甘爲斁倫之事哉予故曰秦之所以亡因阬學士雖然斯幸遇趙高搆逆即縛之以定社稷猶足以結太子方是時禍福之變在幾微尺寸間耳嗟哉同是一人也詳之始終判如二人毋乃非據利持祿之心貿々然難決捨乎心目已瞢猶何有隳括之用後之人主知惡斯其人而不問方如何常排知略之士而取謹厚之人甘心於恩威并失抑亦何心耶

北條泰時論

凡拙堂以下同

自古靖天下之大難決天下之大疑者其大處分置公正大光明白無所偏私、而足以厭服天下之心、〔也但〕然非常之事起倉卒、人孰不駭懼失措哉、於是有〔或〕一人起而指畫之、乘〔人人〕駭懼之心而利導之、又激怒之、以濟己所欲、使人不覺其際、是老姦巨猾之所以慣用爲祕計也、北條泰時以陪臣稱兵犯闕、放廢天子、誅竄公卿、悖逆之甚、天崩地拆、而〔海〕關〔內〕東之士〔無〕莫一人〔與之〕挺〔抗〕及相格者何也、夫自源氏之開府、控制天下、布恩惠、結人心、有年於此、故北條氏激〔怒之〕以〔其以〕戮力清君側、〔爲名〕全覇府、啗以取富貴保妻子、〔鋒動之以〕而得逞其豺狼之志、夫使姦惡之人無狡黠之智、亦何足慮、惟其智愈深〔其〕甚惡愈大、故余論北條氏之事、以泰時爲罪魁、今觀其勸父詣闕待罪之言、亦可以見其一端矣、當是時、義時之姦惡、天下皆知之、以泰時之智、豈有不知而遽望以節義之事〔哉〕無此理也、他日至立後嵯峨之言、則挾恩怨之私、視移易天子、猶〔如〕視奕碁、何其與諫父之言相反、〔乃〕是知前者〔之爲〕〔姑〕暫爲詭言以騙衆耳、非其本心也、管敬仲曰、易牙等所忍非人情、難近、泰時既忍惡〔人之〕〔所不忍而〕名之歸父、則於天子將軍何有、莫足怪者、雖然其卒也天下惜之、修史者亦無間然、之乃不特欺當時之人、而得欺天下後世、是亦有由矣、蓋泰時之得志、務盡心於政治、欲以贖其斁倫亂紀之罪、是以痛自克責、恤將士、敦親族、其慮京師有變也、建兩

拙堂曰、記手蒼々茫々、至結末頗爲衰颯、強弩之末不能穿魯縞、可恨也

奥野小山云、譬喩自三蘇來

府以鎭之、其懼聽斷〔之有謬〕涉疑似也、撰式目〔以〕爲標準、賙窮雪寃、凡可益國〔以裨家〕者知而無不爲、在職十八年、始終如一、致令所及、民庶〔悅應是以海內〕富安如春風、被草木、其本蓋自用人始矣、夫泰時之悖逆、人神所不容也、然進才退不肖、盡心於民事、則其効如是、況無泰時之惡、而行其善者乎〔其効如何哉〕、後之人主苟能悟於此、則雖天下有大變不足靖而後世之稱述果爲如何哉

壬子夏我　公讀外史、特賜此題於臣、秋命作期甚促、率爾揮毫、疎淺倍常、而姑存之、亦雞肋之意耳、自記

嬴秦論

天下之勢、西馳東鶩、果不可制歟、蓋〔小山〕未成立、勢之未成、如涌〔小水〕而山出之泉、疏而漑田、導而達河、惟我所欲、及其已成、如江河之決、左衝右突、觸之則崩坤、欲擧天下之力而制之、其可得哉、人主苟任勢之所趨、而不敢裁制之、譬之棄柁放舟、一旦風怒濤立、雖有熟操舟者、拱手待覆沒耳、始皇籍祖元之積威、奮武力以併包六國、乃廢侯衞爲守令、而子孫無尺土之奉、強本弱末、虎踞上流、耽視天下、亦可以休矣〔小夫〕、強極則

弱々極則强、循環變化、如四時之推移、勢固然也、惜哉不知裁制之、增發兵、略越破胡以逞雄心、建宮築邊以窮物力、威燀所加、莫之或攖、而兵民憤怒、天下壞裂之勢成、勢成而未遽發者、猶之決溢之水、抵堤、而拗怒鬱勃暫角雌雄矣、夫蒙恬以一時之名將、帥兵鎭陽夏、扶蘇鑒其軍、而如李斯蒙毅馮刧去疾之徒、元勳耆舊、布烈朝廷、內外維制、控壓禍機、豈不如堤之障水哉、始皇一瞑、姦回窃發、乃矯殺扶蘇蒙恬、而內外訌阻、土木彌起、誅殺彌酷、於是陳涉揭竿一呼、劉項相續而起、守令望風瓦解雲散、智者不暇措思、勇者不得展力、天下之勢終不可制也、故秦之亡、其勢生於威强、而成於擯扶蘇、發於立胡亥、孰謂非始皇之所釀成哉、假令始皇莫恃其强、體仁修義、深結人心、選庶蘖勳舊之可倚任者、使分鎭南北、而輪次更代、立太子固根本、鑾輿成遠巡、太子輙監國於京師、則趙高之徒不能擾其內、陳涉之徒不能亂其外、傳鴻業於百世、何爲不可、且封建與郡縣、其得失古今聚訟、然天下之治亂不關於封建與郡縣、而在撫馭之得失耳、始皇雖有雄材大略、不能裁制强弱之勢、矜威力逞猜察、而欲以久治天下、是所謂涉澤（小入水ニテハ）以求獸超山以問魚者也、安可得哉、

小山云體仁修義四字恐始皇非其人也更擇好字面

又云名言不磨

安積艮齋云
妙喩解頤

足利義滿論

足利義滿幼襲父祖業扶細川頼之總理庶政釐革舊弊及其親政遂致南北混一誅山名氏清大内義弘天下震慴既薨朝廷贈太上天皇東洋子曰足利氏貪婪變詐滅天理窮人欲不復知忠信仁義之爲何事其亡可指日而待焉也而得延（艮齋）之十有三世之久者（艮抑）何以然（得之）哉濫賞侈封足維（以）將士無厭之心歟頼之之輔政振弛廢糾姦猾足以創二百餘年之基歟誅氏清之叛夷義弘之亂而上下之分漸定歟是皆非也足利氏之得志雖善用愚人之術而使天下不悟焉抑亦徼幸耳今夫狡奴黠僕私主家之財必建黨於内外使其相應援適見有忠慤者則擯斥之熒惑主聽以射利於其間而及人稍悟之嫁（艮即）罪惡於其劾著者逐之而如已不與知此之謂姦盜耳姦盜之子雖有人心者齒（艮少）長凶惡腥穢之中終莫能去其所習染者尊氏之任直義以奪中興之業豈非姦盜之術耶是故義滿雖稍抱有力之志固不能以滌蕩振刷而一新天下之耳目焉濫賞侈封適足以招亂安得雖人心也振弛廢糾姦猾適足以損愚人之術安得釐革夙習也誅氏清夷義弘適足以啓驕侈跋扈之心安得

艮齋云議論痛快

定上下之分也夫大將軍代天子決天下之事苟不能有所立則雖有小善之可觀而未嘗聞有鎭厭海宇而使無搖撼者也是以十有三世之間有父子相鬩焉有兄弟相賊焉有臣弑其君焉天下變爲魑魅罔兩之世界無足怪者義滿之所爲因父祖之成算而不知變計猶之姦盜之子耳及末年借态尤甚〔艮則〕私通明氏厚幣以受其王爵朝廷亦贈太上天皇之尊號更足以覷義滿當時之情狀其不踐操懿之轍間不容髮天下其不岌々乎殆哉然由今日觀之亦烏知非天之深罪義滿而果其惡於後世耶嗚呼是〔艮可以〕姦雄之戒也〔矣〕

奥野小山云起頭忽讀所驚及讀下段大有理勺庭式有此種文

又云項羽之放范増信反間斗恐非其才也

西漢論上

〔小山〕人君孰明無才爲明人君孰暗有才爲暗唯其〔小夫ニテハ〕有才則必好察好察則必自用以猜人之勝己天下之大萬〔拙堂機〕事之衆〔拙繁〕非一人之所能濟也項籍唯有〔小故ナ加ヘテハ〕才戰必勝攻必取志氣驕悍果自用而不能用人初知范増之才而尊崇之稱曰亞父一旦發怒擯棄而無所顧慮豈一朝之故哉蓋常惡其才出己〔拙於上〕所不及觸事而放廢焉耳高帝則戰不能勝攻不能取特一木强無〔小〕才之人也夫木强無才之人勢必欲驅使群材而〔小己已〕濟事

小山灼應有法

小山云穎濱三國論之意

搜羅物色如饑渴唯恐有遺才(拙)一代之人才所以憑輳(輻)而進孰知其術在於木強無才哉當是時激厲士氣以寡破衆以弱摧強天下莫能嬰其鋒高帝自視不如韓信乃授以大將之任運籌畫策控制強敵如探囊中之物不如張良乃用爲謀主撫字訓練調兵贍食不如蕭何乃留以鎭關中三人者才略固不世出高帝能用之人(拙 故當時之)苟負一可用之才則莫不背楚歸漢也楚與漢相距滎陽京索之間兵結而不解漢使韓信別擊齊項籍亦擧龍且往救之彭越數反梁地苦楚兵籍親往擊之使曹咎守成皐而二人皆不旋踵而全軍覆沒楚倍以不振漢則日以強盛可見不能(拙 其能)其任才及在垓下之圍中籍亦無所自用其才矣由是觀之高帝之得天下非特能用人亦因項籍之不能用人我之兵既精強彼之兵亦既精強我善用人彼亦善用人則勝敗不分亂何自而定哉是故自古英君(小主)不敢自由而善用人善用人之君則如無才無才則人君之量也人君而逞才何異於鳳鳴而鷙翰乎高帝之君量所以爲不可及而禍亂亦因以定焉遂開創漢家(拙)之鴻業(拙 以立四百年之基)當時服其威烈後世仰其德澤不亦宜也乎後之人君有才者當以項籍爲戒知項籍之可戒則可以知所用力矣雖然

高帝初急於滅楚仍建置侯王以撓楚權乃楚亡侯王之强不可制乃紛更削除而反國四起如蝟毛南伐北征（小 變ニテハ）崩於鞍馬馳走之間亦自釀之禍而未可與語文治之隆也唐太宗靖隋末之亂以致貞觀之盛親自兼創業守成（拙 之雖而兩濟之）者雖所遇之時有異顧亦撫取（拙 之術得其宜故而已）如何耳史稱王魏善諫而房杜讓其直英衛善兵而房杜濟以文如房杜人臣而鼓舞群材使各盡其力而太宗能（小 在上能）在上馭之世之論者是遠非近而謂太宗之規模小於高帝吾不信也

小山云是遠非近眞是方今學者之通患

西漢論下

高帝之定鼎長安據形勝撫華夷可謂得九五之勢矣（小山 其）及與匈奴交鋒一跌平城而不振遂結和親之約僅得以弛急何其衰也猶之宋太宗伐契丹大敗于高梁河志氣沮喪絕復燕雲之望焉二君盖謂禍亂始定創痍未愈而屢動兵不以可踐嬴秦之轍也而深識之士既窺禍機之伏於比矣（拙堂 古人有言）兵法曰行百里者半於九十（拙）里其此之謂歟或曰宋懼契丹如虎與漢之於匈奴固既異勢矣余以爲不然何則雖高帝之英明非太宗之所能髣髴然不能得志於北胡曷嘗有異乎夫匈奴之刼掠契丹之

齋藤拙堂云此語見國策兵法國策無里字

傲睨日甚一日及孝武與眞宗之時欲（小勢不得トシテハ）不用兵豈可得哉漢惟有孝武大擧深入犂庭掃穴擒斬名王貴人所向悉迎及而解足以雪平城之辱宋惟無孝武不特失凜淵可乘之機反納幣成講而莫復報高梁河之敗也匈奴震孝武之威聲不敢近塞下於是夷南越降朝鮮使張騫招徠西域拓地萬里終漢之世莫有外寇之憂契丹侮眞宗之脆弱誇耀兵威以虛喝撼華夏歲邀其金繒及至徽欽宗廟顚覆天子被逮捕之辱自古夷狄之患（擱禍）未嘗有如宋（擱之）甚也其勳業之相距何止霄壤或又曰孝武喜大貪功暴虐之主耳（擱子何）安得稱（賛甚）之是亦腐儒之常談未足與論天下之略也夫守成之世患在於上下之偸安與武備之廢弛雖以文景之涵煦而家給人足天下久慣於游戲酒食之事嫻惰怯弱猝遇擐甲執兵之人縮頸而股慄不戰而遁走況匈奴之俗勇悍强忍精練騎射而利之所在奮不顧身（擱）豈可遽當乎孝武夙軫（擱有見於此）之苦心焦慮更定制度攘却四夷興地之廣大兵鋒之精强（擱可）誰不謂之無前之烈哉設令元成（小）生此時西漢久既爲北宋矣（擱守成之苟）人主苟欲振國勢之衰不可無變通之術也若慢（擱苟不知變通之術而）擧兵開邊釁則倉廩之窮竭不必待終日矣倉廩既殫於上將取給於何處乎億兆之民（擱此段與前段相反而無搏振之語殆不成篇請更思之）

睽妻兒抱扶之情而膏身於鋒及曝屍於風雪又加以賦稅之酷苛怨氣壅塞於天下而土崩之勢立至矣雖孝武承文景之豐富及末年下哀痛之詔禁苛暴止擅賦亦可以見用兵之費也憚費而不用兵則國勢益衰宋太祖置封椿庫嘗曰朕俟金帛滿於斯庫當謀契丹贖燕薊彼倘不肯則招募勇士用二十縑易一胡人首不過二百萬縑北虜盡矣蓋知彼我强弱之所在爾孝武之羅致英俊而泛駕跅弛莫所不馭焉其爲國宣力如衞霍輩固既貴寵之封侯增邑不少靳雖失機敗事之將才勇尚可用者輙不誅戮之而使立功自贖竟能變怯恴[拙 懦]之俗而爲壯强之風所謂縱鑛在手操縱自如者是亦變通之術也後之人君善體太祖之心而行孝武之志庶乎其可矣是故漢之有孝武幸[拙 可爲]而宋之無孝武非[拙 其]不幸也推究幸之所由起無乃非[拙 以下亦一意不接前段請更思之]和親之失乎高帝固急於取楚喜於得楚平城之事不復介意也嗚呼急於事則慮必疏喜於事則志必盈疏且盈禍機既伏人惟不察耳守成之主可不爲變通哉

漢初鑒於呂氏故文景之世無外戚預政者孝武即位乃又用田竇衞霍貴重無比而去病之弟光受遺輔政孝宣又擧許延壽然武宣二帝皆英明不假以

權莫至專姿者而外戚之輔政習爲故事及王氏昆弟則乘元成哀平之庸昏竊弄威權王莽遂由此簒漢亦積習所馴致有呂氏可鑒而猶且如此可戒愼也

小山云筆力勁拔如老蘇文

東漢論

天下之變可不豫備哉爲之備得於前則失於後利於左則害於右皆坐不知機耳（小山）機之在天下猶血脈之在人身治（拙堂）人之疾必診脈靖（拙）天下之亂必審機機也者變化日異來如雷霆去如風雲誰得端倪之措置之術可謂難也矣況慮百世之後設法立制乎光武以英邁天挺之姿掃蕩賊莽之酷虐誅王郎於邯鄲降赤眉於宜陽隗囂狐疑於隴西乃討而平之公孫僭竊於成都乃破而斬之方此之時禍福之來間不容髮諸將或逡巡迷向背而光武乃料敵制勝雖隔千里如在咫尺洞察人之肺腑而不違抄忽豈非知機與否之所致哉是乃光武之獨識而諸將仰之宜如神明蓍龜也天下略定卽奪三公之權歸政於臺閣塞專權之漸也其防愼外戚鑒賊莽之簒虐也其裁抑奄官懲恭顯之毒螫也是皆術之表著者人盡知之而當時盖謂

小山云確乎不可拔之言

如此而後可以久服天下而傳之子孫矣孰知三公之權過輕而遂成外戚與奄官之勢乎及竇鄧閻梁更爲大將軍孫程曹節等各受侯爵在廷之臣有少拂其意則不能免於斬流之刑虐毒横溢四海而士民皆懷忿忿之心夫三公雖職尊而無權力臺閣雖任〔摘專〕關樞機而官卑下竟莫如之何東都亦因以亡由是觀之光武之才足撥一時之喪亂而不足制後世之禍機歟抑止〔摘後〕無明〔繼者〕主雖有法制之善不能用歟壞決如此安得建國乎然而〔摘小〕所以東都之〔摘小所以〕制馭天下〔摘傳之於久遠〕其術有自〔小自有〕在焉善慮天下者有術而人不知其術天下之人知其術則術〔小矣〕窮是亦何貴於術哉光武即位之始首封卓茂而激勸吏治親臨大學而崇尙儒學天下人人奮於節義風習之所濡染經數十百年而不少衰也是以忠憤節烈之士視死如歸屢起而抗權姦之鋒夫天下之治安何恃焉恃有節義之士譬如物之生成盡資水火物〔小雖各〕各雖殊形失水火則死枯天下之勢不同而無節義之士則亂亡〔小〕水火者萬物之原委節義者天下之精神此光武之所以使子孫永維持天下之術也人惟見其褒德崇學而不知爲軫慮後世之術此術也非術是之謂機耳東都之建國其機盖在於此歟

西晉論

大丈夫行事宜磊々落々如日月皎然終不效曹孟德司馬仲達欺人孤兒寡婦狐媚以取天下（摘堂）偉哉石勒之言足以誅奸雄之心矣蓋自有天地以來未有無君父而生成之人也既已破生成而報之以仇敵天下之惡莫此爲甚矣而晉祖又非他奸雄之比雖久懷豺狼之志戢爪潛牙窺隙可投一旦遇嗣主之幼冲何憚而不恣搏噬哉南闕下之變亦勞心殫智（摘）之詭計預定於胸中（摘 而不敢發既經）者其謂之何三世及武帝（摘 之時）天下不復知有魏帝乃起而代之首除劉曹氏族之禁錮而錄用之放將吏質復諫官職以收人心毅然決策排群議之異而獨用推枰之言以夷百年不拔之强寇五方惕息物阜民康一時翕然稱盛矣人主處盛而思衰則其盛足以持焉朝廷雖安怠政必危天下雖治忘戰必亂控馭之術不可不加意也而疏忠暱姦罷刻兵選伎妾太子之騃劣可廢而不能決賈妃之妬悍可棄而不能斷雖黃口孺（摘 不待智者而）子亦知禍亂可立（必至）待矣夫戾（悖）而入者必戾（悖）而出宣文既以弒逆簒天下人神之所不容也是烏知非鬼神惡之欲奪武帝之衷以亂晉耶余聞陽和布氣鷹化爲鳩而識者猶惡其目信武

帝之謂也不然一人而前後相反何以至此乎故雖能開創帝業身沒（掴纔）而陵土未乾海內版蕩社稷爲丘墟子孫僅得（掴保）時半壁之江山以延殘喘無足（小山怪）異者矣方武帝之封建子弟以强帝室也自謂足以矯曹魏之弊矣然封建自有封建之弊不善制之勢則如（掴則勢啓）植鬭爭之患（端）也況曹魏之亡因明帝之不知人不因孤立無藩屛乎且夫士風之盛衰自古關係國家安危武帝之統一四海此何等時耶在廷之臣習爲放誕以豪奢爲賢以矯惰立異爲才風習既被天下而不能禁絕之（掴勿論而已）不時不能禁絕之反自植鬭爭之患而不省者何哉蓋武帝知太子騃劣而衞瓘之言和嶠之對銘在肺腑欲廢而不忍冀得賴外藩之力以待太孫之嗣立（掴於是乎封建之說興）其計固出於無（不得已）聊又不暇爲周密之慮也而驕蹇顓蒙之子弟籍天子之（掴）懿親擅土地兵馬之（掴）强將各逞（掴其）己所欲自八王攘奪之禍起散爲五胡十國聚爲南北朝爲東西魏天下之亂三百餘年矣其（小）源實出於武帝之優游不斷可不懼哉余故表出之使後世人主遇武帝之時者知所懲艾矣

小山云史眼燃犀

胡元論

小山云表姦雄之心如視其肺肝何等明眼何等老手

拙堂云元兵未嘗及俄羅斯之境

小山云論去論來一段緊識力筆力共卓越如讀魏叔子論使讀者刮目稱快

對未見之敵略未審之地雖戰勝而得之語言不通俗尙亦縣殊不得善撫馭之〔拙 之無術〕〔無〕方孰敢爲我用〔哉〕宋與金相抗人民塗炭胡元蹂之明與賊相憂財力疲乏滿清驅之蚌鷸相持而漁者座〔拙 只〕利焉未始在勤己之力以求之歟夫深心而託之于無心實用而藏之于不用是固衆人之所不省而英雄豪傑之所苦心焦慮也胡元起於漠北滅國數十用兵之略前古無比而垂涎宋金既久矣自常情觀之以勃興之運乘摧殘之弊破竹之勢不可支矣〔小山 也而〕猶且抑而不敢發西取印度〔拙 至撒馬見于〕俄羅斯南伐夏降之以窺形勢及昭悉二國之弛廢鐵騎長驅而來飄忽騰捷如迅霆之震所抵必破裂如洛陽之戰宋之前鋒一萬五千人遙見黃紅涼繖奔潰四出一人〔拙 無〕莫挺及健鬪者矣盖竢威聲響震敵人破膽然後加兵可以見其用意之所在也夫控制强敵之術無若重將帥之任矣〔小山〕雖然擢拔將帥而不察其爲人則必疑之疑之則必任之太輕而責之太重於是不任一將而任數將使勢不相統一而又置鑒軍以掣肘之雖有猛將勁卒無可一措其手也甚矣天下繩墨之論足以挫英雄志士之氣〔拙 也〕哉人君有欲强國勢之志則制度之設宜簡質欲制度之簡質任人之法宜不疑太祖之任木華黎

小山云足利氏弛武備擬搢紳制文縟之禮式亦同一弊風又云妙喩

拙堂云因元末之繁文遂論及魏金滿淸怨大軍之遊騎遠出無返文因不可括雖然如此

也使之統領番漢諸軍諭諸將曰太師建旗出令始朕親臨也憲宗之任忽必烈也使之總治蒙古漢地民戶事開府金蓮川建官擇人皆得自專可謂任人而不疑矣太祖之設官也決刑斷賞曰札魯勿赤掌印辨事曰達魯花赤他如速古兒赤必闍赤火兒赤之屬史之所載不過二十餘員太宗之定賦也中原以戶西域以丁蒙古以馬牛羊其施令也千戶越萬戶而行卽以不鏃射之諸公事非當言而言卽拳其耳盜馬卽死可謂制度之簡質矣夫任人而不疑則〔揷可〕足以〔振〕勸才制度之簡質則〔揷可〕足以懷人雖國於兩間者極多撫馭之術孰不在於懷與勸哉是胡元之所以得志也自大德已來既習漢土之法禮文繁密國勢始衰及至治泰定之際跋扈之將擁兵於外姦惡之臣竊命於內肆行弑逆之事廢壞制度顚倒是非風氣凋喪胡元遂至亡然則禮文之繁密豈可恃哉譬如演傀儡爲戲拜起進退宛然人也所欠一精神而已昔孝文崇尚禮文欲移風變俗而魏終不振世宗脩女眞之簡質以撫中原而金以强盛禮文虛也簡質實也苟欲鼓舞俊異之才而永持天下之勢者措實而隨虛何其可矣滿淸之起士馬精强決機制勝神速如風雨此〔小〕寔雖〔小其〕土俗之所固有亦由

則又失支離

小山云論至此段故獨論元清大切務於方今時文不爲徒至此不爲者宜作國家者宜各寫一通貼之坐右日觀省也

得人才而鼓舞之視之胡元開創之略當相頡頏而至撫馭之術則迥出於其上嗚呼天地之大何所不有哉小外敵之侵犯一朝而不可揣爲人君者宜日講究治安之術矣而治安之所爲最急無若戰守之略戰守之略固不可一概論拙也之要備英雄着鞭之先耳

議論的確文章雄偉僕竊以此篇爲此稿壓卷　奥野小山評

公之文頗能縱横馳騁而乏節制然才氣淵然文餤遒々少留意於古人之文有法有則者以加結構剪裁則必有可觀者矣

辛未三月　　謙安批

小園五説

余家郭内、山遠水遙、拙堂意常恨之不常縱觀之、乃就庭拙中覆前簣山。通。成鑿渠水、著林點石、拙略具山水之趣模倣彼奇絶之境、然後莫不須晨夕臾對之、今夏適患瘧、久廢讀書、拙乃就斯因所見、各贈以一說、

鯉

松岡毅軒云二句能寫鯉

靜遠居枕皎兮池、有鯉數十尾、倚欄柏手、金黃粲錯揚鬐而來、擲蒸餅與之、毅呑嚥有

魚態妙

奧野小山云、懇々說喩、可以人而不若鯉乎
毅軒云、人上加且字如何

聲圓波紛沓盡餅而止、魚多餌少、雖有不得一餅者、怡然而和、悠然而樂、或戲淺湍、或追逐聚藻中、如各隨分而（抹　安）自適者、予由此有感、人之求爵祿也、醜乎鯉之求蒸餅矣、（毅云、後半議論自此句生來）爵祿者人主之蒸餅也、而得者必誇、不得者必怒、鯉則無之、職守之輕重、自有淺湍與藻間之別、得重必恣、得輕必怨、鯉則無之、人不能自顧己才而安分、遇才之勝己者、（抹）猥設飛語而動之、窺間而讒毀之、鯉則雖金黃殊色、郁々乎和輯焉、莫敢有毒噬之心、孰謂鱗鬣不靈之物無博愛心耶、刻薄爭競之人、亦可以少愧鯉之和厚也、

毅軒云、橫作挺何如
毅軒云、古今俗吏鮮君子、亦有此妙手段、可恐々々
奧野小山云、近時猾吏頂門一針
毅軒云、此段描寫如畫公可謂大津牛知已呵々

水翠

龍盤洲在皎兮池中、古松一株、托根於白沙、橫身於青空、枝抄四向、下垂壓水、截竹作枕、蔚乎如偃蓋、水翠常止枝上窺丁班魚來、潛翼挺立、熟察可捕之機、瞥然（抹　飛下）投清漪（就）而銜之、上枝而食、往反甚駛、百無一失、蓋吏之狡黠深文、巧陷人於法網中者、皆有水翠之妙手段、而上之人恕焉不省、反以爲才、憲令己慣於上、勸懲隨濫於下、所以威窮而權廢也、故善振肅紀律、使人不得測、謂之幹濟才、不見夫大津驛牛乎、車載極重、挽之不駐、捨車驅之、亦不加疾、（抹）力之所有、人無能測、（抹　其力）乃較之水翠、伎倆之虛

小山云、潜如處女、發如脫兎、十三篇之要訣、今把蓮花容易說出、何等才氣。又云、一蓮花也、周子以喩君子之操、公則喩兵家之機。周子曰、蓮花之君子者、余亦云、蓮花之良將者、公以爲何如。
穀軒云、古今兵家秘訣、以數句發出、恨不使公葛巾羽扇擊海寇。
穀軒云、言簡而有餘韻、是爲好結局。
穀軒云、可毀亦無可譽。

實、果何如哉、世之從政者、莫容易看過之、

蓮花

〔小〕奇正變化、放而可擊、節制嚴肅、收而可待、放與收相濟〔擱 以成〕體用、而後足以制變、兵機雖多而不能出於〔小 此〕二者之外、余觀於水香磯、有以〔小〕〔擱 悟焉〕知之〔矣〕水香磯在小嵐山下、北對襲盤洲、蓮花紅白、稠重蔽水、余最愛之、晨起必到磯上、花被水煙、歛清姿、結重葩、如嚴肅不可犯、及旭日來照、一齊變化、放拓無餘、艷妝奪目、而日暮〔穀 則〕又歛妝如晨、一夕或不能結葩、則翌晨必飄零委水矣、用兵之術、何以異於此、〔小〕善戰而不知收、謹守而不知放、則禍敗立至、皆不知兵者也、宜觀於蓮花而審體用、〔小〕嗚呼、〔擱〕是豈特兵〔獨〕哉、

松

蒼髯翠鬣夭矯千尺、龍鱗虯根獨立嚴霜積雪中〔擱 未曾〕不敢變色、較桃李專妍一時〔擱 有〕別如霄壤〔之別〕大厦棟梁之用實待此以濟、字从木公宜矣、而酷惡藤蔓々々生尤軟苒不能自立、緣樹乃榮、失樹乃枯、己之高下亦視樹之高下、惟緣喬松可以凌青雲〔擱〕漸及得〔擱 其飛〕〔小 騰也〕志、纒裹蒙密、往々枯所緣樹、己亦隨仆、故藤之奴於衆草、猶松之公於諸木、雖佳樹

小山云歐六一不伐杏花與公伐藤花並行而不相悖者乎

滿山無松不足稱偉觀雖百花攢庭無松不能成風致小嵐山有喬松紫藤桂之花穗甚長、纍々下垂、有過客必賞之、予惡其類小人也、伐而去之、噫人主苟澄清之志不速伐藤扶松而何所下手哉

竹

小山云此二句足以贊竹眞是此君知己

毅軒云撓志喪氣汨沒泥塗敏輩所不免讀來至此掩卷慨然

小嵐山之西、淡竹數百个、靑蒼疎密、傍小磵而垂、名曰貞柯叢、葉陰之淸風、盛夏每消暑、而斜月弄淡影、虛筵可以生姿、然予之愛竹、非愛竹之有雅致、而愛竹之似君子也、竹之高潔挺秀、別於萑葦、似君子之嶄然自抽於澳溷之俗、竹之虛心灑落、無他腸、似君子之不驕不吝、推赤心置人腹中、若夫凡草與小人、別否、無堅貞之節、而有茶毒之心、妬能忌才、媒櫱其短、而啓己濟私之地、君子謂之姦、何不觀於竹以知所愧哉、撓志喪氣、而汨沒泥塗、君子謂之懦、何不觀於竹以爲警發哉、噫竹乎竹乎吾從汝矣

五喩學柳州盖有所感慨而作雖間不免强詞亦以諷世　謙批

壬子閏二月廿有五日　畢

五說皆因物寓戒猶柳儀曹之三戒小題大做可稱妙作矣就中蓮花說特妙有一唱三歎之聲
小品文韓柳爲最歐蘇諸公或不及在我邦故履軒先生獨能之山陽翁雖大手筆恐非其所長此五說明白簡盡得小品體恨不使先生起九原評之耳
嘉永壬子春二月中浣　浪華小山學人奧野純贊批
首々鎔錬之力足而無粗豪之態敏竊謂公遊學後長文挌幾層然是可與上方腹者語不可與土佐腹者道　辱末　松岡敏妄言

恩怨說上

東洋子謫居之里有新得丹釀吉兆春者乃會其知交饗之主人揚々有德色一友後期而至時酒已酣卽座而飲僅傾杯乃艴然而去怒曰飲吾以水是侮吾也欲待客散而刺及於胷以甘心東洋子曰甚矣恩之不以可恩也反以買怨矣凡物之失時失所不祥莫大焉聖人之絕筆於獲麟所感深夫乃如吉兆春亦當薦之玉堂瓊

筵而飲之蚩民蚩民之好在濁甜安知清勁之美嗚呼是其酒之罪耶將用之之非所也盖自古廉正而窮厄痴呆而富貴狡猾詐騙而博時譽者固不一而已也於是輪廻冥報之說起焉東洋子曰君子之處世當直道而行耳富貴功名如電光如泡影況區々恩怨乎

恩怨說下

恩施於善怨被於惡相反如氷炭雖夏畦負販之人亦能辨而以君人之尊往々不能辨焉動輙顚倒恩怨而不知自也夫忠臣以一身冒衆怨亦愛君恤民之功不暇計已利害其踪酷肖自招怨者矣乃邪之欲害正者浸潤膚受飾成小過以塗汗之集詬亡節之人傳相附和如坂上走丸遂使其君耳聾目盲認邪爲正崇禎之殺袁崇煥當時不惟帝恨之擧朝之臣及京城內外之民無不恨者其蜚語皆出自內閣云然崇煥死而明亡廼非恩怨之顚倒乎夫君子之持衡也曷嘗有恩怨之心苟使斯心先横胷裏則必入於卿愿脂韋之流客問宋尹源曰人臣不忠孰大曰無過爲大嗟乎知言矣夫

深尾重良傳

深尾重良稱湯右衛門晩稱和泉先世江之深尾人因氏焉曾祖重列移居濃之山縣父重政仕齋藤氏爲太郎丸城主食傍近永祿七年秋織田公擊齋藤氏滅之重政迎降仍賜舊領擢重良使侍世子天正十年春從攻高遠城有功蒙重創世子遣歸《良》之使《以下同》養創先是重政卒重良嗣六月惟任光秀反襲織田公及世子于京師弑之重良以創未愈在太郎丸當是時羽柴公會諸將討光秀於山崎誅之遂大分遺地神戸信孝領美濃居岐阜城令國內之將士入覲重良不奉《從》命七月信孝使遠藤慶隆攻太郎丸重良嬰守甚力信孝使人諭降重良乃降釆地如故十一年夏信孝兵敗自殺將士多降於羽柴公重良逃加賀倚溝口氏及我　大通公入長濱召重良于加賀給俸二百口以其有姻也十八年夏從攻山中城奮鬭獲二甲首九月從入掛川賜食邑三千石使居外城慶長五年會津岐阜大垣役皆從六年春從入本邦賜佐川之壹萬石十年春　東照公以所養女妻我　世子重良至伏見管其儀遂見　東照公　台德公賜時服初重良無子養其甥深尾重忠爲嗣至是　法光公

欲使其二子吉六爲重良之後使親臣諭意重良勉强聽命乃別賜食邑二千石於重忠十九年冬大坂事起我　竹巖公自江戸西上遙令重良率兵會大坂重良急裝就道會　公於泉州堺部分士卒臨大坂重良受命總督先鋒時諸侯之軍來集者數十萬爭起土山作高樓以逼城而我軍之樓櫓秀出諸隊最驚人目阿波公視忻之及和成使人來請曰　公之樓櫓偉矣我欲令士縱觀學　公之軍法願許之　公乃使人告重良重良忿然急麾衆擊破〔壞〕之曰我之法令　先公之所定也豈容他人咳唾耶初和成約塡隍諸侯各助役　竹巖公亦使重良督卒留助焉明年正月事竢乃歸五年夏幕議褫福島氏封使沿邊諸侯各帥兵臨廣島城時　竹巖公在京師聞之卽發重良亦奉命率國兵會　公于備之笠岡直進逼廣島及福島氏臣致城　公復入京使重良率衆歸國秋讓邑於重昌而老重昌卽吉六者也無何去匿泉之堺　竹巖公屢使人召之重良不奉命乃召重忠增賜食邑二千石曰汝當親行諭意我欲使重良總宰邦政重忠到堺傳命且曰兒在江戸松平稻葉之兩侯亦頻慫慂大人歸國辭意鄭重願大人勉奉命重良不得已俱與歸　公大悅九年

秋病卒有一女卽爲重忠妻重良爲人沈勇多智其賜佐川也當　大通公移封之始民心未服動梗政令訟爭紛沓重良悉心裁決明賞罰勸農桑撫士衆未數年而境內大治人傳稱焉〔至今稱之〕

論曰聰明〔君〕在於上任才使能無動〔莫〕不如意而後可戡定禍亂以救萬姓之倒懸也我大通公仗一劍之任碎〔摧〕強挫銳任進不滯〔所向無勁敵〕遂開封於此邦以創子孫百世〔之〕業重良實與有力焉余嘗閱國乘大坂之役敵兵燒塞而逃　竹巖公欲馳入川場重良諫曰後藤基次多謀願持重察變矣乃止與史所謂花房職之之事相類焉要之帷幄之語祕不傳無跡可紀然稱開國之元勳必首擧重良到今子孫儼然爲國老之冠永授寵榮之福盛也〔矣〕哉

山水之壽無涯今人不記猶有後人但賢豪之事不記而傳之則愈久而愈泯故山水之勝不可不記先賢之跡尤不可不記此文字之所以有益于世也此傳傳先賢於百世是尤有用文辭安積艮齋評

節婦春勝傳

逸史氏曰我　養德公之爲政其志在於興教化安士民歲丙午親巡封内以觀風俗有卓異之行者下特恩以爲標準（宕 旌之）至長濱村聞節婦之事乃賜祿養（餼廩）令終身焉云（予因爲之傳以廣恩意云）

宕陰云婿字不必置

節婦名春勝父曰松右業農也居芳原村春勝自幼端整有才姿既長適長濱人松藏而情好日密生二子會松得癩疾貌漸醜惡眉睫已不存一莖紫瘢滿身腐爛露肉臭氣不可近十步外人皆掩鼻家固貧不能自給至鬻諸種器什以爲活春勝爲之傾心竭力毫無沮退之色視疾侍藥唯恐有忤意而松右亦屢來問婿疾而心惡之松知其意一日謂春勝曰吾不幸罹疾不能服生業然有親戚可倚（依）足以盡吾餘齡汝猶青年前途未促當更求佳夫吾今與汝訣多春勝默然良久曰妾之不肖不待今而知也願君少下氣以思之二兒雖幼而稍長則足養君其期不出五六年矣假令妾歸家而他嫁擧世必指目爲無情人妾誓不去淚與言俱下松亦不强迫之鄰人側（私）聞之走告松右松右大悅俄來拉春勝去春勝自是不復理髮靦面而日夜雇役於人受直必遺之松資衣食久而不衰松右亦漸感其志春勝心竊喜遂不告

宕陰云議論

而走夫家復侍松疾且藉手鄰人謝父父與夫皆知其不可奪相親如初云

欠精請再思又云醜惡疾者人之情也猶弗去者義也父欲奪之情也不從父之私情義也故情之不可以已云々覺不妥

又云柔之變剛之變亦欠瑩

又云此篇有小序作春勝傳一句可删

逸史氏曰情之不可以已義也義之不可以已情也情義彬々謂之節而情勝義則柔柔之變爲怯義勝情則剛剛之變爲虛要皆非中道也操行如春勝可不謂節婦哉作春勝傳

阿三墓碣銘

嗚呼此我藩大庭氏阿三之墓也阿三父名景保與余交兄忠從余學俱來徵余銘曰兒穎悟有志々期有成今則已矣願得子文表之言未畢淚承睫下余亦潸然寧忍辭以不文乎阿三以姓平而行三稱平三郎喜讀書過目不忘又能書畫々已有灑脫之致安政丙辰四月從父爲郡宰赴香美廨舍其十二月罹病試諸醫不効乃輿病而歸明年正月五日遂夭於府下本街之宅得年僅十有一葬於月輪山先塋之次余嘗訪父君於奚疑居酒酣談謔聲撼四壁阿三時六七歲侍旁沈重不戲弄眼有精光善記古今驍將傑士之名問卽答琅々然非有人敎之盖得之天矣銘曰

花雷夙綻風摧不時天麗厥質何速厥萎

題謝安携妓東山圖

謝太傅人品功勳稱爲江左第一此圖其東山却幣之時不知果出誰手松竹繞軒若溪雨新霽枝梢下垂娟々媚人軒中倡妓盛飾侍左右盤盂縱横酒肉淋漓太傅杷杯而咲神采生動如聞謦咳盖逸韻態度之溢于毫素者其人固有逸韻態度也

跋山陽先生手書新策

己酉桂月小南個齋携山陽頼先生所著新策八卷來示曰此松田某所藏卽先生之手筆也子爲跋其尾余披閱之有序而無例言與通行本異卷數亦不同而六略八議二十三論則未嘗有一字異也某先人諱覺字天民與先生相善此册卽親得於先生有先生尺牘云拙著副本在足下所與此目次有不同者考較以見忠告[艮齋審訂之]可改則改之盖天民初所得無目次後以先生所寄綴之卷首耶然卷中所載亦與目次無所牴牾也先生少負奇氣比冠淹貫古今群籍名聲大振作此策時年僅二十有五矣本邦之神樂刑政張弛沿革網羅殆盡條緒明晰洵有裨經濟晚年刪繁撮要更名通議其文豪放俊逸横絶一世然論其詳贍反遜此編余嘗謂新策通議雖出一人之手猶之新舊唐書薛史歐史不可偏廢也先生逝已十餘年矣斷翰殘墨

人爭寶之況此冊乎字行草相間雖甚不經意筆勢雅健余置之几上展玩數回恍如與先生對晤慨然者久之乃題數言返上

簡而有風致 小竹評

不識庵擊機山圖跋

小竹云驍悍四字以屬越公則添彼字而與沈鷙四字轉置則何如

越後公擐紺甲穿綠半臂以白布裹頭躍黑馬揮刀來擊勢如風雨甲斐公黃甲緋襖蒙唐首盔據胡床左手舉麾扇扞刀右手按劍將拔之其驍悍激騰與沈鷙不撓之狀寫得躍々生動於紙表先曾祖俊達君所圖君諱正任果敢好兵法涉獵於和漢諸家而觀二公用兵之跡以爲極則蓋二公各以不世出之略竝時而出接壤相睨亦奇遇也況其親鬪乎俊達君嘗論斷二家兵法欲著一書而不果作此圖以寓意故其可貴非特筆法超妙子孫宜寶之嘉永庚戌夏五因曝書都圖卷蠧食不一速改裝藏之秋謹跋

辛亥三月五日秋上妄評以兄之懇屬不可辭以病也

小竹老人弼

雜文每篇以偉麗可喜再加磨陳便爲佳文

辛亥春三月念有二日　鐵研學人謙妄批

書陳忠愍殉節記後

余覽陳忠愍殉節記、而知義氣烈々然能感動人心者拙堂非偶然也距今之遠竟不如距今之近况幷世同生而事又關吾所軫慮乎、忠愍之見觀察王珇、有大厦非一木可支之言、當時各營之將庸卒弱可推知矣、其戰吳淞口、自揮兵發炮千餘、門而鉛丸着船皆碎、炮架皆裂、雖因夷船堅緻、亦器械工科之僞惡可推知矣、將卒與器械已不適用、蠹姦何所抵止、故忠愍朝彌縫之、夕廼破壞、奔走勞悴、支吾不給、終以身殉之、黃樹滋、字子培、寶山人、以因親所聞見記之始末、蓋彼版圖極大、邊境時用兵、將校或有閱歷之人、且備暎夷東陲惟一面已、如此、而猶如吾邦孤懸於方直處大海中之心、寇來無所定、而人不知擐甲操才之事、殆三百載、彼此參互、令人毛髮寒、傑氣結塡膺、豈特忠愍使然哉可不預爲之所哉余因忠愍事有感書以警世之任邊防者

文比前年頗覺進歩請更勉之

癸丑八月　謙批了

鹽谷宕陰云幽別邸不必言邦制蟄居與春秋間幽圓事體不同考寧武子饋槖饘等事可見

宕陰云作英邁之姿康濟之略何如○先是當作後十年又云公起自廢籍作公再起視事又云廢籍字欠妥漢土公卿多是起農畝有罪被廢

跋常陸帶後

水戸景山公之蒞封也破除格例善擇材而處之不肯（宕 敢）持短以廢長釐正經界以均田賦核覈食邑以調肥瘠汰僧恤貧躬履節儉以省用度製歲入歲出之圖經緯如碁局各々有額采色分之以便査勘修器械嚴海防建置弘道館講文練武掄藩士子弟百名使侍左右而奬厲志氣有怠慢者必斥之蓋欲振肅志風而復慶元之古然昇平之習侈靡媮安其勢任勞則召怨而世已多毀言甲辰夏　幕府廢公幽別邸公所擢拔之士皆同罪焉藤田斌卿其一人也斌卿名彪蟄居無聊中恐公勞績不著乃筆此書卷分上下題曰常陸帶（宕）亦取於國歌別復合之義以寓慕君之意云爾後十有一年予在江都得之橫山舒公携歸讀之可以想見公英邁天挺之姿先是公起自廢籍參贊海防軍務斌卿亦復官在小石川邸予速訪之酒間語及公所以得罪搤腕累欷淚潜々下而忠義之氣凜乎溢眉宇予偉其爲人歸勸之我　公且奉此書共電覽　公卽使秋招斌卿親聽論義既而予得譴放廢每思君恩之難報未嘗不慨然也亦適與斌卿之宿昔同感（宕 安可同亦益禍之道也吾重爲君懼焉）而此書又達自江都有泣下而不能止

則還本貫爲庶人故有廢籍我邦封建之制安可與之同又云勸之我公下宜補令見之三字又云東湖之厄是其君之厄所波及貴兄之禍所自取故以爲不同

者竟搦毫書之〇此稿與原稿不同今依本書

航海標準跋

航海之不可已如錢貨之通有無利莫大焉而邦人盲昧一遇風怒濤立乃漂到不測之地挫辱白黑之鬼覥然求活者甚多川田維寉慨之據漂客所齎歸航海大圖著此書附以縮圖一卷區分明晰尤便觀省予詑爲奇絕蓋維寉工畫其臨楮對縑揮灑迅疾如風雨俄而雨霽風止花卉人物宛然生動人咸爲畫苑之才子而今有此著殆不可量也後來苟使各舵工懷一部雖帆裂桅折方位審定有所立持永可以免漂沒之患耳詩云佗山之石可以攻玉豈不信哉今維寉以畫苑之才子將赴上國登壇竪幟行期已定若使他藩收而祿之則背詩人諷喩之義而失維寉撰著之意果孰之咎耶其索跋言書此以告有力者

澹齋詩集跋

余之南遷以所儲書自隨及卜居雪溪之埃別營一室庋之架上而起臥其中杜門謝客與二三書生講論騎歲忽報山本自牧請見余聞左川人澹齋翁涵泳洛閩學

有心得自牧卽其子也乃見之自牧因出翁所著詩索題言翁家庭輯睦篤於行詩特其緒餘已黃魯直評坡公書曰學問文章之氣鬱々葱々散於筆墨之間是不獨書然也翁無意作詩但抒寫所欲言反有言外之意視諸鏤心彫繪爲情死語孰得孰失不辨而見則其詩已非今時詩且翁名晉字照德是明德自我而照之義也就令翁顧名思義不敢違則其人亦豈今時人哉

掃部頭伊達老公招致內密心添之發端

九月十七日掃部頭樣

大屋形樣を御招之上內密御心添之發端

遠江守殿御事近年三條內府殿

勅使參向之節近親ニ付土州へ招請之義ハ子細無之事ニ候得共其砌同館へ御越三條殿へ御面談被成夫より御懇意之稜を以御自書御取遣被成候趣太段近親之外ハ

勅使へ御逢無謂堂上方へ自書取遣も不相成御大法ニ有之甚麁忽之事ニ候乍去無事平安之時ニ候ハヽ子細も有之間敷候へ共當時之如く多擾(マヽ)京都よりも種々被仰進候場合ニ當り候而ハ甚御(マヽ)ヨ(マヽ)候沙汰に相成先達中より閣老內彼是より申向有之候をも不承樣致居候得共元來

水戶老公始越前抔も頻ニ京師へ通路腰押體之義も有之見聞よて必竟
當世
今帝を奉始堂上方御議論之盛よも右等より起候場合も可有之何分難被
捨置譯柄ニ付此度間部下總守致上京候ハヽ其邊之詮議取調も可致合ニ
有之就而ハ若も實跡在之致發露候義も有之節遠江守殿ニも同然之儀關
係之筋有之候而ハ不被得止越前同樣之御咎も可被　仰出哉難計左相至
り候而ハ御家之御瑕瑾御身迫りも無此上甚御氣之毒之次第に候間唯今
之內御病氣之稜を以御隱居御願御決心相成度然ル上ニ萬一京都へ御申
立之稜相ゝ候筋有之候とも最早別段ニ被及御沙汰候樣よハ相至り不申
御無難ニ可相濟ハ勿論大膳大夫殿ニも逐々御壯年御見込申候御生質ニ
付遠江守殿御退隱之上ハ御跡々之御都合ハ不惡樣御受合可申候且前述
之爲體ニ付餘ニも種々惡說を唱候よハ先日登　城よ小銃を持參於營中
人々へ被爲見候由以之外ニ申向も有之又過日　公邊水戶等へ被相下候

勅諚ハ僞作　勅諭之文體ニ無之全遠江守殿艸稿よハ無之哉と風聞も有之是ハ在間敷事柄とハ存候得共右樣よ衆心も寄候義ハ不容易御大事之義ニ付早々御退隱御決心有之方御家御身之爲ニ可有之奉〔存脱カ〕。候拙者御間柄ニ而當職ニ居リ御心添候義惡敷事ハ不申候尤三條殿へ爲引合ニハ土州も不念之至誠ニ間柄之三條殿へ文通ハ不支事ニ候得𪜈も關東之事情等内通應復も有之由遠江守殿も同然唯今之内隱居決心有候ハヽ家之瑕瑾ニも不相成可治事ニ候得とも閣老等何分親類引合も無之ニ付不得止親類の家老を呼出申聞候樣可相成哉左候而ハ表向之誘ニ而不輕筋ニ相成氣之毒之次第よ候何等好御考ハ無之哉素閣老一同御家ハ不〔マヽ〕　申候諸家之爲ニ不成義ハ重々不相好可成丈ハ事輕ニ付候方を重と致候義ニ有之御家來之おもそくハ如何哉ニ候得とも呉々も御父子之御決心を相願候大屋形樣甚以御驚愕御心痛之御次第よ候得𪜈も何ハ指置

一右之通掃部頭樣被仰述

勅諚草稿之義ハ所詮可有事ニハ無之云々御相應ニ御挨拶被仰述以つれ
ニも退考之上遠江守をも相願候上決斷之筋も可有之旨被仰置被遊　御
歸館候由之事

一翌十八日餘之御用筋ニ而吉見長左衛門罷出候所前段之通被　仰出實ニ
類外之御心痛奉恐察第一當惑奉恐入候儀何樣退而數馬へ可相傳旨言上
之所

屋形樣へハ御直話可被遊ニ付先今日ハ不申上樣被仰出退出并御沙汰有
之翌十九日數馬罷出尙逐一被　仰出候趣も有之然ル處數馬出仕中又々
掃部頭樣より以御自書未御決心ハ無之哉土州へ之御心添御考ハ不付哉
云々前述之御意味御深切振りよ候得とも御催促被仰越如何ニも事切迫
と相見早々御決心不日御願立も可被成との御促ニ可有之歟左候而ハ無
事之御隱居を御勸之筋ニ無之不可解事よ候得とも右樣御催促も有之義
殊ニ長左衛門迄も申談罷出候次第言上之所左候ハハ相入

屋形様御聴候様被　仰出引拂逐一言上之所左之通被　仰出事

御意

大屋形様ハ深奉懸御心痛候義ハ恐入候得𪜈も今更可驚事ニも無之段々

申立ヶ條之内

勅諚艸稿ハ左有間敷《マヽ》　塵も覺無之《マヽ》　念ニ有之其餘ハ形跡ハ有之事ニ候

得とも更ニ　公邊之義内通體ハ一切無之於心底ハ潔白之儀恐入退隱可

致筋ハ無之候得とも全右等之稜趣意ニ相成候事ニハ有之間敷專見込之

赤心とハ乍申

西城之義を申立候事根元ニ可有之是以

大老始考慮を申様《マヽ》をも申すも有之故ニ而御爲を存申述候義恐入筋ハ無

之候得とも毒蛇ニ被見込候とやら被目指候上ハ此度ハ可申貫とも又奸

策を工被落候様之義も難計素より不面白時世被誘候も幸之儀退隱之上

傍觀候も可快且家之瑕瑾を引出候様之儀ニ至リ候而ハ尤本意ニ無之候

乍併不忠不潔白ハ無之段一通リ申置度尙
大屋形樣ハ御直ニも可被　仰上云々
但尙　思召筋委曲之義ハ後々ニ相分リ候故茲ニ略之尤本文之
御意ハ廿日朝弘尾へ罷出言上仕置候也
一廿日晝後
屋形樣弘尾へ御出之上御直ニ逐一ニ御伺
大屋形樣思召をも御咄合被遊候旨被　仰出候得とも二十二日御問答ニ
相分候故略之
一廿二日晝後御出
大屋形樣掃部頭樣との御問答左之通
御意
過日之御挨拶御懇ニ被仰述候上偖
遠江守手元直ニ相糺御內話も逐一申聞候所三條殿へ御逢之義ハ無相違

候得とも右ハ其前阿部へ致内談候所表向伺候而ハ可支候得とも右州ハ格別懇意之先方之儀參リ懸リ（マヽ）之體よ而逢候而ハ如何有之間敷旨挨拶ニ付實ハ致安心罷越御逢申候得とも高位之御方始而之御面話ニ付打解候御咄申上候樣ニハ無之旨尤阿部へ縋リ候義を聊申分證跡ニ致申候にハ無之呈書之義も當年頭幷ニ參府掛三月廿五日大坂より指出廿六日伏見へ御返書有之兩度とも前以御逢之挨拶其餘とも爲指子細無之尤内通體之儀ハ一切無之其餘ハ三條殿へと申而ハ絶而呈書指出不申故何程御調ニ相成候とも對

公邊へ恐入候書通無之段ハ心中潔白ニ有之勿論　御養君之義ニ付御手元始閣老へも愚意申上候義ハ必竟御至難之御時體國家之御爲趣意ニ付存慮通リ之御運ニ不相成御模樣ニ付而ハ越前土州とハ其一條自書取遣ハ致候故萬々一近親之三條殿之事土州より自書呈し候文中ニ遠江守も可樣申居候抔申義を申越候哉其邊難量幷小筒を

營中へ持參好候者へ爲見候儀も事實とハ乍申誠ニ誠ニ子供持遊樣之品物故子細無之義と實以心も一向ニ不付趣ニ申述且
勅諚草稿之義ハ甚以意外之義ゝ　塵も形跡無之段是ハ所詮論も無之事ニ候得とも於遠江守ハ重々厚キ思召ニ而御心添も被下候儀御深情ニ戻リ候心底ハ尤無之退隱決心之趣には申居候得とも倩致熟考ニ而ハ右實跡之稜を以隱居をも致さねハ不濟と申義ハ些落意致兼候得とも尙餘ニも御深意之ヶ條有之義には無之哉父子之決心ハ指置家來共へ申聞候而も成程緩念之外無之と居合候樣無之候而ハ如何樣ニ人心動き候哉も難計是亦心痛之至リニ而返々も遠江守心底
德川家之御爲ニ誠意を盡候所前段之ヶ條ニ而退隱とハ不存掛位之義別而家來ともハ不居合ニ可有之就而ハ御深意有之候ハヽ無御指殘伺度候
御大老
一々御尤ニ候成程三條殿へ御逢一通リ御書面御取遣之稜ニ當リ御隱居

と迄ニハ至間敷候得とも御書通之儀ハ一度も三度も同然ニ而抑申述候
通リ水戸老公ハ今ニ始ぬ乍事屢通書被致京師へ腰押强き由次には尾州
公越前抔も同前如何ニも不相濟義斯
京師關東之御折合御六ヶ敷事ニ相成候基より存込候故不得止間部抔右
之筋を取調候筈ニ付若も致發露候義有之節遠江守殿にハ譯柄ハ子細無
之とも三條殿へ呈書被致候には相違無之必定水老公始同意之筋ニ可有
之との評議ニ相成何等被及御沙汰候義無之とも安心相成不申樣存候故
ニ有之尙餘ニ深意六ヶ條御根詰に候得とも與駈取留候ヶ條ハ無之御耻
敷候得とも兎角當時之閣老ハ一度ヶ樣存込候義ハ是非貫き候樣致し候
風習ニ有之其上
西城御評議之前　御養君には一橋公外無之と申儀ハ老公尾公就中越前
申立强續ニ而遠江守殿土州樣も同然に候處悉其論ハ京師合體之主義故通
路打合之上と外不被察との論ニ而閣老始見込居徒黨と申ニ而ハ不容易候

得とも近來ハ　京都關東方と二派ニ等《マヽ》ニ相別ル則遠江守殿には　京都方と一同目を附候故ニ甚御大事と致心配候義有之乍去今ニ當リ必御咎之沙汰可出とも又出間敷とも何分申切り兼候場合有之故ニ今之內御決心御引籠ニ相成候ハヽ後日何等之次第有之とも不被及御沙汰可相濟目度ニ有之若も事起り候日ニ至り候而ハ御隱居も例格之通御願濟とハ相成兼可申依而早々御決心の樣致御心添候事能々御思惟有之度候

御意

御遠慮を以被仰下候儀を相戻り候には無之且右樣虛實御合無之趣ニ因り如何可成行哉御見通も不付場合御座候而ハ何共難申上彌此節決心之外ハ無御座候併被仰含候通リニ候ハヽ私隱居之例ニ爲取調可然左候ハヽ國家老とも出府不申付候而ハ不相濟往復三百里先之義何れ急にハ難運先ハ御來春ニ不至し而ハ願出候樣には相成間敷候

御大老

其儀ハ子細有之間敷候

御意

左候ハヽ、這ニ一私只管ニ御願申度儀御座候遠江守儀御忿を蒙り身分も危相成候段時勢不得止事ニ候得とも諸事於志ハ徳川家御爲を見込誠忠より建白も致候には相違無之御養君一條ニ付而も親友同志同席之場合に而越前土州抔とは種々議論も致し候由候得共京師へ打合水老公等へ通示合致所置候事ハ更ニ無之殊ニ　御二方之内孰歟　御養君ニ可被相定と申時合ハ御時世を量り御幼長之御折合ニ而之見込を申上候儀全御徳義之厚薄始終御依頼之有無趣意ニ無座方よりハ最早於　公邊御決定ニ被爲至候上ハいつまても不服を抱き候譯無之不慮ニ　御代變りに被爲成候而も　幼君に候ハヽ、夫ニ應し御後見之御所置も御座候儀右赤心ニ付而ハ御養君御歡を始登　城此後御代替り將軍宣下等之御祝も目出度可申上と致心構居候處ハ御洞察被遣度依而並隱居を願候にも手續早春ニ相成候故何卒御代替り御祝儀御誓詞　宣下御祝等節々之御大禮ハ爲相勤候上爲引込候ハヽ誠ニ於私本望之義にも斯ル御大禮之一段ニ至リ爲引込候ハ甚殘念之次第ニ御座候尙其上十分を願候ハヽ退隱決心之上ハ明年ハ例之通ニ御暇被　仰出歸國致し庶政申付置明後年參府之上隱居願と申ニ相成候ハヽ無此上次第重々御憐察被下度候

御大老

何分にも明後年と申義ハ承知難致事ニ候とも御大禮等被爲濟候より御引込之御主意ハ重々御尤至極ニ承受候併如何致候もの哉御即答ハ致兼候間與篤相考一兩日ニ可及御否候

御意

偖亦土州へ隱退心添向之儀ハ自家へ御心添被下候通り閣老內等土州へハ親類無之極內事之御誘ニ不相成故私より心添不致哉と是亦彼之家を思召候御厚情とハ存候得とも此末御筋合相差候樣考申候尤機密御吐露

ハ大禁之乍御事自家ハ格別之御間柄御別懇之場より御心添被下候ハ無
彼是儀ニ可有之候得とも已ニ土州事ニ付御噂ハ機密を他人へ御漏被成
候筋ニ可有之別而土州へ相傳候ハヽ餘之儀と違候故遣方より被仰聞候
御内意之趣不申通候而ハ落意致間敷左候ハヽ御職分に被爲對候場を相
考安心ニ存不申乍去私斯理屈を立御拒ミ申内親類等を以御呼出御心添
に相成候而も表向之御沙汰ニ相成彼之家之瑕瑾を引出折角厚御考も無
に可相成又自家も代々別懇之土州隣國之好ミも有之近年御兩敬申合も
いたし候儀旁以土州之不爲瑕瑾之生候を乍承餘所ニ見候も不本意之至
りニ付不苦と御決斷御指圖あらは其旨を以申傳候方とハ呉々相考候如
何可有之哉

御大老

誠ニ麁忽之次第ニ有之今更閉口御卽答に及兼候間一兩日ニ再老御否《オンイナヤ》ニ
可及候

一右之通御問答ニ而御歸館御沙汰被遊相伺候而ハ乍恐御理解も被遊御盡
候樣奉存候尤御大禮濟之上御登城云々ハ
屋形樣御本心に被爲發候事ニハ無之實ニ
大屋形樣御情義より被仰述候由奉伺候所御潔白云々之御響き合にハ至
極可然御聞受も宜敷ニ付何等御趣意貫候御場合も可有之哉御一左右を
奉待候も廿五日迄も何之御否無之
大屋形樣にも御待兼且御催促にハ御一策も可被爲在哉明日ニも御出可
被遊哉以御自書被仰遂候所廿六日御返書ニ今日者御支ニ付明日御出被
遊候樣且亦御別紙ニ如左被仰越候由被　仰出候御文意拜見苦々敷存上
候事
別紙極内ニ申上候儲御内話之一儀ニ付而者段々御心配懸何とも御氣之
毒ニ奉存候然し貴老には年來之御忠精閣老一同乍憚御頼母敷存込居候
所より不得止事小子及御内話候次第ハ定而御合點も可被下義と奉存候

但御内ちく之御義理合も有之其段ハ深く推察仕候得とも御家之爲第一と存候間何卒御英斷御座候樣にと奉存候且又既ニ御内話之趣御當人ニも御承知之上此後押而御登城被成候迚も御心濟も被成間敷哉何とやら御振合も宜しかる間敷其邊も與篤御考置可被下候何もく拜顏之上萬々可申上候以上

九月廿六日

一右御返書之御文體にて者御理解も御無益兩度御問答も豫被推量候所廿七日彌

大屋形樣御出御應答之御次第果而左之通

御意

御挨拶向略之偖而過日御内話候次第御熟考も被下候趣にて昨日極密ニ御別書に御示し候樣にて者不任心底體無是非候得とも詳ニ伺度候

御大老

重々御心底無御餘義致承知御尤之至りニ存候得とも一己之決考も難出來閣老へも致内談見候處主意ハ昨日別書ニ而申上候通り何分御大禮濟迄御登城抔と申御場合にハ難出來存込ニ有之殊ニ廿二日御内話申候御決心サヱ有之候當時より御引込之上來春御願出と申義も閣老ハ何分落合不申右之邊にハ取調向も有之義ニ而天保十亥年津輕越中守内々心添ニ而隱居と引合三月十五日ニ事起り引込五月十六日願濟日數六十日ニ在之其餘長病引ニ無之隱居而ハ去冬堀丹波守十月朔日より引込十一月廿二日着府より引込當正月廿一日願濟之例も有之彼是以津輕之例ニ而六十日恰好には御願立ニ相成度左候ハヽ十一月中之御心得ニ有之度候御意御大禮登城不相成段ハ不得止事乍殘念畏候得とも來春を以當十一月中と被相縮候義ハ偖々歎敷且心痛當惑之至ニ御座候乍去閣老迄も御談考を被盡候上御一己ニ不被任御否之上ハ無是非次第ニ候得とも堀五島ハ

内事にも御心添等無之其身發心之隱居故國元より相含出府ニ可有之願進速ハ爲任心と申ものにて有之津輕ハ例にも可成候得とも津輕自國ハ百里内外之儀故六十日ニ運も可有歟私自國ハ三百里近くにて常體之往復も六十日ハ相掛り殊ニ過日決心之上ハ先格之通り隱居にハ子細無之旨被仰述其所ニ彌御動無之候ハヽ取調向御指置國家老之内爲　御目見出府申付候義假令大早飛脚を以申遣候とも銘々共ニも多少支度も可致其上海陸不時之滯り等を相考候而ハ必十一月中ニ着府とも千萬難量幷隱居家督之大禮ニ付而ハ前以より役人共へ内存之趣を御取調向も申付家來とも承知も申聞候事に候處斯ル大禮之含を國家老共承知之上一應之請も不承内當方限り取極及内沙汰候も甚次第相立ず義ニ有之候尤御密示御心添も御座候儀出し拔ニ承知致し候共異存相含候義等ハ有之間敷筋ニ候得とも來陽寛々と願出候場ニ當り候而も國元三人より如何と致心配候處十一月中と申而ハ彌增切迫驚愕も可强素當方是迄之事情ニ

も疎方ゟ不居り合も可有之當惑至極ニ御座候間何卒十二月中と御勘辨

被下度候

御大老

至而無餘儀ハ致承知候得とも御都合を考候而も十一月を不過方可然乍

去何分とも御手續運難き日に至り候ハヽ少々御延引ハ達而如何も有之

間敷歟ニ候得とも重ニ十一月中之御見當御調合に御含ハ被成度候

御意

如何とも難取究且御噂も有之今日迄も諸方家老共へも不申聞父子ニ而

致痛心候のミニ付最早明日ハ家老始へも申聞手續存念等も相卽候上ニ

而又々御縋り申上候義も可有之扨々至痛迷惑此事に候

御大老

偖又土州一件段々致再考候而御噂の通奄念筋差之次第ニ有之御賢考之

如小子申候趣を以御通示ニ無之而も土州も承伏致兼可縁も無き小子ゟ

右様心添可致譯ニ無之心得違之義ニ付今更御咄不申前に御聞流し被下度候

御意

必竟其邊心掛り故ニ愚意申出候得とも毎々申上候通り不外土州之儀一家之大事を乍承不告も不實之至り告候而ハ貴公之御不筋を打出し候道理歟と心迷候得とも表向之御沙汰ニ相成候も心苦敷候如何御所置ニ可相成候や

御大老

御尤に候能々糺合候ハヽ政素中孰か續合可有之も難計精々表向之誘にハ不取扱心得に候

御意

何卒其處ハ重々願敷候

大略右之通り御應答ニ而御歸館

大屋形様ニも最早御力不被爲能是迄御配慮も御貫被兼候得とも此上ハ存慮を被仰述御大老御二變之御言葉等述候ひつミ被遊度候得とも無益のミならす御後害可相增候ニ付御緩念も被爲在一統にも早天に號泣との古語之通り及此場候而ハ餘ニ處置も有之間敷併萬端之手續等噂之通り可運哉重々可申談旨御沙汰有之何樣御應答之始末言上之所屋形樣ニも左之通り被仰出

閣老に事寄候得とも掃部之念慮も變るに可有之同樣

大屋形樣御屈心御配慮被遊候而も不貫段恐入候得とも素決心之義決答之通十一月十二月初旬迄之願と取極可然調向家老出府等間ニ不合事も有之間敷故早々其心得を以可申談候既ニ昨夜相考候而も來春之願ニ候ハヽ寛々調手續可整候得とも左候而ハ　大膳殿任官ハ是非明後年冬ニ相成是も殘念不都合ニ至り候ニ付彌來春之願ニ而好きと申に相成候とも事實ハ十二月中旬迄ニハ隱居家督御禮も相濟候樣ニ至

し年內ニ任官被　仰出候樣相成候方御代々へ相對し候而も本意之次第ニ有之勿論　此方家督之節も手入屆候ハヽ出來候由之所家督も安し些手入不行屆場有之故と申義ハ跡ニ而承り遺憾ニも存候次第ニ付此度ハ精々掃部頭へ相賴み奧御右筆へも重々致手入候ハヽ子細も有之間敷哉ニ付旁年內と一身決も致候義別而掃部頭決答之趣ニ而ハ彌以其所ニ取計候樣可致候

一右之外細々被　仰出候趣も被爲在一々御尤至極とハ奉存候得とも恐入當惑之次第委曲ハ本書自筆ニ得御意候通御座候尤掃部頭樣御依賴ニ思召候

大屋形樣ニハ再三御應對御內談被遊候而サヘ一事も御趣意不貫御次第最早緩念之外有之間敷候得とも掃部頭樣御言葉御二變之筋も有之御問答之始終御疑念ゟ御押付之體ニ而殘念苦心之至りニ付不成迄も存念一盃掃部頭樣へ罷出可奉歎願哉共存極候場も有之候得とも至誠至理も不

貫御時世一命を擲申立候とも其詮有之間敷と致退考候而ハ御不潔白不
被爲在　御身上を御　念ゟ御隱居之御心添ハ如何ニも殘念至極々々
大屋形樣御問答ゟ不强氣を申立候而ハ更ニ御取上ケニ不成ハ打見候儀
不成を知而內場ニ申立候ハ名聞之沙汰にも可落ニ付申立候程に候ハヽ
其ハ罪案ニ不當義を御　念之餘り御退隱と迄被仰候ハ甚た無理云々又
御內密とハ乍申御大老職ニ而一大事之御心添被成候ハ一己之御取極ニ
も有之間敷所彼是御二變之御口上も有之御歎キ落し被成候樣ニ相考御
職分も被爲濟間敷趣を始一々御非分を押理解不申立候而え不飽足事に
候得とも左候而ハ身分ハ不惜とも素御政府之有樣御三家越前公を始御
手强く御押付京都をも先其御手段と被察候可恐御時勢ニ付精意不貫の
みならす却而
上體へ御當りかヽり候ハ必定之儀無謀不忠之至りとも可申か呉々も御
小失ゟ御　念を蒙御退隱に被爲至候御歎も餘有之御事　兼時世を御見

切御潔白ハ一通被仰述候上ハ決心且御家之御爲を被思召候御深慮之條ニハ乍恐御尤ニ奉敬服候儀此上御留可申上思慮之所及ニ無御座候就而ハ御願被爲濟候上ハ從來被爲盡御心を候御政統其餘も御半途之事件を始御曹司樣へ御加談被遊人心御引立ゟ富國强兵之所置彌增被爲盡候樣奉願上候外他事無之と存極候事

右迄之御次第之趣ハ同廿九日立大早飛脚を以御國元へ申越候所十月十日御國へ相達候趣ニ而同十二日付之返書同廿日朝歸着之事

一右御用向ニ付中井族之助十月朔日出立御國元へ被指遣早天出足之事

一土州樣御事十月六日當御屋敷へ　御出被成屋形樣御身分御決心御退隱之事柄御密談被遊候趣之所土州にも世を見切尤一體御同意ニ而是迄御所置も被成候義御同然ニ御憎を被爲受候義と被成御考且屋形樣御退隱之上ハ御同席に御同服之御方々も不被成御座御心濟も不被成候故引續き御退隱御內決に被及候段御返答ニ付實ハ掃部頭樣ゟ御

心添之義
大屋形樣より御密話有之御隣好と申御代々御別懇之御間之義御傳可被成御考に候得とも御筋合難立御見込ニ付過日掃部頭樣へ御押返被置候御意味も御内通被遊所左も候ハヽ彌御決心ニ動きも無之候得とも當節廟堂如何樣之次第ニ相成居候哉
大屋形樣ゟ掃部頭樣御聞繕向云々御賴被成候間被仰置御歸り被成其趣ハ
大屋形樣ニも御受合被遊　御出立思召候得共掃部頭樣御支ニ付段々御延引ニ相成　十七日ニ宇津木六之進被召呼候處掃部頭樣ニも土州樣之義と御汲取被成御傳言之趣も有之故尙御直話可被遊と御返答ニ而十九日に御出御問答之御次第左之通被仰出ル
　十月十九日
大屋形樣掃部頭樣御應答土州樣御一件之外事も記之

御意
土州退隱之一件此間六之進を以被仰越候致承知候依而尙御內談の爲罷越候
御大老
一委細ハ六之進ゟ御聞取被下候半何分ニも閣老抔土州親類無之ニ付不得止末家山內を呼越致心添候外無之と內決之處遠江守殿御決心之趣土州致承知候而ハ甚心濟ニも無之一己ニハ倶ニ退隱內含ミ內實ニ左も候ハヽ御無事之隱居瑕瑾ニも不相成可然事ニ付彌決心ニ候ハヽ別ニ山內抔ハ不及沙汰可相濟候就而ハ兼而申上候通り由緒も無之小子土州へ之心添を御賴申候向に御傳候而ハ指支候得とも土州も遠江守殿同然ニ付退隱心遂候ハヽ後難無之義に候得とも閣老內等親類無之極內之心添も不相成云々貴老へ御密話申候趣を　貴老之御心入と申候向を以御內話に候ハヽ小子名前之出候も不指支候勿論此節柄之義土州を態々御呼越被

掃部頭伊達老公招致內密心添之發端

成候ハ不可然内々彼邸へ御出歟土州密事掛り從臣を御招ニテ御内話被
成候歟相成度候

御意

一何樣土州家瑕瑾ニ不相成筋ハ歎敷兼テ申上候情義も有之ニ付御噂之通
り心添致見可申候就テハ土州都合ニ因り据りも相話度候所土州ハ相續
ニ可立弟鹿次郎國住之由且里數も私自國ゟハ遠とも近くハ無之故所詮
急々之運にハ參間敷其段ハ御含被下度候

御大老

一御家抔之運ニ不相成趣ハ不得止儀來春ニ相成候共宜敷候尤決心引込之
上ハ三四月ニ延候も勝手次第に候得とも間部探索之一條來春迄にハ糺
付候含ニ付引込居候共及發露候次第柄に寄候テえ退隱願之前に候ハヽ
何等と被及御沙汰候義可有之哉難計ニ付其義無之とハ受合兼候得とも
願濟ニ相成候上ハ如何體之義とテも未發ニ可相濟候間精々早き方とハ

存申候
右ニ付御都合ニ因り土州樣へ御出御直話も可被遊候得とも一先御家來之内弘尾へ御呼越可被仰含思召ニ付被仰合
屋形樣ゟ土州樣へ被仰進候所吉田元吉麻田楠馬兩人可指出尤御服心之者之趣返書有之廿一日兩人とも弘尾へ罷出
大屋形樣ゟ段々被仰含畏り退出之所又々廿二日兩人相揃罷出
大屋形樣御目通り被仰付候處昨日御沙汰之趣罷歸り土州樣へ申上候所御退隱之義ハ疾ゟ御決心に被爲在候得とも三條樣へ御内通向之義ハ不被爲在旨ニ被　仰出候尤極々御潔白とも安心ハ仕兼候得とも是迄詰方之重役御側御用人小南五郎右衞門等ニ至迄御内密ニ預り候面々四人甚不行屆之次第御座候付遂ニ御國元へ被差歸御家老始私共近頃出府右四人之向と交代候ニ付何分是迄之御模樣御手續之義を取調候事相成不申候依而相考候には土州樣之御ヶ條三條樣へ御内通向之外ニ御深意可有

之樣奉存候其子細ハ當夏大坂海防被蒙　仰候砌數ヶ條御內願之趣久世樣へ御內慮伺ニ相成候所不容易御ヶ條有之ニ付御熟考御認替可被差出旨を以御指戾ニ相成候由其御願面私共御國元ニ而拜見仕候所爲陣場大坂町內を燒拂度且遠國ゟ人數指出候儀不行屆之次第有之ニ付大坂模寄ニ而御領所を被下度領地御座候ハヽ人備も行屆可申無左して不屆御座候時は同席へ相對候而も不相濟云々等有之甚不容易驚入候義ニ而詰方御役人中も至而行屆不申義一同安心仕不申ニ付急ニ御家家老始四五人出府可仕と申合候儀ニ御座候然ル所又々少々御直しニ相成再內藤樣へ御內慮伺被差出候是亦候家老御呼出の上御指戾しニ相成候節右樣之御願被指出候樣ニ而御主人ニ而ハ御國元御政統も被存量候云々御噂有之幷右樣之御願書被指出候而ハ甚以不都合も有之候得とも達而御指出に候ハヽ强而ハ御留不被成云々被仰聞由も承り彼是驚歎仕且心配罷在候義ニ而此度御退隱御心添之御地昨御深意ハ右之御ヶ條歟ニ奉存候左候

ハ、一統ニも心得候義御國元へ申越候ニも聢御趣意相分り候得とも土州樣ニ而御光無之と被仰候御內通等と御ヶ條ニ而も何角取留兼御國元へも申越兼候間何卒掃部頭樣へ被御問詰御深意を相伺度旨申上且亦元吉申上候ハ私儀ハ五ヶ年前御勘氣を蒙り退役罷在候所當春歸役被　仰付仕置役を相勤罷在候此御役方ハ御家老ニ指續御政事ニ預り諸家之若年寄と申場ニ御座候元來土佐ハ山海之產物も夥敷ニ付以前少々御取入り之節ハ大に御融通相附

御公務を始何時御用欠ハ無御座候所近年ハ甚御困窮ニ相成今年迄五ヶ年御家中一統へ御用立被相掛半知御引上ニ相成居實以難澁人氣も不宜候ニ付此義ハ當土州樣ニも御屆心ニ思召候儀私歸役以來心配仕候所忽に可成御目途も相立既ニ當夏御用立も御用赦ニ相成ル抔申上候ニ付相應ニ御挨拶被遊深意之ヶ條根詰之義ハ尤之次第ニ付與篤御熟考御所置可被遊旨御意之上兩人被指返

大屋形樣倩御考被遊候所元吉義人體奸物とハ不相見根詰之義等ハ尤之筋ニ付近々掃部頭樣へ御内談可被遊とハ　思召候得共　御意之外之事等を頻りニ申述其身之功作を披露之體抔是迄諸方之御役人之非を唱候事等ハ何樣藩士二割レニ相見候故能々内實を御糺之上に無之右申分計を以掃部頭樣へ容易ニ御當り合も如何と　思召候旨被仰出

屋形樣へ御相談被遊候趣も被爲在候所御内願之義ハ其頃御相談向も被爲在候ニ付大坂燒拂御領地等之稜ニハ被相除候ニ相違無之思召元吉ハ御草稿を見候事ニも有之へく何樣土佐之人氣ハ互ニ功を爭能を妬候意氣方ハ毎々被遊　御承知候故其氣味合も可有之哉何樣彌御服心之者ニ候哉且

大屋形樣へ言上之次第等も御自書土州樣へ被仰進候所元吉等人質内割レ之有無等ハ一切御返答も不被成御ヶ條深意御聞糺を願上候ハ臣子之情ゟ申上候事ニ可有之實ニ三條殿へ通書ハ御承知之通リ潔白申難抔此

上　入道様御大老へ御出も不都合ニ可有之何様一両日内右両人を被召呼御取繕被仰聞候ハヽ無遺念可畏内ニハ鹿次郎出府之都合も過日申遣候事ニ候旨御返書に被仰越候ニ付

屋形様にハ最早海防ニ付御願書之御根押ハ不被遊方可然尤一體御當家へ御心添ゟ御趣意差候事にハ無之故其邊を被仰含過去り候御歎願書之ケ條を引出候ハ君之非ケ條を增候筋ニ可有之旨等を以被仰諭候ハヽ両人とも達而遺念ハ申出間敷旨被　仰上候所

大屋形様ニも折角夫等之思召ニ而両人とも廿八日に罷出候様御沙汰被成宜候義思召丁度御心符合ニ被爲在則廿八日両人罷出候ニ付定而遺念とハ可存候得とも深意根詰ハ却而君之非を增候譯ニも可相成此方退隱之一條迚も御同然之事ニ而何歟取留候處無ク歯切レ之不致様之疑念に起り候事とハ存候得とも段々應答も斯々之次第ニ而不得止緩念決心も致申候儀云々　思召之趣委敷被仰出候所両人共恐入奉畏尚土州様へも

申上逐一御國元へも手筈可申遣旨御受申上引拂候由從
大屋形樣被　仰出候大略之次第を玆ニ引續ニ相認置候事　但麻田楠馬
ハ御目附役之由
一十九日左之趣も御應答被遊候旨御沙汰
御意
將軍　宣下御頃合ハ如何可有之哉隱居家督願も霜月末旬に可相成所右
ハ式ニ差泥ミ而已甚不都合有之候
御大老
御心配有之間敷前以ゟ發意ニ不成內御事濟ニ相成度旨京師ゟ申參り候
得共も當時之場合信用致兼候處彌十一月始ハ
勅使等下向之筈御治定ニ申參り候ニ付中旬にハ御大禮一字可被爲濟依
而下旬之御願ハ聊御子細有之間敷候
右ハ閣此度同紀州より被爲揚候故か

有徳院様御例と被仰進候左候而右
御方様ハ大納言ニ被爲　任御歴代ゟハ御位階御低く候故其通りに有之
彼是考合ニᚋハ勅使參向も案外ニ御句續も早又御位階ハ御低き御例を
被仰進候ᚋハ兼々御密話申候通り御意味被爲在後段
征夷將軍ハ　一橋公へ　宣下
上様ハ大納言ニᚋ　西丸と之命を再被　仰出候御下地にハ無之哉何樣
御すなほニハ被爲濟間敷と心痛ニ御座候
御意
間部上京ニ付何等彼地之御模樣可分候
御大老
最早此節ハ參内も出來候哉御中陰迄ハ勿論其後も參内御沙汰無之候ᚋ
ㇵ關白殿ニも御逢無之由ニᚋ何事も末分り不申何分御六ヶ敷可在之と
存候

御意

阿州藤堂等ハ如何相成候哉

御大老

阿州ハ六ヶ敷可在之候得とも未取極兼候夫ニ笑談有之候ハ藤堂に候近頃何角と底氣味惡敷哉追從輕薄之件在之過日逢に罷越候節も咄之内阿州事色々風評不宜ニ付何等心添致し候筋も在之候ハヽ私親類之儀御沙汰被下度旨申述餘り通らぬ事故拙者も親類之儀右樣之事在之候ハヽ足下ニ不賴云々致決答候其外薩州儀も考之外成る人ニ在之云々抔も相咄表裏反覆之言語ニ相顯レ候併右樣之心腹之人ハ恐るゝに不足被捨置候とも指障り無き仁に有之

御意

夫ハ意外之御咄を承り申候乍去右樣之人質之方御指障りにハ不相成とも始終御賴にハ不相成忌諱も不憚存慮を申向祉一一御採用ハ不被成と

も御頼御爲ニも可相成筋哉と存候山口丹波守抔西丸御留守居へ分轉に
ハ御次第も可有之候得とも同人ハ律義誠直之生質ニ相考候如何や

御大老

仰之通表裡反覆ハ宜敷義直之質可惡敷と申事ハ有間敷御尤之御論に候
得とも丹波守義直ゟ義論過き候方方ニ而同役内も持餘し候仁有之位故
ニ被轉候先々藤堂風に候ハヽ扱能有之候
右體之御見込故萬事被察候旨
大屋形樣御歎息之　御意相伺候事

御大老

此度御隱居御家督ニ付而ハ大膳殿御任官御六ヶ敷ハ無之哉と存候何等
之御含に候哉

御意

折角其儀ニ候亡父私と二代ハ家督年侍從被仰付候故家格と相安私隱居

之節內願向不行屆筋も有之遠江守任官不被　仰出甚以殘念此事ニ存居申候依而此度右近例ニ相成候而ハ彌家格も崩れ候儀兼而跡々ハ御受合可被下旨御深切ニ被仰下候趣も有之候ニ付而ハ任官之儀ハ御配慮を歎願可致含ニ在之何卒私家督之例ニ相成候樣願敷候

御大老

左祉有之度とハ呉々存居候得とも御三代ニ候ハヽ十分御家格と御安心にて御動無之所御近例有之故甚懸念に被存候併格合年數等ハ甚未熟之儀御案內之通專奧御右筆調出候ハヽ閣老等も格別取捨ハ不致位ニ有之候得とも大老ニ而ハ閣老之決斷を經候上ニ無之而ハ不承位故閣老へ御出貴老ゟ重々御內願も被成度第一ハ御右筆へ之御賴肝要に候其邊に御手拔無之候ハヽ於拙者ハ厚相含居候尤大膳殿ニハ永々之四品幾人も御乘越申候故御屈心も可有之とハ每々閣老ニも御噂も致候ニ付何卒當冬御任官ニハ相成度ものニ御座候

御意
甚懸念ニも有之夫々へも重々ニ相願候閣老用頼ハ久世ニ而長病ニ付太田へ頼候心得ニ有之彌承知ニ相成候ハヽ私も罷越懇願可致其餘御指圖をも相心得候
右之通被　仰置御歸館被遊候旨被仰出候事
一御任官之一條前段御應答之通ニ有之候所其後掃部樣ゟ去々月以來ハ種々御心配を被御懸御氣之毒至極ニ付責而御曹司樣御任官ニ而も被爲出來候樣と御心配被成候所此節此ニ御見留被成候儀被爲在候ニ付多分御任官可被爲出來歟何樣大屋形樣ゟ御内願書早々御指出ニ相成候樣先々御家來迄へハ御噂御扣ニ相成度旨以御自書被仰越候ニ付早速御出之思召且並々之御隱居を御仕成ニ付御內慮伺御願等も御文面御例之通りニ取調候ハヽ少も快候ハハ抑而御登　城御隱居御禮も被仰上度等之本文も在之所此度ハ抑より

之次第も被爲在候儀押而御登　城等之御末文有之候而ハ御扣被成候樣トカ御名代被指出候樣トカ之御付札ニ相成候も難計左候而ハ甚御手戻り節立候云々御勤方等心掛り有之候故左樣有之間敷筋と被存候得とも爲御念掃部頭樣御內見に被入右ハ例格ニ依而爲認候得とも內實ハ御登城不被成御內存ニ付矢張不苦との御付札ニ相成度旨大屋形樣ゟ御內談被成置可然と奉言上候所被成御承知御伺御願御任官御內願書御例書等も夫々御內見ニ被入候筈ニ而十一月三日被遊御出大屋形樣掃部頭樣へ御應答如左

御意

近日御付書之御挨拶之上御任官御內願書御噂ニ付致持參候幷別紙夫々も入御內見候御心附御示被下度隱居伺之末父快候ハヽ押而登城云々ハ依例取調候得とも此度別而事實に無之候間御付札御不苦と相成度左候ハヽ例通りニ而面目も宜敷候

御大老
夫々御調通り至極宜敷候押而御登　城云々も御付札不苦と相成候も聊支不申候委細閣老へも通示可置候一字御紙面ハ御預り申置閣老へも為見置候方萬端御都合に可然兼而御任官之儀ハ貴老閣老へも御内願被成候様申候所委曲小子ゟ可申ニ付別ニ御出ニも不及候

但御内願書之内少々くと〳〵敷所一二行御削ニ相成候故御認替翌四日被遣候事

偖御任官之儀只今より御受合とハ申切兼候得とも去々月以來格別御心勞之儀を申上候故せめて御慰心ニも相成候様御任官ハ出來候様粉骨致し可申取閣老ニも粗同意ニ付多分ハ御相違ニ相成間敷併宣下之　勅使參向彌來ル廿六日と御決定付着府前十六日にハ夫々叙爵も被　仰付置候吟味ニ而專取調中ニ在之夫迄ニ御願濟之御運ニ相成候ハヽ十六日ニ任官も可出來左候而又丹羽越前任官之内願可有之若任官

被　仰付候ハヽ御先席之大膳殿御跡に相成小子ニも殘念ニ存候
御意
思召重々忝何卒任官ハ御粉骨被下度其内十五日迄ニ隱居家督願濟之運
にハ迚も不參國家老も去月廿三日頃出立之積りニ付來ル十五日後廿日
時分迄にて着府致間敷乍去爲夫に丹羽に先を被越候而て決而不相濟候
間同人も任官御評決ニ候とも極月十六日大膳と同日ニ御延し被下度太
段丹羽ハ親左京大夫栁之間ゟ成リ上り終ニ少將ニも被　仰付類外之儀
殊ニ先祖ニハ任官例も無之一代之儀ニ有之私家ハ家格之御扱ニも相成
居遠江守家督侍從と不相成ハ實ニ二代も打續候故内願向油斷ニ起り今
更申而不返又々此度同列に相成候而ハ實以家格之崩ニ相成歎敷代々之
格ハ丹羽とハ同日之論ニ無之所先を被越候而ハ不相成其段ハ重々御勘
味被下度
御大老

御尤も至り左候ハヽ丹羽ハ來月に延候様可致候實ニ御家ハ大ニ御譯柄相差遠江守殿御家督之節ハ呉々殘念ニ候得とも御例書を見合候而も貴家御父子之外ニも御二代二十代ニ而御任官之例有之是ハ此度之御內願被仰立ニ大ニ御强ミに相成候故と篤と相含閣老へも可申談候右之外ニ御右筆專取調ニ而閣老抔未熟故ニ調ニ任し引合に泥ミ候得とも實ハ小子始閣老ニ而目度推り付ケ居候ハヽ强而御右筆調計にも不泥云々御內話も被爲在何角と今日之御應答ハ掃部様も御氣受能御挨拶有之御饗應等も有之實ニ押而御隱居を御促被成御氣之毒ニ有之故其代りニ御任官にハ張り込御心ゆかしく被成候御心組と大屋形様にも被思召之旨御意之事

一御隱居御願濟之上ハ

御曹司様來夏御入部之所御若年ニ而御出府一度も御諸政御見習御下向も無之萬事御不案內には甚御氣遣ハ有間敷候間何角御心付ケ之爲ニ來

春ハ潮御入湯之御願ニ而
屋形様御下向被爲在候様
大屋形様御内含云々尤
大御二所様御老年之儀ニ而も御都合ニ寄候而ハ御入湯御期月ニ不成内
ニも又御出府迄御願御呼登し被遊候儀も不支事と被仰述候所夫々聊御
子細無之御願出次第何時御願濟ニ可相成いつれ斯ル御時合ニ付一先御
歸國被成當今之氣御扱被成候も至極可然云々掃部様御返答の由候事
一京都之模様御探り被遊候所間部も漸去月末參內致候へとも
今帝にハ御風氣之趣を以
天拜ハ不被　仰付關白殿御始へハ御對談申上候由之處少しハ御六ケ敷
ケ條も有之候得とも先ハ案外ニ御隠成御應答ニ有之趣尤極々ハ何とも
難計間部も重々心配ニ可有之と致推察候得共未逐一ニも不申參候其内
兵庫開港ハ近畿之場所之趣を以甚六ケ敷被　仰立候由元來大坂を懇望

に候得とも兵庫と押付漸致承伏候儀此上引放候外港ハ容易に納得致間
敷如何可相成候や云々
九條殿も又々關白に御復職ニ相成候都合惡る間敷云々と掃部樣御返答
之由之事
大老
藤堂より此間參り候節内話近來柳之間にハ取締り世話いたし候者御内
々被仰付候處同席にも追々壯年之向多く御座候故同樣ニ被仰付候樣相
成候ハヽ可然と心付被申述候ニ付右ニ如何可有之哉又世話可致人物御
考有哉と相尋候所只今別ニ心附ハ無御座候得とも乍不肖私上杉等へ被
仰付候ハヽ申合精々世話可致と申聞へき此儀如何思召候哉と
御意
其儀何分不可然同席にハ夫々銘々先例舊格有之中々一樣にニ不相成薩
陸兩家ハ兩家之家格有之藤堂又私家抔夫々高之大中小も有之儀一般に

ハ不相成殿中丈ハ何も世話別ニ不被　仰付候而も爲ニ不相成却而一同
不歸服之基ニ可相成と存候

大老
折角左樣可有御座と存候

愚案薩故ニ相成我等退隱被致候ハヽ他に藤堂をはおさへ候者も無之
故何等乘機威權を取度策可運と存候處はたして右之通之心底實ニ見
限りはてたる人なり

一十一月廿六日先樣と井氏應接觸

一遠江守任官之事尚又御賴談有之候處可相整模樣來月十八九日頃にも可
相成趣密筈申上候由

一我等來春湯治願歸國之先日不差支趣被申述每時變動いたし候事も有之
故尚爲念御尋問有之候御含ニ而先日此間土州來春退隱濟湯治之願度含
ニ付内々相願候故其事此間御内話被成置候故右之樣子ゟ被遊御尋候處

折角其事ハ閣老へも申談候處少々遲速ハ有之候得とも伊豫殿御同樣之
譯にて退隱ニ相成且別段御懇意之儀候處來春一時ニ御歸國相成候處ハ
御近國と申何か閣老にも懸念ニ存候樣子と被申候故
先公
土州之事ハいまた隱居家督願も不差出此間申上候ハ本人の行先きの御
內話にて候得とも悴事ハ願通り被仰付殊ニ先日も聊御差支ハ無之何時
願候ハヽ御聞濟にも可相成趣被仰聞候時悴始家來にも其趣ハ傳承致居
候儀何もまた御懸念と申儀ハ有之間敷と被仰述候處
井
あの節ハ一孤之考申上候處閣老ニ而右樣懸念申述候由
先樣
一時ニ相願候而ハ御懸念にもや伊豫守儀願候ハヽ來春出立も仕候儀土
州ハ隱居家督願濟來春三月にも可有御座殊に土州之事ハ御內話申上候

故御承知も有之候位之儀伊豫守先へ相願候而一時にさへ不相成候ハヽ何も御懸念之筋ハ無御座候土州ハ願出候時御吟味も可有之事かと被仰述候

井氏答

如何樣左樣相成候事に候ハヽ何も無差支事と存候故然ハ早々明早春御願可被差出候

先樣

畏り申候其都合に可致候間部之樣子其後ハ如何候や

井氏

委細事ハ不相分候得とも追々　奏聞も片付候得とも兵庫開港と御違勅並ニ居留所へ禮拜堂相建候儀ハ天意いまた不爲解候由其上間部と所司代と間にハ所存之違候事相生し候樣子若狹も心得參候處此ニも近日ハ違候而間部も甚心痛由申越候此

度將軍　宣下ニ付二條殿下向有之候處御大禮濟候末之上小子へ被成御逢何か御尋も御座候由之處京都にても間部と酒井所存違候儀も有之又當地にて小子ゟ御答申候處兩人とも違候而ハ彌以於京都御疑惑も可被爲在甚御心配致候由

右之外少々御話も有之候得共細事故不誌候

十二月廿二日宇津木六之進上書中

一伊豫守樣御近親樣ニ御出之儀長太郎殿一條も御座候事ニ付暫く御存意之處可然と思召候

未二月朔日同人ゟ

一伊豫守樣爲御暇乞御佛參之儀ハ不苦候得共御近親樣へ爲御暇乞御出ハ御見合之方可然と被思召候此程中色々御用向御差添　無之御逢ひ彼是御延引ニ相成候間右之趣奉申上候樣被仰付候ニ付此段一寸申上候

解題

藤井貞文

一

日本史藉協会叢書の第一八六巻には、『吉田東洋遺稿』を以て充てる。収むる所は「吉田東洋手録」、「南海山易雑記」、「浪華行雑誌」、「有馬入浴日記」、「東行日録」、「東行西帰日録」、「静遠居類稿」、「掃部頭伊達老公招致内密心添之発端」の八種である。

吉田東洋は、人も知る如く幕末期に於ける高知藩の偉才であり、その当時既に南海第一の人物と称せられていた。それだけに本書の刊行の意義が存する訳である。以下に聊か解説を加えて見よう。

二

従来、吉田東洋は有名なる割にその伝記が極めて少ない。古くは福島成行氏の『吉田東洋』、近くは平尾道雄氏の『吉田東洋』の外には、大町桂月氏『後藤象二郎』、平尾道雄氏『容堂公記伝』、高知県『高知県史』や瑞山会の『維新土佐勤王史』、本会の『武市瑞山関係文書』、或は『土佐史談』等に散見するが、その中に於て特に此の『吉田東洋遺稿』は彼の伝記を研究するに当っては第一等の史料である。

『吉田東洋遺稿』と名付けて此の叢書に収めた彼の遺文は上記の八種であるが、固より此の八種を以て遺文の全部とは限らない。唯だ他は俄に捜査し、入手し難いので、他日を期する外はない。而して此の叢書の台本となったのは、福島成行氏が所蔵する写本である。従て福島氏の『吉田東洋』は、此の史料を多分に利用されたものと思われるが、但しその原本に就いては筆者の知る所がない。次に八種に就いて解説を試みる。

吉田東洋手録　三冊

『吉田東洋手録』と言うのは、「参政録存」・「参政草案手録」・「時事五箇条」・「手記公用文書」・「手記文書」・「手簡」及び四通の書翰を附載し、これを併せて編者が命名したものである。

第一冊は「参政録存」六巻を収む。此の書は東洋が安政五年正月十七日に高知藩の参政に復活して藩政を執った日に始る日録である。その内容は、

一、安政五年正月十七日より同二月十七日迄

二、同三月十八日より五月十一日迄

三、欠本

四、同八月六日より十二月三十日迄

五、同六年元日より二月二十九日迄

六、同三月朔日より五月二十九日迄
第二冊は「参政録存」五巻及び「参政草案手録」の二種である。前者は前述の日録の続きで、即ち、
七、安政六年六月朔日より八月二十九日迄
八、同九月朔日より十二月晦日迄
九、万延元年正月元日より閏三月晦日迄
十、同年四月朔日より五月二十九日迄
十一、同年六月朔日より十月二十九日迄
後者の「参政草案手録」は、嘉永六年六月に米国使節のペリーが我国に来航した際、その対策に関する意見書及び安政元年正月十七日附でペリー提督の再渡に備える内海防備に関する意見書である。即ち前者は嘉永六年八月に藩主豊信の名を以て外交処置意見として幕府に提出したもので、此の意見書は東洋が豊信の内命を受けて執筆した草案である。『大日本古文書』所収の意見書は『鈴木大雑集』から引用しているが、殆ど同文である。

幕府はペリーの退去後、その再渡に備えて江戸内海の警備を厳重にし、品川沖に台場を築くと共に九月二十六日には、内海沿岸に邸宅を有する諸藩に命じて適宜に砲台を築造せしめ、十二月二十七日には品川附近の住民に対して立退に就いて指示する所があった。

高知藩は品川に藩邸を有するので、その警備を必要とし、同十二月に領海警衛の部署を定め、造船準備の為に掛

員及び郷士等を江戸に簡派し、品川藩邸に台場を築き、支族の山内豊福をして惣宰せしめんとし、幕府に請願し、許可された。然るにペリー艦隊は翌安政元年正月十四日には江戸湾の外に現われ、十六日には小柴沖に投錨した。日時が安政五年正月十七日とあるのは、何かの誤ではなかろうか。文意より推測すると、ペリー提督の再渡の場合の様である。

第三冊に所収するものは、

時事五箇条　弘化二年七月二十七日に東洋は病気の為に郡奉行を辞職したが、同八月二十三日に至っては藩政施行に就いて一篇の意見書を草し、藩主山内豊熙に提出した。即ち「時事五箇条」であるが、その言う所は、第一に治国の要諦は人才の能否に在れば、門閥を打破して人材を登用すべしと。第二に国家の大綱は法令にあれば、時勢即応の法を樹て、信賞必罰を以て綱紀を粛正すべしと。第三に行政整理を断行して冗官冗費を除き、緩急に備ふべしと。第四に貯蓄備荒を計って人民を撫馭すべしと。第五に海防は急務なれば、速にその対策を樹つべしと説く。孰れも彼の学問並に郡奉行・船奉行として実地の施政に当った経験に基づく意見であろう。

手記公用文書　解説に依れば、原本は大正十二年一月彼の遺族より旧主の侯爵山内家に上呈したと謂う。全部で四十六通あり。吉田東洋・朝比奈泰平・村田仁右衛門・由比猪内・麻田楠馬・大崎健蔵・市原八郎左衛門・神山左多衛等を始め藩府の文書を収録す。

吉田元吉手記文書　安政五年正月に東洋が再び参政に就任してよりの施政大綱意見を始め、彼が塩谷宕陰に寄せた書翰、及び覚書数種を含む。台本は山内侯爵家本である。

手簡　吉田東洋から松井新助及び千頭槇之進に贈った書翰。台本は高知県庁の記録と謂う。

附載　東洋に宛てた松岡七助（時敏）書翰二通、同じく由比猪内書翰、琴子等書翰、朝比奈泰平書翰及び復讐勧誘の書翰を含む。東洋が横死するに際して一子源太郎に遺す体裁であるが、他人の作であろう。

南海山易雑記　一冊

吉田東洋の紀行である。弘化四年十二月、彼は船奉行に再任したが、偶々翌嘉永元年二月に藩主山内豊熙が東覲するので、職務を以てその護送の任に当った。即ち同月朔日に高知を出発し、陸路赤岡・田野・浮津・佐喜浜等を経て四日に室戸に達した。彼は野中兼山を偲んで一詩を賦し、

東岬纔西一港開、駐輿追想此低回、偉功縁底伝当世、人主英明臣傑才、

云々と詠じた。余程、兼山に私淑していた事が知られる。翌五日に甲浦に達し、浦戸から廻航して来る船を待ちて乗り込み、同十四日に出帆して由岐・椿・和田の諸港を経て同十七日に撫養に到着した。同地に暫く風を待ちて同二十二日の夜、備前の与島に碇泊した。途中、屋島を過ぎて源平の戦を追想して感慨を催し、翌二十三日漸く讃岐の丸亀に着船して上陸した。「風俗陋鄙、穢悪、知京極氏無人也」云々とその治政を評している。姑く滞在して藩主の来着を待ち、その間に金刀比羅を見物した。三月九日に藩主が到着したので、同十一日に出帆し、翌日備前の室津に入港した。翌十三日に藩主が同港を出発するを見送った後、彼は姫路、和田等を経て同十七日の夜、甲浦に入津し、それよ

り陸路を同二十日に高知に帰着したのである。記事は頗る簡略であるが、当時の舟行の状を知るに足り、且つ諸所に得た感慨を詩に託して書きつけていて、彼の詩情並に学力の程を窺う事が出来る。例えば二月十六日阿波を過ぎて長宗我部元親を偲んで、

　三好支流気已呑、当年着色祖龍孫、阿山要是土山裔、帷幄謀謨未足論、

云々と詠じた。彼の歴史意識を見るに足る。同二十日は撫養に滞在して家庭に帰った夢を見た。即ち詠じて、

　阿嬢伝杯妻割鮮、一家情緒最纒綿、暁風吹破蓬窓夢、人泊雲溟万里天、

云々と。家郷を出でゝ十有八日、撫養の地に空しく風を待つこと三日、望郷の情に駆られたとすれば案外に彼も人の父であった。

浪華行雑誌　一冊

嘉永元年三月十一日、東洋が備前室津に於て別れた藩主豊熙は、七月十日に江戸に於て病歿した。豊熙は山内氏歴代中でも学徳の高きが知れたのみでなく、東洋自身も久しくその知遇を受けた事とて、その悲しみは大きかった。その遺骸は江戸より木曾路を通って大坂に達し、海路を藩地に送られる事になった。東洋は藩命を以て遺骸を大坂に出でゝ迎え、これを高知に護送する事となり、七月十五日に翔揚丸に乗り込み、浦戸を出帆して大坂に向った。風浪が劇しく、同二十日に至って三十余隻の船団を率いて漸く出発し、室戸・紀州・大崎・泉州谷川に寄港して二十九日に大坂に着港した。而して豊熙の弟豊惇が養嗣と成る為、江戸に出づる事になったので、東洋は淀川を溯航して伏見に

護衛して見送り、更に豊熙の柩を迎えて大坂に帰り、二十四日に出帆、二十八日に甲浦に着船し、同地より陸路に依て高知に護送し、九月三日に到着、真如寺に納めた。『浪華行雑誌』は謂わゞその公用の旅の日記で、即ち七月十五日より九月二日の高知帰着に至る。この行は悲しみの旅であった為か、詩歌の如きは一首も記されていない。彼は同年十二月二十七日を以て船奉行を辞し、閑地に就いた。或は知己の恩に殉ずる積りかも知れない。

有馬入浴日記　一冊

嘉永元年十二月、東洋は船奉行を辞した後は、専ら城下帯屋町の静遠居に閑居して風月に心を遣り、来往する文人墨客と風流を楽しむ生活であった。嘉永四年二月二十五日に有馬温泉の湯治を思い立ち、二十五日の休暇を賜ってその旅に出た。同月二十五日に二人の若党を引き具して高知を出立し、岡本頼平・森田良太郎等の諸知友十数名が布師田に見送って来て別れ、陽明学者の奥宮慥斎の来訪を受け、本山・立川・川之江を経て讃州に入り、同二十九日は丸亀に宿り、更に船に倚って内海を渡って幡州の二見浦に上陸、須磨・一谷を過ぎ、湊川の楠公墓を拝し、西宮を通って三月三日に大坂に到着した。翌四日は書肆の河内屋に赴いて書物を漁り、篠崎小竹・奥野小山を訪問した。同六日に大坂を出発して奈良を経て伊賀を越え、伊勢に出でゝ津に於て斎藤拙堂を訪うこと両三度。それより草津・大津を経て同十二日に京都に着いた。

京都に於ては梁川星巌・頼鴨崖・藤井竹外・村山拳山・牧百峰、或は菊池渓琴・片山冲堂、或は家永弥太郎、宮原節庵等の如き名士文人と交わり、折からの京洛の春色を賞でゝ旧蹟名所を訪ね、その詩嚢を養った。かくて同十六日には再び大坂に出で、菊池渓琴・広瀬旭荘と木津川に遊び、同二十一日に大坂を発して中国路を西に下り、兵庫・加古川・室津、同地より舟行して備後の大多布に寄港、二十六日には丸亀に着船して上陸した。これより川之江を通って土佐路に向い、立川・戸手野・布師田等の宿りを重ねて四月朔日に高知の自宅に帰った。

彼のこの旅行は、全く自由な風流の旅であった。此の日記で見る限り、有馬に入湯した形跡はない。恐らく有馬入湯は出遊の名儀であったのであろう。彼は気の赴くまゝに旧蹟を訪ね、名所を尋ね、或は著名な学者や名士、文人と相接して閑談し、頗る多忙であった。その状が略々この一篇の日記に見えるが、就中、彼は大坂・京都に於て書店を訪ね、多くの書物を求めて帰った事は注目すべきであろう。彼の手録に依てこれを挙げると、『文忠全集』・『草字彙』『説鈴』・『武鑑』・『摂東西詩抄』・『唐荆川文粋』・『魏寂子』・『他山之石』・『潜邱劄記』・『玉華易集』・『犖経室全集』・『范中淹全集』・『拙存堂集』・『李義山詩箋』・『精華録箋註』・『劉誠斎文抄』・『淇園礼記』・『精華録訓纂』・『郝京山九経解』・『朱子文集』・『秘笈正秘笈』・『朱子全集』・『怡晋斎法帖』・『曝書亭詩註』の如きである。定価も記している。『郝京山九経解』は十八匁、『秘笈正秘笈』の如きは四両二歩を投じている。相当に彼は書物好きであった様である。

東行日録　一冊

安政四年十二月二十一日に東洋は蟄居を解かれて再び参政の重職に挙げられ、翌年一月十七日にその職に就いた。然るに同年六月に徳川幕府が天朝の勅許を得ないで米国と無断調印を行った事より天下騒然となり、幕府はこれを鎮圧しようと図って未曾有の大獄を起し、藩主山内豊信も其の厄に遭い、致仕せしめられた。

東洋は豊信の身辺が危しとの報を聞くや、憂慮措く能わず、同年九月二十一日に近習家老五藤内蔵助・大目付麻田楠馬と共に高知を出発して直ちに江戸に向った。丸亀より舟行して室津に上陸、更に陸行して同二十九日に大坂に達し、翌十月十日には尾張の宮駅に到着した。同地に於て江戸より発した側用役寺田左右馬の飛脚便を入手し、事態の急迫を知るや、大いに憂憤を発して翌日より急行、同十五日に江戸に着いた。これより東洋は百方に周旋して豊信の隠居願を幕府に提出し、十一月二十五日に江戸を出立して道を急ぎ、翌十二月六日に高地に帰着して直ち養嗣豊範の襲封の手続に着手した。かくて翌六年二月二十六日に正式に豊信が隠退して豊範が家督を承け、高知藩第十六代の主となったのである。

此の日記は、東洋が高知を発して江戸に出づる日記であるが、必ずしも詳細ではない。就中、十月十六日より翌十一月二十四日に至る彼の江戸滞在中の日記を欠き、且つ翌十二月朔日以降の記事も欠けているのは甚だ遺憾であるが、恐らく早く散逸したものであろう。尚お旧著の校訂者は巻末に附載する『掃部頭伊達老公招致内密心添之発端』なる書が、『東行日記』に聯絡するものと注意を加えている。

東行西帰日録　一冊

万延元年三月の桜田門外の変後、幕府は大老井伊直弼の強圧政治を一変し、同年九月四日には一橋慶喜、松平慶永等と共に山内豊信の謹慎を解いた。同十二月二十五日に東洋は高知を出でゝ江戸に赴いた。江戸行の目的は、豊信の為に品川藩邸を改築し、同時に文武館の造営並に藩制改革に就いて直接豊信の理解を求める為であった。その往復の旅行記が即ち此の『東行西帰日録』なのである。

即ち十二月二十五日に出発、石淵・本山・立川・川之江を過ぎて丸亀に出で、同地に於て文久元年の元旦を迎えて乗船し、牛窓を経て室津より陸路を姫路に出で、兵庫・尼崎を通って一月五日に大坂に到督、暫く滞在して住吉陣営の普請の状況を視察した。かくて同十三日に後藤象二郎・寺村左膳等に見送られて大坂を発し、淀川を溯航して伏見に出で、草津・水口を過ぎて桑名に至り、東海道を下って十九日の早朝に江戸に着き、豊信の品川邸に祗候した。同二十九日には鍛冶橋の藩邸に於て写真を撮影した。平尾道雄氏著『吉田東洋』の口絵の写真が即ちこれであると謂う。当時、漸く写真の撮影が一般化しつゝあった状を知るべきであろう。

江戸に滞留すること略ゝ一ケ月、大体の所用を終ったので、二月十三日に江戸を発して帰藩の途に就き、東海道を上って桑名より伊勢の亀山・四日市・草津・伏見を経て入京し、書店に於て書物を買入れ、徳大寺・烏丸の両家に伺候し、東山を見物して大坂に至り、住吉の警備地を見分した。室津より船に乗って十四日に丸亀に着船し、川之江・立川を経て十六日に高知に帰着したのである。江戸往復の日録である。

静遠居類稿　一冊

嘉永元年十二月、東洋は再び船奉行を辞して暫く城下の自宅に閑居し、その書斎を静遠居と号して専ら風流読書を楽しみ、文人墨客の来往するものあり。後、彼は参政に登用されたが、安政元年六月に江戸に於て酔余の失敗より免職、藩地に於て謹慎した。翌二年四月に彼は新居を鶴田に営み、これに静遠居の名を移して晴耕雨読。その間の事は彼の『静遠居記』及び『静遠居二記』等に見える。又、少林塾を開いて門生を育てたが、その中に後藤象二郎、福岡孝弟等が育った。

この『静遠居類稿』は、謫居中の私塾に於ける文稿、即ち書・序・跋・記・論・説・伝・銘・策等五十六篇を収めている。これ亦彼の文才、或は抱懐する思想を知る材料である。同時に斎藤拙堂・塩谷宕陰・羽倉簡堂・篠崎小竹・奥野小山・安積艮斎・松岡毅軒等が評言を加えて居る事が興味を覚える。

掃部頭伊達老公招致内密心添之発端　一冊

安政五年七月、大老井伊直弼が起した大獄は、同五日、前水戸藩主徳川斉昭・福井藩主松平慶永を処分した事に始る。それより幕府は謂わゆる一橋党に圧力を加え、続々と処分した。従て山内豊信の如きも、当然、幕譴を蒙る事が予測せられ、豊信自身も既にその覚悟を為さゞるを得なかった。同日附で豊信は慶永に一書を寄せて慰藉し、且つ「僕も亦不日如何可相成哉」云〻と言って覚悟の程を告げた。

果して同年九月十七日には井伊大老は一橋派の宇和島藩主伊達宗城に嫌疑を懸け、これを招いて諭旨し、その後も屢々その隠退を促したが、更に宗城と親しい豊信に対しても致仕を勧めさせたのである。是に於て先づ宗城は退隠を決意すると共にその意を豊信に告げたが、翌六年二月二十六日に至りて豊信は致仕し、養嗣の豊範が襲封したのである。

此の一書は其の間に於ける井伊大老と伊達宗城との対話の次第を詳細に筆記するもので、恐らく宇和島藩の記録の中であろうと思われる。猶ほ東洋の『参政録存』及び『東洋日録』は詳細を欠くので、其の不十分を補うに足る記録である。

三

吉田東洋は諱を正秋と言い、幼名は郁助、元服して官兵衛と称し、元吉と言い、東洋はその号。遠祖は藤原秀郷と伝え、その後裔が首藤氏を称したが、相模国山内庄を領して山内氏を称し、その子孫が山内・吉田の二家に分れ、彼の家はその吉田氏、後に土佐国長岡郡岡豊の山麓に住み、城主長宗我部氏に仕えた。大坂落城の後、山内一豊が入国したが、その祖先が同じ首藤山内氏であったので、正義がこれに仕えた。東洋はその系統である。

東洋は、文化十三年に藩士吉田正清の四子として高知城下の帯屋町に生れた。兄が悉く早世したので、文政六年に嗣子となった。幼より撃劔、走馬を喜び、書史を渉猟して古人の人情、事物の推移を講究するを好んだ。藩の儒官中村十次郎に就いて学んだが、古書は師がよく読み、新書は東洋が読み勝ると称せられた。確に彼は豪快なる性質、気性は頗る劇しく、博学多識、政治経済の材に富み、当時の高知藩に在っては英才であった。

天保十二年に彼の父が死去したので、家督を受けて知行二百石を給されて馬廻となった。翌年九月に船奉行となった。年二十七歳。翌十四年十一月には転じて郡奉行となり、地方の民政を掌った。弘化二年七月、病を以て一度これを辞したが、同四年十二月に再び船奉行となり、嘉永元年十二月に至って再度辞職した。

是より暫く城下の自宅に閑居し、その書斎を静遠居と号して専ら風流韻事に日月を銷し、文人墨客の其の居に来往して閑日を過した。『静遠居記』・『静遠居二記』はその間の記である。

嘉永元年八月一日に藩主豊熙が病歿し、十二月二十七日に分家より豊信が入って第十五代の藩主となった。彼が豊信に登用されて大目付となったのは、同六年七月二十七日であって、二百五十石の知行取となり、柄弦差物の資格で軍備用を兼ねた。同十一月二十八日には仕置役に進み、参政として藩務の枢要を執り、知行高四百五十石で破格の昇進と称せられた。米国使節ペリー提督の来航より我国は俄に多忙となり、延いては高知藩自体に於ても彼の学識と手腕とが必要となった為である。

翌安政元年三月、彼は藩主豊信に随って江戸に出た。能吏の側用役小南五郎右衛門も同行した。江戸に於て彼は佐久間象山・藤田東湖等の名士と識った。大いに彼がその知見を広めたろう事は想像に難くない。彼は同地に於て大きな失策を起した。即ち同年六月十日の夜、豊信が開いた酒席に於て酔狂の請客松下嘉兵衛を擲却した。嘉兵衛は旗本で、山内豊資の姻戚筋に当る。彼は藩地に追還されて格禄を召上げられ、城下四ケ村の禁足に処せられた。百五十石だけを嫡子源太郎に与えられた。

彼は居を長浜の柁ケ浦に移し、翌二年四月に新居を鶴田に営んで静遠居と名づけ、晴耕雨読、少林塾を開いて門生を教育した。集る者後藤象二郎・福岡孝弟・神山郡廉・松岡時敏・岩崎弥太郎等を始め、市原八郎左衛門・野中太内・大崎健蔵、或は岡本小太郎・小笠原健吉・間崎哲馬等は孰れもその門に学んだ人々である。

斯かる少林塾の閑居は長くは続かなかった。同四年十二月二十一日に至って再び仕置役に復し、翌年十月十五日には彼は江戸に出た。既に幕府は未曾有の大獄を起して反幕勢力の一掃に全力を用いていたが、藩主豊信もその毒牙に罹って幕府の為に致仕せしめられた。彼は大いに憂憤して直に帰国し、嗣子豊範の家督相続の事に努力し、翌六年二月二十六日漸く豊範が第十六代の藩主となった。

四

由来、高知藩は山口・鹿児島の二藩とはその歴史や体質が相異り、従ってその幕末史に於ける活躍にもその内容に異るものがあった。曾て井野辺茂雄博士は説いて、高知藩山内氏は毛利・島津の二氏が関ケ原の戦に敗れて徳川氏に恨みを懐くのとは違い、遠州の掛川六万の小名から藩祖一豊が一躍して高知二十四万石の大大名に取立てられた恩顧を有し、必然的に佐幕的な態度を執らざるを得なかったと。確に斯かる体質が高知藩には存し、佐幕派的な態度に一藩は終始した。

而して吉田東洋が再び参政に復した前後、福岡宮内・深尾弘人・渋谷伝・末松務左衛門・麻田楠馬・朝比奈泰平・市原八郎左衛門・福岡孝弟・後藤象二郎・板垣退助等が登用されたが、孰れも東洋の支持者であった。東洋は予ねて野中兼山を崇拝していたが、その藩政を執るや、大いに藩主の知遇に感激して藩政の改革を強力に推進した。士分世襲の制度を改革し、文武・開成の二館を開設し、南海政典の制定、良兵の養成等にその経綸の才を傾注した。而してその佐幕的な態度と開国思想とは彼の劇しい性格と赫々たる権威と相俟って多くの反対派を生じ、就中、武市瑞山が率いる土佐勤王党の体質とは相容れざるものがあった。

文久二年四月八日は、藩主豊範が東観の日が迫ったので、東洋を招いて講書せしめ、酒肴を賜った。午後十時過ぎ、折からの雨の夜道を帰途に就いたが、忽ち刺客が現われて彼を斬り、その首級を雁切橋に梟首した。年四十七歳。藩規に依て格式・知行を没収されて家名は断絶し、一子の源太郎は母と共に縁戚に引取られた。真に悲劇の末路であった。

吉《よし》田《だ》東《とう》洋《よう》遺《い》稿《こう》

日本史籍協會叢書 186

昭和 四 年 八 月二十五日發行
昭和四十九年十一月二十八日覆刻

編者 日本史籍協會
代表者 森谷秀亮
東京都三鷹市大澤二丁目十五番十六號

發行者 財團法人 東京大學出版會
代表者 福武 直
一一三 東京都文京區本郷七丁目三番一號
振替東京五九九六四電話(八一一)八八一四

印刷・株式會社 平文社
本文用紙・北越製紙株式會社
クロス・日本クロス工業株式會社
製函・株式會社 光陽紙器製作所
製本・有限會社 新榮社

日本史籍協会叢書 186
吉田東洋遺稿（オンデマンド版）

2015年1月15日　発行

編　者　　日本史籍協会
発行所　　一般財団法人　東京大学出版会
代表者　渡辺　浩
〒153-0041　東京都目黒区駒場4-5-29
TEL　03-6407-1069　FAX　03-6407-1991
URL　http://www.utp.or.jp

印刷・製本　　株式会社 デジタルパブリッシングサービス
TEL　03-5225-6061
URL　http://www.d-pub.co.jp/

AJ085

ISBN978-4-13-009486-3　　Printed in Japan